JOHNNY DEPP

DU MÊME AUTEUR

Brad Pitt : la légende d'une star, Guy Saint-Jean éditeur, 1996.
Keanu Reeves : à toute vitesse, Guy Saint-Jean éditeur, 1997.
Leonardo Di Caprio, Michel Lafon, 1998 ; J'ai lu, 1998.
Ewan McGregor : du junkie au jedi, J'ai lu, 1999.
River Phoenix, une vie brève comme une flamme, Bethy, 1999.

Brian J. ROBB

JOHNNY DEPP

*Traduit de l'anglais
par Claire Le Breton*

Flammarion

Titre original : *Johnny Depp, a modern rebel*
Éditeur original : Plexus, London
© Brian J. Robb, 2006
Pour la traduction française :
© Flammarion, 2006
ISBN : 2-08-069000-0

INTRODUCTION

À Hollywood, Johnny Depp a longtemps fait figure d'outsider. Considéré à ses débuts comme un rebelle moderne à la James Dean, il a considérablement mûri au cours de ces dix dernières années. En atteignant la quarantaine, il s'est débarrassé de son image d'indomptable casseur de chambres d'hôtel et de son statut d'appât pour paparazzi harcelé par des hordes de fans, pour devenir le compagnon aimant de Vanessa Paradis et le père dévoué de leurs deux enfants, Lily-Rose et Jack.

Ce tournant était pour le moins inattendu. En effet, Johnny Depp avait pris l'habitude de fuir les grosses productions hollywoodiennes en faveur d'une longue série de projets tout sauf commerciaux. Mais la paternité lui a enfin permis de jouer dans des films tous publics, tels que *Pirates des Caraïbes, la malédiction du Black Pearl*, sa suite, *Pirates des Caraïbes, le secret du coffre maudit* ou encore *Charlie et la chocolaterie* de Tim Burton. Parallèlement, il reste toujours aussi déterminé à incarner des personnages étranges de façon tout aussi étrange, comme en témoignent son rôle du comte de Rochester dans *Rochester, le dernier des libertins* et son désir d'incarner l'écrivain totalement paralysé Jean-Dominique Bauby dans *The Diving Bell and The Butterfly*. Avec *Sleepy Hollow* et *Pirates des Caraïbes* à son actif, deux authentiques blockbusters encensés par la critique, Johnny Depp a réussi à s'offrir une nouvelle vie en France auprès de Vanessa et de leurs enfants, loin des médias et de la pression d'Hollywood qui pesaient tant sur lui jusque-là.

Désireux de choisir ses rôles lui-même, des plus artistiques et gratifiants (*The Man Who Cried, Avant la nuit, Le Chocolat*) aux projets commerciaux largement plus rémunérateurs (*Intrusion, Fenêtre secrète*), Johnny Depp s'impose généralement comme le principal atout de chaque film dans lequel il joue. Il est capable de rendre un mauvais film regardable et d'apporter quelque chose de tout à fait unique à un projet de qualité.

En 1995, Johnny Depp était déjà une immense star, un acteur de première catégorie qui accumulait les millions de dollars sans avoir jamais tourné dans un film atteignant les sommets du box-office. Ses photos tapissaient les murs des chambres de millions d'adolescentes à travers le monde, mais il continuait à lutter contre l'exploitation commerciale de son image, comme il l'avait toujours fait depuis l'époque où l'idole des jeunes faisait fondre les cœurs dans la série télé *21 Jump Street*. C'est pour cette raison qu'il a refusé le rôle principal d'innombrables films à succès (*Speed*, *Légendes d'automne*, *Thelma & Louise*, *Robin des bois : prince des voleurs*), privilégiant des projets plus décalés tels qu'*Ed Wood*, *Don Juan De Marco* ou *Benny & Joon*.

En 2003, Johnny Depp en a surpris plus d'un en devenant plus célèbre encore. Sa carrière a manifestement connu un nouveau souffle grâce à sa performance inattendue dans *Pirates des Caraïbes*, qui l'a vu littéralement crever l'écran sous les traits de l'embrouillé capitaine Jack Sparrow. « Je voulais juste jouer dans un film que mes enfants pourraient voir, a expliqué Johnny Depp pour justifier son choix. J'ai entendu dire que les studios envisageaient de tourner un film basé sur l'attraction *Pirates des Caraïbes* des parcs Disney, et j'ai foncé. Il n'y avait ni scénario ni réalisateur, mais pour une raison qui m'échappe, j'ai dit : "Je veux le faire." »

Dans un film grand public à succès qu'il a ouvertement tourné pour ses enfants, Johnny Depp a pourtant trouvé le moyen d'intégrer toute l'étrangeté des personnages de détraqués qu'il incarnait auparavant (avec un succès commercial limité) tels Edward aux mains d'argent, Ed Wood, Sam dans *Benny & Joon* et même Raoul Duke dans *Las Vegas Parano*. Bien qu'il ait utilisé les mêmes ficelles pour Ichabod Crane (*Sleepy Hollow*) et l'agent Sands (*Il était une fois au Mexique*), c'est Jack Sparrow qui a le plus marqué l'esprit de tous les publics, de sept à soixante-dix-sept ans. « Je n'avais encore jamais connu ça, a déclaré Depp. J'ai adoré visiter les studios d'Hollywood et, pour une fois, j'ai négocié avec eux en tant qu'acteur "bankable". »

La vie privée de Depp a subi des changements tout aussi spectaculaires au cours de la dernière décennie. Vers la fin des années 90, sa relation avec Kate Moss s'effritait, cette dernière refusant d'avoir des enfants. C'est alors qu'il a rencontré Vanessa Paradis : « Je suis tombé amoureux d'elle quasiment au premier regard, a-t-il affirmé. À cette époque, je ne croyais presque plus en l'amour, mais elle a révolutionné ma vie grâce à sa compréhension et à son incroyable tendresse. »

Le couple a rapidement formé une famille avec l'arrivée de Lily-Rose et de Jack. Ils ont acheté plusieurs maisons : la première dans la campagne française, la deuxième à Paris et la troisième à Los Angeles. Cet homme qui ne se fixait jamais et préférait être locataire que propriétaire assume désormais avec bonheur son rôle de papa gâteau et de « mari » (Vanessa Paradis et Johnny Depp ne sont pas mariés mais se considèrent néanmoins comme tels).

« J'adore notre maison de campagne, a confié Depp à propos de son nouveau bonheur. Je peux aller à pied au village d'à côté et prendre un café sans que personne ne fasse attention à moi. Je suis juste un papa de plus avec sa fille sur les genoux. Les années passées en France avec Vanessa m'ont convaincu qu'il est possible de vivre très loin d'Hollywood tout en restant de la partie. Je vis de mon art, mais je ne veux pas vivre comme un acteur. Honnêtement, c'est en France que je me suis senti pour la première fois vraiment chez moi. » Voilà un imprévisible retournement de situation qui aurait surpris plus d'un fan de Johnny Depp à la sortie d'une séance de *Meurtre en suspens* en 1995.

Au début de sa carrière, Johnny Depp ne ressemblait vraiment pas au jeune premier hollywoodien. Avec ses tatouages et ses cheveux en bataille, il pensait avoir l'air d'un « rat d'égout ».

Il existe un dénominateur commun à toutes les activités de Depp, à l'écran comme à la ville : la surprise. Comme s'il avait constamment besoin de se surprendre lui-même à travers ses choix, professionnels et personnels, pour continuer à croire en lui et en sa carrière. « Il y a quelque chose en moi qui me pousse à refuser la facilité, a-t-il avoué. Je pèse toujours le pour et le contre, mais il y a toujours une petite voix en moi qui me dit : "Johnny, c'est le bon choix." Et c'est toujours le choix le plus difficile, celui qui risque de m'attirer le plus de problèmes... »

Acteur à la fois « commercial » et reconnu par la critique, Johnny Depp est toujours resté fidèle à ses convictions en s'attaquant de façon absolument unique aux rôles qu'il avait envie de jouer. « Les gens merveilleux avec lesquels j'ai travaillés – Marlon Brando, Al Pacino, Dustin Hoffman – m'ont tous dit la même chose : "N'accepte aucun compromis ! Fais ton boulot, et si ce que tu leur donnes ne leur convient pas, tu dois être prêt à partir" », explique-t-il.

C'est cette combinaison entre la surprise qu'il provoque et son désir d'imposer sa vision décalée et unique en refusant tout compromis qui a hissé Johnny Depp au faîte d'une carrière couronnée par un prix de meilleur acteur aux Screen Actors Guild Awards et une nomination aux Oscars pour *Pirates des Caraïbes*. Mais apparemment, la reconnaissance du grand public ne l'empêche en rien de continuer à jouer le jeu d'Hollywood à sa façon. « Je suis dans le métier depuis assez longtemps pour savoir qu'on peut un jour monter un film sur votre nom, et la semaine suivante vous rayer de la liste des acteurs qui comptent, a déclaré Depp. C'est une aventure géniale et j'en profite au maximum. »

Voici donc l'histoire d'une véritable virée en montagnes russes, depuis Owensboro, Kentucky, en 1963, jusqu'à la France de 2006, et au-delà...

1

Des débuts chaotiques

Dès que Johnny Depp ajoutait un rôle décalé et excentrique à son répertoire, les journalistes se mettaient à lui poser des questions sur son enfance.

« Petit, je ne trouvais ma place nulle part », dit-il d'un passé qui transparaît à l'écran par le biais des personnages d'inadaptés qu'il a incarnés. Il semble aussi que son interprétation d'Ed Wood en 1994 ait résonné tout particulièrement en lui. « Comme lui, j'ai grandi en me considérant comme une sorte d'étrange machine dont on aurait perdu le mode d'emploi. J'ai ressenti la même chose en incarnant le personnage d'Edward aux mains d'argent. »

Depp semblait éprouver le besoin de réinventer son enfance à la lumière de chacun de ses rôles, superposant ses lointains souvenirs à une fiction inventée pour ses personnages à l'écran. Mais il ne cherchait pas à livrer aux journalistes l'histoire à laquelle ils s'attendaient, celle qu'ils avaient déjà écrite dans leur tête. En fait, c'est un premier indice qui révèle que le Johnny Depp autrefois présenté comme un produit de grande consommation – l'éternel jeune rebelle à la vie et aux amours tumultueuses – n'était finalement qu'un personnage créé de toutes pièces par l'un des acteurs les plus talentueux au monde.

Né le 9 juin 1963 sous le nom de John Christopher Depp II à Owensboro, Kentucky, Johnny Depp était le petit dernier d'une famille de quatre enfants. Il avait deux grandes sœurs, Debbie et Christi, et un frère aîné, Dan, deux des enfants étant issus du premier mariage de sa mère. Son père, John Depp Senior, était ingénieur pour la ville d'Owensboro. Sa mère, Betty Sue, travaillait comme serveuse dans un café du coin. « J'ai passé des années à la regarder servir les clients, et je comptais ses pourboires à la fermeture », raconte Depp à propos de sa mère, celle qui de ses deux parents exerça le plus d'influence sur lui. « Elle jurait comme un charretier, jouait aux cartes et fumait des cigarettes. » Leur famille, typique de la classe ouvrière américaine, bénéficia du boom que connut l'habitat pavillonnaire à bas prix dans les années 50. Ils habitaient dans une ville de banlieue, avec des vies et des rêves de banlieue. Les années 60 tenaient les promesses de l'après-guerre. Le rêve américain était possible. Si l'on travaillait huit heures par jour, on pouvait s'offrir une maison, une voiture et une famille de carte postale. Ce qui fut le cas de la famille Depp.

Sauf pour le petit Johnny, qui nourrissait des aspirations plus élevées. Son grand-père maternel, un vrai Cherokee, lui légua les pommettes saillantes et le visage sculpté qui feraient la une de milliers de magazines à travers le monde. L'héritage génétique de Depp comprend également des origines allemandes et irlandaises. Enfant, il voulait rester fidèle à ses racines amérindiennes et, dans ses batailles de cow-boys, l'Indien qu'il était refusait toujours de mourir, quel que soit le nombre de balles qu'il prenait sous le feu du pistolet en plastique de son copain Sal Jenco.

Il semble que ce féroce esprit d'indépendance ait alimenté un problème plus vaste avec les règles, la loi et l'autorité, problème qui allait suivre Depp pendant de longues années et être à l'origine de nombreux conflits à venir. Malgré les efforts déployés par John et Betty Sue, Johnny ne voulait pas jouer au gentil petit banlieusard. Très jeune, il fut renvoyé plusieurs jours de l'école pour avoir montré ses fesses à un professeur qui lui avait demandé de faire quelque chose alors qu'il n'en avait pas envie.

« J'étais un gosse bizarre, admet Depp avec franchise. Je voulais être Bruce Lee, je voulais devenir membre d'une unité d'élite. À l'âge de cinq ans, je rêvais d'être Daniel Boone. » Il avait pour animaux de compagnie des lézards dont il essayait de se faire obéir en leur donnant de petites tapes sur la tête. Le plus lointain souvenir qu'il ait conservé de son aïeule cherokee est également un peu déroutant : « Les ongles de pied de mon arrière-grand-mère. Je ne sais pas pourquoi, mais je les revois encore. On aurait dit des noix de cajou. Elle avait presque cent deux ans quand elle est morte, et je n'étais qu'un gamin. »

En grandissant, Depp se tourna vers d'autres centres d'intérêt. La musique restait toutefois une constante. Très tôt, il fut fasciné par le groupe Kiss, pour lequel la performance scénique et l'image comptaient presque autant que la musique. Son plus grand héros était alors l'audacieux cascadeur Evel Knievel qui, dans les années 70, époustouflait le monde entier en sautant par-dessus des rangées de voitures à bord de son Chopper spécial décoré du drapeau américain. Mais l'imagination de Depp n'était pas nourrie que par la culture populaire. Pendant un certain temps, il voua une véritable passion à Vincent Van Gogh, à sa vie et à son combat d'artiste, tout comme à ses œuvres.

Le problème permanent du jeune Johnny Depp consistait à essayer de concilier sa vie imaginaire avec l'environnement morne et étouffant de cette banlieue qui l'empêchait de laisser libre cours à sa créativité. Quand il eut sept ans, sa famille quitta le

Kentucky pour la Floride et s'installa dans la ville ouvrière de Miramar, juste à l'extérieur de Miami. « Miramar ressemblait à Endora, la ville du film *Gilbert Grape*, dit-il. Il y avait deux épiceries identiques l'une en face de l'autre, et il ne se passait pas grand-chose. » Sa famille vécut dans un motel pendant environ un an, jusqu'à ce que son père retrouve du travail comme fonctionnaire des travaux publics. Cette période passée dans un motel n'était qu'un avant-goût du mode de vie que Depp allait adopter plus tard, refusant toute accession à la propriété et préférant les locations à court terme ou les séjours à l'hôtel.

Finalement, ce fut un autre membre de la famille Depp, et non ses parents, qui permit au jeune Johnny de toucher du doigt la vie dont il rêvait. « Mon oncle était pasteur et animait un groupe de gospel », raconta Johnny au réalisateur John Waters dans le magazine *Interview*. « Debout sur l'estrade, les bras levés vers le ciel, il haranguait l'assemblée en criant "Venez à moi et vous serez sauvés !" Et les gens se jetaient à ses pieds, comme s'ils l'idolâtraient. »

En assistant à de nombreux offices de son oncle, le jeune Depp était aux premières loges pour s'initier à l'art dramatique. Il apprit comment capter et retenir l'attention du public. Il découvrit les ficelles et les techniques qu'utilisait son oncle pour convaincre ses fidèles de la précision de son art et leur assener ses révélations comme autant de vérités indiscutables. Le jeune homme commençait à développer un réel intérêt pour la musique et mourait d'envie de monter sur scène pour tester ses propres talents. Après tout, devenir une rock star lui semblait plus intéressant que de travailler comme pompiste dans une station-service, destin dont Depp redoutait qu'il devienne le sien s'il respectait les règles du jeu et réussissait à l'école, comme ses parents l'espéraient.

« Mes cousins avaient créé un groupe de gospel et ils venaient nous voir pour chanter. C'est grâce à eux que j'ai vu une guitare électrique pour la première fois, déclara Depp. J'étais obsédé par la guitare électrique et ma mère leur en a racheté une pour vingt-cinq dollars. Je devais avoir douze ans. Je suis resté enfermé dans ma chambre pendant un an pour apprendre la guitare en écoutant des disques, puis j'ai commencé à jouer dans des petits groupes du quartier. Le premier d'entre eux s'appelait Flame. Ensuite, j'ai joué avec les Kids, avec lesquels je suis parti à Hollywood. »

Johnny Depp ne tarda pas à développer une image originale pour son groupe. « Au début, on portait des T-shirts sur lesquels on avait inscrit le nom de notre groupe. À treize ans, je suis revenu aux T-shirts unis. Après, j'ai commencé à voler les vêtements de ma mère : elle avait plein de gilets en panne de velours et de pantalons à pattes d'éléphant en seersucker. Je rêvais aussi de chaussures à semelles compensées, mais je n'en ai pas trouvé », confia-t-il à John Waters.

En dehors de la musique, le cursus scolaire de Depp n'enchantait pas vraiment ses parents. « J'étais au lycée depuis trois ans, mais c'était comme si j'y avais débarqué la

veille. J'avais dû valider à peine huit cours. J'avais presque terminé le lycée mais je n'avais aucune envie d'y être. Je m'y ennuyais comme un rat mort et je détestais y aller. »

« Je traînais avec des bandes peu recommandables, avoua Depp dans une interview en 1988. On était des spécialistes de l'effraction. On a même forcé la serrure de l'école et saccagé toute une salle de classe. Je volais aussi dans les magasins. »

Plus tard dans sa carrière, Depp dut un jour signer un autographe pour l'un de ses anciens professeurs. Il était outré. « Que pouvais-je bien lui dire ? Ce type m'avait laissé tomber. Je me souviens qu'une fois, il m'avait hurlé dessus devant toute la classe. À l'époque, il n'avait pas de temps à me consacrer, et maintenant, il voulait mon autographe ? Ils croyaient tous que j'allais finir drogué et derrière les barreaux. »

Ses professeurs avaient probablement de bonnes raisons de douter de son avenir. Il admet lui-même que son adolescence ne fut pas vraiment le temps de l'innocence : « J'ai commencé à fumer à douze ans, perdu ma virginité à treize, et à quatorze ans, j'avais déjà essayé toutes les drogues qui m'étaient tombées sous la main. J'ai plus ou moins testé toutes les drogues qui existent... Je ne pensais pas à mal, j'étais juste curieux. On peut dire que j'ai fait mes propres expériences avec la drogue. Au final, on sait où ça nous mène, et on arrête. »

Le jeune homme était néanmoins assez perspicace pour savoir que sa rébellion scolaire ne résoudrait pas ses problèmes. Il échapperait sans doute au destin de pompiste qu'il redoutait, mais risquait de passer sa vie à faire des aller-retour en prison. Il affirme avoir renoncé aux drogues dures dès l'âge de quatorze ans, bien qu'il n'ait jamais perdu son goût pour l'alcool et le tabac. C'est un événement bien plus traumatisant qui empêcha Johnny Depp de mal tourner, comme beaucoup d'ados perturbés, et qui lui permit de devenir un jeune homme résolu à se fixer ses propres objectifs et à tout faire pour les réaliser.

John et Betty Sue, ses parents, divorcèrent quand il avait quinze ans. Sa mère eut du mal à surmonter l'échec de son second mariage. En tant que benjamin, Johnny fut le dernier à quitter le foyer. « Je me rappelle que mes parents se disputaient, et que nous, les enfants, nous demandions avec lequel on finirait s'ils divorçaient », se souvient Depp à propos de cette période traumatisante.

Il partit vivre avec sa mère, dont il s'était fait tatouer le nom au milieu d'un cœur sur le bras gauche. Sur son biceps droit, il arborait une tête de chef indien qui exprimait ses affinités avec la nation cherokee. Depp commença à s'intéresser aux tatouages et à la scarification vers l'âge de douze ans, juste avant la séparation de ses parents. L'automutilation est reconnue depuis un certain temps comme la manifestation de

---

Johnny Depp dans Private Resort, *une comédie sexy pour adolescents réalisée en 1985, généralement passée sous silence dans la filmographie officielle de l'acteur.*

problèmes psychologiques, en particulier chez les jeunes. « J'avais gravé mes initiales sur mon bras, a déclaré Depp. Et il m'est arrivé de recommencer de temps en temps. Un peu comme si mon corps était un journal intime que je rédigeais avec des cicatrices. »

En dépit des turbulences psychologiques suscitées par la séparation de ses parents, Depp ne prit pas parti et leur resta fidèle à tous les deux. « Mes parents sont les personnes qui comptent le plus dans ma vie. Je pourrais mourir pour eux. Si quelqu'un devait faire du mal à ma famille, à un ami ou à une personne que j'aime, je le mangerais tout cru. Je finirais en prison pour cinq cents ans, mais je le mangerais. »

Le divorce de ses parents laissa aussi ses cicatrices, mais Johnny trouva du réconfort auprès de son frère Dan et de sa sœur Christi. « Mon père est parti [emmenant son autre sœur, Debbie] et ma mère en souffrait terriblement, tant physiquement que moralement. C'est vraiment traumatisant pour une famille de traverser ce genre d'épreuve, donc nous nous sommes serré les coudes pour nous en sortir de notre mieux. » Devant affronter l'explosion de sa cellule familiale à un âge où de nombreux jeunes se sentent psychologiquement fragiles, Depp perdit totalement confiance en lui. Il se considérait déjà comme un marginal en raison de son échec scolaire et de sa réputation d'excentrique, et le mariage raté de ses parents ne l'aida pas à avoir une meilleure image de lui-même. Les complexes qu'il nourrissait à cette époque devaient refaire surface plus tard, à travers le choix de ses rôles à l'écran comme dans son incapacité à s'engager sérieusement auprès des femmes.

Sal Jenco était le meilleur ami de Depp en Floride. Plus tard, il devait également figurer au générique de la série télé *21 Jump Street*, servir de source d'inspiration au personnage incarné par Iggy Pop dans *Dead Man* et devenir gérant du Viper Room, le tristement célèbre night-club ouvert par Depp sur Sunset Strip à Hollywood. Peu de temps avant d'abandonner le lycée, Depp quitta la maison où il vivait avec sa mère pour partager avec Sal les banquettes d'une voiture. Sal n'avait aucun autre endroit où dormir et Depp ne voulait pas le laisser tomber. C'était surtout une façon d'échapper à ses parents et au traumatisme de leur séparation, ainsi que l'occasion de vivre enfin sa propre vie, aussi sordide soit-elle. Le siège arrière de l'Impala 1967 où Depp élut domicile était jonché de canettes de bière vides, et les deux garçons survivaient en mangeant les sandwichs mixtes qu'ils piquaient au 7-Eleven du coin.

En abandonnant le lycée en 1979, Depp finit donc par jeter l'éponge dans le combat inégal qu'il avait mené pour s'en sortir à l'école et se consacra immédiatement à son groupe, les Kids, et à sa carrière dans le rock. Ils débutèrent au bas de l'échelle en chantant des reprises et en chauffant les salles pour d'autres groupes plus connus, mais

Depp aspirait à plus que ça. Les Kids commencèrent à composer leurs propres morceaux, qui sonnaient comme une sorte de mélange entre U2 et les Sex Pistols. Considérés comme de vraies petites vedettes locales, ils firent la première partie des concerts de plusieurs grands noms tels que les B52s et les Talking Heads.

« J'ai joué du rock dans des clubs de Floride, raconte Depp sur ses débuts dans la musique. J'étais mineur, mais on me faisait entrer par la porte de service pour que je puisse jouer, et je devais repartir après le premier concert. C'est comme ça que je gagnais ma vie, à 25 dollars la soirée. Parfois, on se faisait jusqu'à 2 100 dollars, pour tous les membres du groupe et pour les tourneurs, ce qui représente beaucoup de monde. »

« Quand j'avais dix-huit ans, on a même joué avec Iggy Pop. Après le deuxième concert, je me suis soûlé à mort. J'étais resté au bar après la fermeture du club, et j'étais à deux doigts de vomir. Puis j'ai vu Iggy dans son pantalon moulant en train d'errer dans la boîte avec un chien. Pour une raison qui m'échappe encore aujourd'hui, je me suis mis à lui crier : "Va te faire foutre !" Je ne sais vraiment pas pourquoi, car je l'avais toujours idolâtré. Il s'est avancé vers moi, s'est contenté de me regarder et j'ai cru qu'il allait me frapper. Puis il m'a traité de "petite merde" et il est parti. » Plus tard, Depp retrouvera Iggy Pop sur le tournage de *Cry Baby,* ce qui leur donnera l'occasion d'évoquer cet incident. « J'étais probablement dans le même état que toi, voire pire », lui aurait répondu Iggy Pop.

En 1983, le groupe de Johnny Depp remportait déjà un certain succès dans la région. Cependant, le jeune homme de vingt ans s'apprêtait à se lancer dans une toute nouvelle aventure : le mariage. Lori Ann Allison, une musicienne de vingt-cinq ans, était la sœur de l'un des membres des Kids. Ils sortirent ensemble, se marièrent très rapidement et écumèrent les maisons de disques pour tenter de se faire connaître et de signer un contrat. Quand ils comprirent que leur projet n'aboutirait pas, les tensions commencèrent à se faire jour.

« Vous savez, je me suis marié à vingt ans. C'était un lien très fort, mais je ne dirais pas nécessairement que j'étais amoureux. L'amour, ça n'arrive qu'une seule fois dans une vie, deux si vous avez de la chance. Et je ne suis pas sûr d'avoir vraiment connu ça avant la trentaine », dit Depp de son premier mariage. Ce n'était pourtant pas la seule et unique expérience romantique qu'ait connue le jeune Johnny Depp. « Quand j'étais en cinquième, je faisais partie des gamins qu'on considérait comme de la "mauvaise graine". J'avais un énorme béguin pour l'une des filles les plus populaires de l'école. Je l'adorais et j'en souffrais terriblement, c'était pire que Roméo et Juliette, carrément choquant. Je me torturais à cause d'elle. Puis je suis passé en quatrième, et on a commencé à discuter dans ces fameuses soirées où tout le monde finit par se rouler des pelles. Donc on s'est embrassés, et j'étais au comble du bonheur. Puis elle m'a laissé tomber comme une vieille chaussette pour un type de l'équipe de football. »

« Des années plus tard, après avoir abandonné le lycée, j'étais sur scène dans un club. Je regardais le public et soudain, je l'ai reconnue : "Merde, c'est elle !" À la fin du concert, j'ai foncé vers le bar où elle était assise et là, j'ai bien reconnu son visage, c'était incroyable. Je lui ai dit : "Ça me fait trop plaisir de te revoir !" Puis je l'ai regardée plus attentivement, et je me suis rendu compte qu'elle pesait au moins cent vingt kilos ! Elle avait gardé son beau visage, mais on aurait dit un mammouth. "Quel plaisir de te voir ! Alors, tu as combien d'enfants ?" Elle en avait déjà quatre... Un joli retour de bâton pour m'avoir brisé le cœur en mille morceaux quand j'étais petit. »

Depp finit par considérer son mariage avec Lori Ann Allison comme une étape vers sa vie d'adulte, dans un processus qui consistait à quitter sa banlieue pour le vaste champ des possibles d'Hollywood. « Je crois que je suis assez traditionnel dans ma vision des choses – un homme et une femme doivent vivre ensemble et faire des enfants, etc. – et pendant une période, j'ai cherché à corriger les erreurs de mes parents, qui s'étaient séparés quand j'avais douze ans, comme si je pouvais m'y prendre autrement et faire en sorte que ça marche. J'étais armé des meilleures intentions du monde, mais ce n'était pas le bon moment, ni la bonne personne. Ceci dit, je ne regrette rien : c'était génial et j'ai beaucoup appris. » De façon plus succincte, Depp résuma les choses en ces termes : « Ça ne marchait pas entre nous, et on a fait ce qu'il fallait. »

Avant que Depp mette un terme définitif à sa relation avec Lori Ann Allison, le couple quitta la Floride avec les Kids. Ils s'installèrent à Los Angeles, jouant leurs dernières cartes pour réussir dans le rock. « Don Ray, le type en charge de la programmation des concerts du Palace à Hollywood, nous a conseillé de venir à L.A., explique Depp. Comme il voulait devenir notre manager, il m'a donné un peu d'argent. On en a aussi économisé de notre côté pour nous payer le voyage jusqu'en Californie. »

Les membres des Kids eurent plus de difficultés qu'ils ne l'avaient imaginé pour trouver des engagements à Hollywood. « C'était horrible, avoua Johnny Depp à John Waters dans *Interview*. Il y avait tellement de groupes en concurrence que c'était impossible de gagner de l'argent. On a donc tous pris des petits jobs. On a vendu des annonces par téléphone, fait du télémarketing. On gagnait 100 dollars par semaine. Il fallait dépouiller les gens : on leur racontait qu'ils avaient été sélectionnés par telle entreprise de leur quartier pour recevoir une horloge traditionnelle. Ils commandaient pour 500 dollars de produits et recevaient une horloge pas terrible du tout. C'était vraiment horrible. »

Depp gagna aussi un peu d'argent en vendant des stylos publicitaires par téléphone aux entreprises. « Mon premier job d'acteur », voilà comment il considérait ce premier emploi rémunéré. Il y renonça lorsqu'il se lança dans le cinéma. « La journée, je vendais des stylos à plume par téléphone et je gagnais environ 100 dollars par semaine, alors je me suis dit : "Qu'est-ce que j'ai à perdre ?" » Après tout, il était évident que Depp n'était pas fait pour le métier de vendeur. « Les deux derniers appels que j'ai passés, je ne me suis pas gêné pour dire aux clients : "Croyez-moi, mon vieux, vous n'avez absolument pas besoin de ces trucs-là." »

Les Kids donnèrent quelques concerts, mais le groupe ne perçait pas. Bien qu'ils aient fait le voyage jusqu'à L.A., ils se retrouvèrent à faire exactement la même chose qu'en Floride, c'est-à-dire les premières parties de groupes plus importants, mais sans être vraiment pris au sérieux. « On a fait de bons concerts à Los Angeles. On a joué avec les Bus Boys et Billy Idol », dit Depp. Mais aucune carrière dans la pop ne semblait attendre Johnny Depp et Lori Ann Allison, qui mirent fin à leur association en divorçant en 1985, alors que Depp n'avait que vingt-deux ans. Il culpabilisait terriblement ; il avait l'impression de répéter le scénario qu'il avait vécu lors du divorce de ses parents à peine sept ans plus tôt. L'échec de son propre mariage sonna le glas de sa brève carrière dans la musique. Le temps était venu de se tourner vers autre chose.

Malgré leur séparation, Johnny et Lori Ann restèrent plutôt en bons termes, et lorsqu'elle commença à sortir avec l'acteur Nicolas Cage, neveu du réalisateur et producteur Francis Ford Coppola, Depp et Cage devinrent amis. Ce dernier lui suggéra de tenter sa chance en tant que comédien et le présenta à son agent, qui demanda à Depp de passer une audition pour le tout premier film qu'il devait tourner, un film d'horreur à petit budget intitulé *Les Griffes de la nuit* (1984).

Le réalisateur Wes Craven travaillait dans le cinéma d'épouvante underground depuis le début des années 70. Il avait remporté un succès controversé avec *La Dernière Maison sur la gauche* (1972), une histoire de vengeance très librement inspirée du film *La Source* d'Ingmar Bergman. Craven préparait un nouveau projet à partir de coupures de presse qu'il avait conservées sur une série de décès étranges qui semblaient tous reliés par les cauchemars des victimes. C'est ainsi qu'il eut l'idée du personnage de Freddy Krüger, un méchant aux griffes d'acier et au visage brûlé incarné par l'acteur Robert Englund. Il ne lui restait plus qu'à trouver le groupe d'adolescents charismatiques traqués par le monstre au chapeau mou. Heather Langenkamp fut choisie pour le rôle de l'héroïne, Nancy, la seule qui échappe aux griffes de Freddy. Depp se présenta pour le rôle du petit copain de Nancy dans *Les Griffes de la nuit*. L'un de ses amis s'était dévoué pour passer deux nuits blanches à lui faire répéter son texte.

Le personnage, tel qu'il était décrit dans le scénario, n'avait pas grand-chose à voir avec Johnny Depp. « Je ne correspondais pas du tout au personnage inventé par Wes, expliquera-t-il plus tard. Il avait écrit ce rôle pour un grand blond, du genre surfeur ou joueur de football. Moi, j'avais plutôt les traits émaciés, les cheveux en pointes sous plusieurs couches de laque, les oreilles percées, un vrai rat d'égout. Mais cinq heures après l'audition, l'agent m'a rappelé et m'a dit : "Ça y est, tu es acteur." »

Il se peut qu'il ait été choisi pour d'autres raisons. Le jeune Depp plaisait beaucoup à la fille de Wes Craven, ce qui joua évidemment en sa faveur. L'aspirant rockeur jouait déjà de son physique avantageux pour atteindre gloire et fortune à travers un rôle au cinéma. Craven avait demandé à sa fille et à ses amies de jeter un œil sur tous les concurrents en lice et parmi tous les acteurs qui participaient à l'audition, elles n'eurent d'yeux que pour Depp. « Il dégageait un charisme et une sérénité qu'aucun des autres acteurs ne possédait, confirma Craven d'un point de vue plus professionnel. Johnny a le même pouvoir d'attraction que James Dean. Il avait simplement une vraie personnalité, à la fois imposante et très subtile. Mon ado de fille et ses copines ont assisté à l'audition et ont toutes craqué pour lui. Les femmes ont du mal à résister à son sex-appeal. »

Depp se retrouva donc pour la première fois devant la caméra dans le rôle de Glen Lantz, le personnage qui n'arrive pas à rester éveillé et suscite ainsi la convoitise de Freddy Krüger, le monstre de ses cauchemars. Il s'endort allongé sur son lit, ce qui permet à Freddy de tout détruire sur son passage tandis que le lit avale et tue Glen, avant de le recracher dans une marée de sang. Le tournage de la toute première scène de mort de Depp exigea de nombreux efforts, tant de la part de l'acteur néophyte que du réalisateur chevronné. Craven filma la scène sur un plateau tournant afin d'obtenir l'effet de fluidité qu'il recherchait. Le cinéaste et son chef opérateur étaient sanglés dans deux sièges de Datsun B-210 montés sur l'un des murs du plateau tournant, à côté de la plate-forme caméra. Quand Depp commença la scène, tout le décor se mit à tourner et le lit déborda de plus de quatre cents litres de sang artificiel (un mélange à base d'eau, d'amidon et de colorants) qui, dans la version finale, semblent grimper sur les murs.

« J'adore ce truc, dit Depp au magazine *Fangoria* qui réalisait un reportage sur le tournage du film d'horreur. Dès que mon personnage s'endort, son sort est joué : le lit l'aspire immédiatement et ne recrache que du sang. Son corps ensanglanté émerge droit comme un I, puis tombe à la renverse. Quelqu'un voulait qu'on tourne cette scène avec un mannequin, mais je leur ai dit : "Attendez, je veux le faire ! Ça va être marrant ! Laissez-moi le faire !" » On murmurait aussi qu'une autre version serait tournée pour la télévision, avec un squelette surgissant du lit à la place d'un cadavre. Aucune de ces scènes ne fut montée dans les versions finales du film, où l'on ne voit que les quatre cents litres de sang.

Sur le tournage, Depp ne se fit pas remarquer que pour ses talents évidents d'acteur. « Sur *Les Griffes de la nuit*, j'ai fait flipper tout le monde : ils étaient là, "Oh mon Dieu, mais ce garçon est tatoué !" se souvint Depp quelques années plus tard. Puis les tatouages sont devenus très à la mode. Ce qui est marrant, c'est que dans dix ans, les gens regretteront amèrement certaines des marques indélébiles qu'ils ont infligées à leur corps. »

Le tournage de ce film New Line à petit budget se termina en juillet 1984, avec une avant-première prévue pour le mois d'octobre de la même année. Mais le scénariste

et réalisateur Wes Craven se disputa avec le producteur Robert Shaye au sujet de la fin du film. Shaye voulait une fin ouverte permettant de produire une suite, tandis que Craven tenait à clore définitivement son film pour en faire une œuvre à part entière. Il n'obtint pas gain de cause et ses conflits avec Robert Shaye et New Line devaient se poursuivre encore pendant dix ans, pour tous les autres films de la série, jusqu'à ce que Craven produise son propre *Freddy sort de la nuit* (1994), vendu comme le dernier de la saga.

Depp toucha un cachet hebdomadaire de 1 200 dollars pour chacune de ses six semaines de travail sur *Les Griffes de la nuit*, un avant-goût du succès qui l'attendait dans le monde du show business. « Je n'avais jamais vu autant d'argent. Ça me semblait complètement dingue que quelqu'un soit prêt à me verser un tel salaire, même s'il correspondait au tarif syndical. » Depp savait que son interprétation de Glen Lantz ne ferait pas de lui une star du jour au lendemain et qu'elle ne lui rapporterait pas des tonnes de propositions. Après tout, il était désormais connu comme le garçon dévoré par un lit et aussi vite oublié. « Je me suis fait aspirer par le lit. À quel genre de

Johnny Depp décrocha son tout premier rôle dans Les Griffes de la nuit, *où il incarne le petit ami de l'héroïne et l'une des premières victimes de Freddy Krüger.*

critiques aurais-je pu m'attendre face à Freddy Krüger ? "Johnny Depp est excellent dans le rôle du garçon qui meurt ?" » Le film récolta néanmoins de bonnes critiques, principalement destinées au réalisateur Wes Craven et à l'actrice Heather Langenkamp, celle qui échappe aux griffes de Freddy.

De son côté, Craven fut ravi de voir ensuite réussir les jeunes acteurs qui avaient débuté dans son film, notamment Depp : « Ils ont tous tourné dans de bien meilleurs films et je trouve ça très gratifiant pour moi. »

« J'ai continué à travailler et j'ai décroché quelques contrats par-ci par-là, raconte Depp au sujet des opportunités qui se sont présentées à lui après la sortie des *Griffes de la nuit*. Et je me suis inscrit au Loft Studio ». Sa décision de prendre des cours d'art dramatique signifiait clairement que Depp se voyait plus d'avenir dans le métier d'acteur que dans celui de musicien. Les Kids se séparèrent parce que Depp avait décidé de changer de carrière, mais surtout parce qu'il commençait à jouer dans un autre groupe de rock, les Rock City Angels, ce qui déplut beaucoup à ses copains des Kids. « Ils étaient fous de rage, dit Depp avec philosophie. J'imagine qu'ils doivent encore beaucoup m'en vouloir. »

Si les deux films suivants de Johnny Depp sont généralement oubliés dans sa filmographie officielle, c'est sans doute parce que la star préfère que ses fans d'aujourd'hui ne le voient pas dans ses rôles de débutant. Le premier d'entre eux était une comédie sexy intitulée *Private Resort* (1985). Le tournage eut lieu en Floride, ce qui permit à l'acteur de revenir dans sa région d'origine. Écrit par Gordon Mitchell et réalisé par George Bowers, *Private Resort* illustre bien le type de films pour ados qu'on produisait au début des années 80, un genre limité qui s'essouffla rapidement. Johnny Depp y joue le rôle de Jack, un jeune aspirant séducteur qui passe quatre jours dans un complexe hôtelier de Miami avec son copain Ben, interprété par Rob Morrow, plus tard remarqué dans *Quiz Show* (1994) et à la télévision dans la série *Bienvenue en Alaska*. Dès les premiers plans du film, qui s'ouvre sur des femmes en bikini autour d'une piscine, on décèle dans cette comédie de l'ère pré-sida un prototype d'*Alerte à Malibu*, Jack et Ben considérant le « *private resort* » du titre comme la Terre promise.

Dès que l'infortuné duo débarque dans cet hôtel, il se retrouve pris dans le tourbillon habituel des retournements de situations grotesques, entre un voleur de bijoux uniquement connu sous le nom du Maestro (Hector Elizondo), un vigile dans tous ses états, tout un gynécée en délire et une brute appelée Curt (jouée par le comédien Andrew Dice Clay, dont le second prénom n'apparaît pas au générique).

Private Resort culmine dans une scène de course-poursuite que le réalisateur et scénariste espérait rendre très amusante, où les principaux personnages courent à perdre haleine derrière Depp et Morrow déguisé en femme (une expérience de travestissement que Depp ne vivra pas avant *Ed Wood* en 1994). Malgré quelques tentatives visant à singer des sketchs piqués aux Three Stooges et aux Marx Brothers, *Private Resort* ne possède pas beaucoup d'atouts en dehors du fait qu'on peut y admirer Johnny Depp nu pendant quinze minutes, unique intérêt du film aux yeux de certains.

L'autre film que Depp préfère ne pas inclure dans sa filmographie fut tourné l'année suivante pour une chaîne du câble. *Morts en eau trouble* (1986) est un thriller sous-hitchcockien où Depp donne la réplique à Eric Roberts (frère de la bien plus célèbre Julia) et à Beverly D'Angelo. Produit par Joel Schumacher et réalisé par Matthew Chapman, *Morts en eau trouble* est une adaptation de *Castles Burning*, un roman d'Arthur Lyons. Se déroulant dans l'univers des privilégiés de Palm Springs, le film cherchait à faire revivre l'esprit et l'atmosphère des films noirs des années 40, un objectif raté puisque tout fut tourné sous le soleil aveuglant de Californie ! De plus, le ton emprunté du narrateur Eric Roberts n'arrange rien.

Johnny Depp, qui arbore dans ce film une coiffure encore plus loufoque que dans *Les Griffes de la nuit* et *Private Resort*, joue le rôle de Donnie, le fils du milliardaire interprété par Dan Hedaya (qui plus tard retrouvera Depp à l'affiche de *Benny & Joon*). Eric Roberts incarne Jacob Asch, un ancien journaliste fan de gadgets reconverti en détective privé. Le peintre Gerald McMurtry l'a recruté pour retrouver son ex-femme (Beverly D'Angelo), désormais remariée avec Hedaya. Son enquête l'entraîne bien évidemment sur de fausses pistes avant que le gosse de riches pourri gâté (Johnny Depp) ne soit kidnappé puis atrocement démembré. Emily Longstreth joue le rôle de Pam Draper, petite amie de Depp qui conspire contre lui. Comme elle avait incarné la copine serveuse de Rob Morrow dans *Private Resort*, elle et Depp s'étaient déjà liés d'amitié et furent ravis de retravailler ensemble.

Quoique meilleur que la plupart des téléfilms qui s'essaient au même genre, *Morts en eau trouble* ne parvient pas à faire revivre l'atmosphère du film noir. Il présente Johnny Depp dans une performance où le jeune acteur patauge clairement dans un rôle limité et peu motivant. Toutefois, ce personnage de lycéen semble préfigurer le rôle qu'il incarnera plus tard dans la série *21 Jump Street*.

Depp n'a pas grand-chose à dire sur *Morts en eau trouble* et *Private Resort*. « À mes débuts, j'ai joué dans des films assez pourris. Mais je n'en ai pas honte, d'autant plus que je ne pensais pas devenir acteur, j'essayais juste de gagner un peu d'argent. Je faisais toujours de la musique. J'ai commencé dans le métier parce qu'on m'en a offert la possibilité et qu'il n'y avait aucun autre moyen de se faire autant d'argent. En dehors du crime bien sûr. Je n'arrivais pas à croire qu'on me paie autant », admet-il volontiers.

Après *Morts en eau trouble*, Johnny Depp dut attendre un bon moment avant de décrocher un autre engagement important au cinéma, puisqu'il poursuivit son apprentissage du métier dans un rôle récurrent à la télévision. Tout ce que le jeune acteur avait déjà traversé dans la vie l'avait préparé à ses rôles d'adolescent et de lycéen. Il interpréta Glen dans *Les Griffes de la nuit*, Jack dans *Private Resort* et Donnie dans *Morts en eau trouble* avec un grand naturel car ces rôles intégraient tous des aspects de la personnalité du vrai Depp : il jouait des personnages de son âge qui évoluaient dans sa propre expérience de la réalité. Les choses devaient être bien différentes dans ses prochains films. Son histoire personnelle allait influencer le choix de ses rôles et avoir un profond impact sur sa vie privée. « Son enfance l'a façonné, mais c'est à travers les rôles qu'il choisit qu'il cherche à vivre en artiste, déclara Faye Dunaway, sa partenaire à l'écran dans *Arizona Dream* et *Don Juan De Marco*. Peu importe ce qui est arrivé à Johnny Depp. Ce qui compte, c'est ce qu'il en a fait, de manière tout à fait unique. »

Après le départ de son groupe de rock et grâce à la bonne impression qu'il laissa aux critiques dans *Les Griffes de la nuit*, Johnny Depp commença à croire en son destin d'acteur malgré la piètre opinion qu'il se faisait de *Morts en eau trouble* et de *Private Resort*. Ce métier rapportait gros et il le jugeait plutôt facile. Quant aux perspectives d'avenir, il lui suffisait de rouler dans Los Angeles pour savoir ce qui pouvait lui arriver s'il devenait un jour un grand nom du cinéma.

Mais il dut faire preuve de patience. Son manque d'expérience ne jouait pas en sa faveur et, pendant plus d'un an, Depp eut beaucoup de mal à trouver du travail. « Personne ne venait frapper à ma porte pour me proposer un scénario », dit-il. Il envisageait même de tout laisser tomber, jusqu'à ce qu'un film intitulé *Platoon* vienne lui insuffler l'élan créatif et professionnel dont il avait besoin.

Platoon s'inspirait d'une expérience réellement vécue par le scénariste et réalisateur Oliver Stone. Vétéran du Vietnam, Stone s'était retrouvé dans une Amérique qui ne savait pas comment gérer le retour de ses soldats. La nation préférait les ignorer, car il n'y avait aucune victoire à célébrer, juste un tiède compromis et l'ignominie de la défaite à supporter.

Le film ne fut pas tourné immédiatement après que Stone ait terminé l'écriture de son scénario. « Je proposais sans doute une vision trop dure de la guerre, trop noire et réaliste. Personne ne voulait produire ce film », explique Stone. Incapable d'obtenir le financement ni même le soutien des studios américains ou des producteurs indépendants, il se tourna vers des producteurs anglais et son film fut financé par des Européens. Avant le démarrage de la production, beaucoup considéraient *Platoon* comme un film antiaméricain.

Charlie Sheen, la star du film, y joue le rôle de Chris Taylor, un « bleu » de dix-neuf ans, soldat volontaire envoyé au Vietnam qui se retrouve pris au milieu des conflits opposant deux officiers : le « méchant » Barnes (Tom Berenger) et le « gentil » Elias (Willem Dafoe). Insistant davantage sur l'effet de la guerre sur les soldats américains plutôt que sur les avantages et les inconvénients de la présence américaine en Asie du Sud-Est, *Platoon* remporta finalement un immense succès qui déclencha un déferlement de films similaires dans les cinémas du monde entier.

« J'ai fait une lecture avec Oliver Stone, et il m'a carrément foutu la trouille ! se souvient Depp. Après l'audition, il m'a dit, "D'accord, je vais t'envoyer deux mois et demi dans la jungle." Ç'a été une expérience géniale. » Depp s'imaginait peut-être qu'il allait passer dix semaines de vacances aux Philippines, mais c'était sans compter sur le programme d'entraînement intensif auquel le réalisateur souhaitait soumettre sa distribution. Il ne voulait pas que ses jeunes acteurs jouent des rôles de soldats, mais qu'ils deviennent vraiment des soldats.

Les trente acteurs recrutés à Hollywood, à New York, au Texas, dans le Tennessee et aux Philippines n'avaient pas la moindre idée de ce qui les attendait au cours de cette pénible formation sur le terrain qui ne leur laisserait aucun répit pendant treize jours. « J'ai délibérément mis au point un programme d'entraînement difficile et très exigeant physiquement, expliqua Dale Dye, vétéran du Vietnam et collaborateur de Stone. Je suis convaincu que la seule façon dont un homme peut illustrer les rigueurs du combat dans la jungle consiste à lui en donner un avant-goût. » Dye fit également une petite apparition dans le film sous les traits du capitaine Harris, aux côtés d'Oliver Stone qui, pour l'occasion, s'était promu au rang de major.

La formation de soldat d'infanterie de Johnny Depp commença par une marche de cent kilomètres depuis Manille jusqu'au cœur de la jungle. Vêtu d'un treillis et chaussé de lourdes bottes, le jeune acteur se retrouva affublé d'une plaque d'identification, d'un fusil, d'une baïonnette, d'un poncho, d'une lampe torche, de lunettes pour vision nocturne, de bidons d'eau et autre matériel d'infanterie. Au beau milieu de la jungle, les apprentis soldats perdirent contact avec la réalité. Pendant cette période d'entraînement, Depp dut dormir avec un autre acteur dans un trou de tirailleurs qu'ils creusèrent eux-mêmes à la main. Pour sa première expérience de tournage à l'étranger, Depp avait probablement rêvé de loges somptueuses et de cuisine gastronomique. À la place, il eut droit à une boîte de ration en fer-blanc, accompagnée de tranches de viande enveloppées dans du plastique, de hot-dogs froids et de tubes dont il avait du mal à décrire le contenu autrement que par « quelque chose à base de haricot ». Dans la jungle, les hamburgers précuits faisaient figure de plats raffinés. Chaque journée était remplie par des formations sur le fusil M-16 et les procédures de transmission radio, ainsi que par des cours sur l'étude des scènes et l'analyse des personnages, dispensés par Oliver Stone en personne.

Depp dut s'habituer rapidement aux températures avoisinant les 40 degrés, aux pluies battantes, à la poussière, aux invasions de fourmis rouges et à l'épuisement. Il avait entendu dire que « la guerre, c'est l'enfer », et son expérience sur *Platoon* le persuada que l'entraînement militaire, même pour un film, s'en approchait de près. Il se serait senti encore plus mal s'il avait su à ce stade que la plupart de ses scènes dans le rôle de Lerner, le traducteur de l'unité, finiraient dans la poubelle de la salle de montage, ne lui laissant que de rares apparitions dans la version finale du film.

Dès le début du tournage, les acteurs durent se présenter sur le plateau à cinq heures du matin, à l'exception de Tom Berenger qui se levait deux heures plus tôt afin que les maquilleurs aient assez de temps pour réaliser la cicatrice faciale que son personnage arbore tout au long du film. Le tournage avançait rapidement, mais on déplora quelques incidents. Avec seulement cinquante-quatre jours pour filmer toutes les scènes de jungle, Stone savait qu'il manquait de temps et qu'il devait se contenter de tourner les plans dont il avait besoin dans les délais impartis. « Pendant le tournage, écrivit-il, on a dû virer quatre ou cinq personnes de la production, et il a fallu supporter les querelles habituelles, les disputes qui font rage entre les directeurs de production, gérer plusieurs jambes et bras cassés, une morsure de vipère presque fatale, des hordes d'insectes, les premières pluies de la mousson et bien trop de peurs bleues en hélicoptère. »

Malgré le bon avancement du tournage, les acteurs et l'équipe technique étaient ébranlés par des semaines de six jours et des journées de douze heures à travailler constamment dans l'humidité ambiante de la jungle. Tous ceux qui participèrent à la production de *Platoon* furent terrassés à un moment ou à un autre par une fièvre d'origine inconnue : le quarante-deuxième jour, la moitié de l'équipe se fit porter pâle pour le tournage de nuit. En acceptant quelques compromis sur certains plans auxquels il tenait, Oliver Stone réussit pourtant à boucler la production de *Platoon* à cinq heures du matin, au cinquante-quatrième jour de tournage dans la jungle.

Mais c'est du montage que la performance de Johnny Depp dans le rôle du traducteur Lerner devait pâtir le plus. Stone semble aujourd'hui regretter certaines des décisions qu'il avait prises en montant son film, considérant ce processus comme un compromis inévitable qui dilue pourtant l'intention du scénario original et peut édulcorer le travail de certains acteurs.

Lors de sa sortie américaine en février 1987, *Platoon* s'imposa comme le film le plus rentable du mois, ce qui reflétait la vision nouvelle du public américain sur la guerre du Vietnam. Au cours du week-end du 1er février, le film rapporta 8,1 millions de dollars de recettes alors qu'il était projeté dans moins de six cents salles à travers le pays : une jolie performance pour un film de guerre sur le Vietnam qu'aucun studio ne voulait produire. Orion, distributeur du film aux États-Unis, avait déjà sorti *Platoon* en avant-première en décembre 1986 dans seulement six cinémas à New York, Los Angeles et Toronto, pour que le bouche-à-oreille puisse fonctionner avec un peu d'avance. Très attendue, la sortie officielle du film fut couverte par de nombreux articles de presse qui saisirent la balle au bond pour aborder un grand nombre de questions non résolues sur le rôle de l'Amérique dans la guerre du Vietnam.

Les critiques dithyrambiques sur *Platoon* faisaient du film un concurrent idéal aux Oscars. Malgré toutes les polémiques qu'il avait suscitées, Oliver Stone remporta quatre statuettes, dont l'Oscar du meilleur film, du meilleur réalisateur, du meilleur son et du meilleur montage. Pour lui, la guerre du Vietnam était enfin terminée. Au cours de sa carrière future, il allait s'attaquer à bien d'autres sujets de controverse.

En 1987, la vie sentimentale de Depp connut un renouveau lorsqu'il rencontra Sherilyn Fenn, une jeune et belle actrice en herbe. Elle avait dix-sept ans, et Depp vingt-trois. Bien que son ex-femme ait été de cinq ans son aînée, Depp ne choisira plus que des partenaires nettement plus jeunes que lui.

Sa relation avec Sherilyn Fenn, aujourd'hui surtout connue pour son rôle d'Audrey Horne, la bombe sexuelle de l'étrange série télé *Twin Peaks* de David Lynch (1990), évolua en dents de scie jusqu'en 1988, alors que l'acteur entamait le tournage de la troisième saison de *21 Jump Street* dans le rôle de Hanson. « Nous n'étions pas connus à l'époque », voilà la seule remarque que concède aujourd'hui Johnny Depp sur cette liaison de deux ans.

Depp était très clair sur ce que lui inspiraient ses premières histoires d'amour, mais désapprouvait l'image que laissait dans l'esprit de nombreuses personnes le déballage de sa vie privée par les magazines pour ados, qui cherchaient toujours à savoir avec qui il couchait. « Je ne regrette aucune de ces histoires, c'était chouette, dit-il à propos de ses amours de jeunesse. La plupart de ce qui a été écrit sur moi est complètement faux. Les médias ont inventé une image qui n'a rien à voir avec moi, et ils ont le pouvoir de la vendre et de bourrer le crâne des gens avec. En fait, je suis un type à l'ancienne, qui veut se marier et avoir des enfants. »

Pendant sa relation avec Sherilyn Fenn, Depp aimait se présenter comme le petit ami idéal, bien qu'il fût facilement tenté par les histoires d'un soir. « J'aime à croire que je fais très attention à ce que ressentent les autres, et dès mon plus jeune âge, on m'a appris à faire toujours de mon mieux. Je me vois comme une sorte de romantique réaliste. Je suis très réaliste sur certaines choses, mais je crois dur comme fer que, dans une société où les gens divorcent toutes les cinq minutes, il est encore possible de rester mariés cinquante ou soixante-quinze ans. Ça s'est déjà vu et c'est magnifique. Quand je vois un couple qui fête ses noces de platine, je trouve ça complètement fascinant. »

Parallèlement, Depp voulait qu'on le laisse vivre sa vie à sa guise, indépendamment des sentiments des autres. Sa réticence à s'engager auprès des femmes semble profondément liée au divorce de ses parents. Le jeune Depp ne tenait pas à répéter leurs erreurs. Au cours de sa courte existence, il avait déjà échoué au jeu du mariage. Il ne comptait pas retomber dans ce piège de sitôt. « J'adore quand les gens croient en leurs rêves et qu'ils réussissent, qu'ils font à peu près ce qu'ils veulent sans avoir de compte à rendre à qui que ce soit, et bien sûr sans faire de mal à personne », déclara-t-il pour justifier son comportement pour le moins déconcertant.

Johnny Depp rencontra vraiment le succès en 1987, quand il se vit attribuer le premier rôle d'une nouvelle série télévisée baptisée *21 Jump Street*. Initialement intitulée *Jump Street Chapel* en référence au quartier général des enquêteurs de la série, *21*

Jump Street est issue de l'écurie de production de Stephen J. Cannell, créateur de la série à succès *Agence tous risques*, qui collabora sur ce projet avec le scénariste-producteur Patrick Hasburgh. Ce dernier voulait confier le premier rôle de Tom Hanson à Johnny Depp, qui commença par le refuser sans même vouloir jeter un œil au scénario. Il trouvait trop risqué de passer d'un film tel que *Platoon*, respecté et bien accueilli par la critique, à une toute nouvelle série TV qui n'avait pas encore fait ses preuves, même si la sécurité qu'offrait ce genre d'emploi n'était pas pour lui déplaire. Depp ne fonça donc pas tête baissée sur ce rôle : c'est avec son ambivalence habituelle qu'il envisagea progressivement la perspective de figurer dans une série télé ayant des chances de durer.

« J'ai reçu un appel de mes agents, qui m'ont dit : "La production d'une série TV a envie de te faire passer une audition." Je leur ai répondu, "Non, non et non..." Je ne voulais pas signer un gros contrat d'exclusivité qui risquait de me lier les mains pendant des années. Ils ont donc engagé quelqu'un d'autre, qu'ils ont viré au bout d'un mois, puis ils m'ont rappelé et m'ont dit : "S'il te plaît, pourrais-tu venir jouer ce rôle ?" Mes agents m'ont expliqué que la durée de vie d'une série était en moyenne de treize épisodes, tout au plus. C'est-à-dire une saison. J'ai donc fini par donner mon accord. »

S'étant engagée à tourner un pilote, la maison de production confia le rôle de Hanson à un autre jeune acteur, le très vite oublié Jeff Yagher. Au bout de trois semaines, Yagher fut remercié et les producteurs repensèrent plus sérieusement à Depp. Le peu qu'ils avaient réussi à tourner du pilote suffit à convaincre Fox Network, alors en pleine ascension, que *Jump Street Chapel* avait tout le potentiel requis pour une série. La Fox commanda plusieurs épisodes et exigea le changement du nom de la série pour *21 Jump Street*. Toutefois, la chaîne et les producteurs tombèrent d'accord sur le choix de l'acteur principal, et décidèrent de reproposer le rôle à Depp, qui surmonta sa réticence à s'engager dans un projet risquant de lui voler plusieurs années de sa vie. Finalement, encore sous le coup des déceptions liées à *Platoon*, Depp opta pour la sécurité.

Patrick Hasburgh, créateur de la série, savait qu'ils avaient fait le bon choix : « Si Johnny Depp avait vécu dans les années 50, il serait parti à Paris, ou alors il aurait traîné avec Jack Kerouac. » Depp possédait la sérénité intérieure et cet attrait latent auprès des jeunes dont la production avait besoin pour assurer le succès de sa série. Les producteurs n'avaient plus désormais qu'à mouler leur star conformément à leurs désirs. « Ce qui m'a le plus frappé quand il a passé son audition, c'est qu'il n'avait pas le trac, dit le superviseur de la série Steve Beers. Il était détendu. Il dégageait beaucoup de présence, une personnalité insolite. En plus, c'est l'une des plus gentilles personnes avec qui j'aie jamais travaillé. »

La première étape consistait à terminer le tournage du premier épisode inachevé pour introduire Johnny Depp dans le rôle de Tom Hanson, un jeune flic qui infiltre les milieux lycéens. Le pilote présente Hanson comme un personnage tourmenté. Marchant sur les traces de son père policier, ce jeune de vingt ans en paraît à peine quinze, ce que ses collègues et les « méchants » auxquels il a affaire dans la rue ne manquent jamais de lui faire remarquer. Cette absence de respect, de la part des policiers comme des criminels, déprime Hanson : il a juste envie d'être un bon flic, comme son père.

Ses supérieurs lui donnent le choix : soit il reste confiné à des tâches administratives, soit il rejoint un groupe d'élite composé de jeunes flics qui travaillent sous couverture dans une ancienne chapelle abandonnée. Ils paraissent tous assez jeunes pour infiltrer les lycées du coin et repérer les adolescents qui ne sont pas là pour suivre les cours mais pour vendre de la drogue. Hanson décide de travailler à la Chapelle. Pour sa nouvelle mission, il doit réapprendre ce que c'est d'être un ado. Au sein de cette équipe secrète de la police criminelle, il a pour partenaires H. T. Hoki, un Américain d'origine japonaise (Dustin Nguyen), Judy Hoffs (Holly Robinson) et Doug Penhall (Peter DeLuise). Frederic Forrest incarnait le capitaine Richard Jenko, ex-hippie devenu chef de cette étrange brigade, remplacé après seulement sept épisodes par Stephen Williams (qui remportera encore plus de succès dans les années 90 avec son rôle de « Monsieur X » dans la série *X-Files*). Le concept de la série s'inspirait d'une opération réelle et controversée mise en place à Los Angeles depuis 1974. Cette unité spéciale de lutte contre la drogue avait fait les gros titres en 1986, soit un an avant le lancement de *21 Jump Street*, quand la presse avait annoncé que l'un de ces agents infiltrés sortait avec une lycéenne de dix-sept ans.

Depp partit au Canada car le tournage de la série se déroulait à Vancouver, en Colombie-Britannique. Au bout de quelques mois, il trouva ses marques et réussit à persuader sa mère Betty Sue et son beau-père de le rejoindre. Ce ne serait pas les seuls que Depp ferait venir de Floride : son ami d'enfance Sal Jenco lui aussi lui rendit visite au Canada, et grâce à son sketch où il aspirait et expirait de l'air comme un drôle de poisson, il fit tellement forte impression sur l'équipe de production qu'il fut recruté dans le rôle d'un personnage secondaire récurrent surnommé Blowfish.

Depp n'était pas particulièrement fan du personnage qu'il incarnait à la télévision. « Hanson n'est pas le genre de type avec qui j'aimerais partager une pizza. D'après moi, envoyer des flics incognito dans les lycées, c'est de l'espionnage. La seule chose que j'ai en commun avec Hanson, c'est qu'on se ressemble physiquement. » Il était payé 45 000 dollars par épisode, mais l'isolement du plateau de Vancouver et les journées de travail de quinze heures lui pesaient beaucoup. Les amitiés qu'il noua avec les autres acteurs s'avérèrent donc vitales, notamment avec Peter DeLuise (fils de Dom DeLuise). « Si Peter n'avait pas été là, je serais devenu dingue ou je me serais jeté sous un pont. C'est mon sauveur. »

Pour surmonter sa solitude et son isolement, Depp persuada Sherilyn Fenn de venir à Vancouver avec lui. Il réussit même à lui décrocher un rôle dans le neuvième épisode intitulé « Les frères La Terreur ». Elle y joue la fille d'un policier qui affirme que son père abuse d'elle. Elle fait une offre à Hanson — lui et Penhall se font passer au sein du lycée pour deux frères dealers de drogue — pour qu'il abatte son père. Bien que sa performance ne risque pas de faire de l'ombre à l'ascension de Depp, elle annonçait déjà les prémices d'un talent plus tard pleinement révélé dans *Twin Peaks* et dans les films qu'elle tournerait au milieu des années 90.

Il y avait un aspect du succès de *21 Jump Street* auquel Johnny Depp n'était pas vraiment préparé et auquel il dut s'habituer rapidement : l'adulation. Anticipant le phénomène, les producteurs avaient essayé d'introduire Depp en douceur dans l'univers de la presse pour jeunes. « Pour commencer, ils m'ont dit, "On voudrait que tu fasses des interviews et des photos pour les magazines de jeunes." Je leur ai demandé de quels magazines ils parlaient, et ils m'ont répondu "*Sixteen ! Teen Beat ! Teen Dream ! Teen Fashion ! Teen Stars ! Teen Love !*" et que sais-je encore... » Au tout début de la série, Depp n'eut d'autre choix que d'obéir, posant avec une moue boudeuse pour d'innombrables photographes, revolver à la main dans ses jeans déchirés et ses T-shirts noirs. Il dut également répondre à des questions idiotes sur sa couleur préférée et endurer les étiquettes que lui collaient les journalistes en manque d'inspiration pour le présenter à leur lectorat. « Ce sont des choses sur lesquelles je n'ai aucun contrôle. C'est très agréable d'être apprécié, mais ça me met mal à l'aise. Je n'ai jamais aimé être le centre de l'attention. Mais c'est la rançon de la gloire. »

Patrick Hasburgh trouvait que Depp s'en sortait remarquablement bien dans la mesure où il était devenu célèbre du jour au lendemain dès la première diffusion de la série en avril 1987. « Généralement, quand une série remporte autant de succès, ses acteurs deviennent vite insupportables, mais pas Johnny. Il lui est bien arrivé une fois de mettre le feu à son slip au beau milieu du plateau, mais seulement parce que personne n'avait fait le ménage dans sa loge depuis longtemps. Le succès de la série l'empêchera peut-être d'accepter des rôles au cinéma, mais il reste cool. Plus cool que je ne le serais à sa place. Si j'avais son âge et son physique, je serais déjà mort. Les filles le suivent en hurlant partout où il va. »

« Ça fait peur, dit Depp des fantasmes qu'il suscitait chez des millions d'adolescentes. C'est terrifiant. Les gens se mettent à pleurer dès qu'ils me voient. Aujourd'hui, on compare tout le monde à James Dean, et si vous avez de la chance, on mentionne Brando ou De Niro. Les gens vous incitent à assumer une image qui n'est pas forcément la vôtre. »

Diffusée en première partie de soirée, *21 Jump Street* devint rapidement la série la plus regardée par les jeunes Américaines âgées de dix-huit à trente-quatre ans. Le triomphe de Depp ne tarda pas à éclipser celui de Michael J. Fox, au faîte de sa gloire dans la série *Sacrée génération*. Le principal indicateur de son succès auprès des jeunes téléspectateurs était le nombre de lettres qu'il recevait.

Johnny Depp dans Platoon *d'Oliver Stone : la plupart de ses scènes dans le rôle de Lerner, le traducteur de la section, furent coupées au montage.*

« Plus de lettres que Michael J. Fox, plus que Charlie Sheen, plus que Rob Lowe : parmi tous nos clients, Johnny Depp est celui qui reçoit le plus de courrier », déclara un représentant de Fan Handle, une entreprise de Los Angeles spécialisée dans la gestion du courrier des stars. « Je dirais qu'il reçoit plus de dix mille lettres par mois. Évidemment, les types de la télé en reçoivent toujours plus que les acteurs de cinéma. »

« J'ai reçu des lettres bizarres, des lettres de suicide de la part de filles qui menaçaient de se tuer si je ne les contactais pas, avoua Depp au sujet du courrier de ses fans. D'abord, je me disais que c'étaient des conneries, mais en y repensant, je me disais : "Et si c'était sérieux ?" Qui aurait envie de prendre un tel risque ? Donc je leur répondais, je leur disais de tenir bon, que si tout allait si mal, les choses ne pouvaient que s'améliorer. Mais n'étant moi-même pas très stable, qui étais-je pour leur donner des conseils ? » Depp recevait toutes sortes de lettres, des plus drôles aux plus inquiétantes. « Les jeunes m'écrivent pour me faire part de leurs problèmes, me dire qu'ils veulent se suicider. Ça fait peur et je suis obligé de leur répondre : "Écoute, je ne suis qu'un acteur, pas un psychologue. Si tu as besoin d'aide, tu dois en parler à un professionnel." »

21 Jump Street remporta un succès phénoménal aux États-Unis. Les acteurs étaient assaillis dès qu'ils faisaient la tournée des grandes villes américaines, comme ce fut le cas à Chicago en août 1988. Dans des scènes dignes des plus grands jours de la Beatlemania, ils étaient accueillis par des hordes d'adolescents en délire, filles et garçons confondus, prêts à tout pour faire signer la photo de leurs idoles, en particulier celle du discret Johnny Depp, qui ne faisait que des apparitions éclair, débarquant fugitivement à bord d'interminables limousines, flanqué de deux imposants gardes du corps. Depp fit la couverture de la presse ado pour des revues telles que *Tiger Beat* et *The Big Bopper*. Le magazine *Rolling Stone* l'inclut dans son classement des « Visages qui ont fait 1988 » et l'acteur fut également reconnu comme l'un des « dix célibataires les plus sexy » par le magazine *US*.

Depp n'appréciait pas du tout ce déchaînement médiatique car il avait du mal à supporter que la presse « vende un personnage nommé Johnny Depp ». Il fut rapidement déçu par la série et frustré par l'image qu'on lui avait collée, un sentiment qu'il exprima dans la préface du livre *Tim Burton par Tim Burton*, un recueil d'entretiens avec le réalisateur d'*Edward aux mains d'argent* et d'*Ed Wood* : « Désarçonné, paumé, fourré dans le gosier de l'Amérique tel un jeune républicain. Le minet de la télé, le bourreau des cœurs, l'idole des ados, de la pâture à ados. Affiché, "postérisé", bourré, breveté, figé, peint, plastifié ! ! Agrafé à une boîte de céréales sur roues lancée à deux cent cinquante kilomètres à l'heure sur une voie à sens unique avec collision assurée et fin en bouteille de Thermos ou autre antiquité du style cantine. Le minet tout lisse, le minet à succès. » Les choses en arrivèrent au point où Johnny Depp ne pouvait plus regarder la série et il renonça même à lire les scénarios en entier, se contentant d'apprendre son texte par cœur. « J'ai commencé à me regarder le nombril, à me dire des choses du genre, "Il y a trois cent soixante-cinq jours dans une année. J'en passe deux cent soixante-quinze à prononcer les mots d'un autre, et je n'aime pas ce qu'il dit. Je ne peux dire ce que je pense que quatre-vingt-dix jours par an." »

Ses premiers doutes sur le risque d'être enfermé dans une série s'avéraient donc fondés et la sécurité qu'il avait recherchée dans ce rôle à la télévision commençait à se refermer sur lui comme un piège. Il voulait poursuivre ses ambitions cinématographiques, mais son contrat avec *21 Jump Street* l'empêchait de les réaliser. Face à son succès dans la peau de Hanson, Depp commença à douter de son avenir, se retrouva aussi dépité qu'avant le tournage de *Platoon* et voulut quitter la série : « J'avais signé pour six saisons, et avant la diffusion du premier épisode, je le regrettais déjà. Pour la première fois de ma vie, je pouvais enfin payer mon loyer, mais je voyais aussi toutes ces publicités sur moi. J'avais l'impression d'être devenu une boîte de céréales. »

Depp commença alors à faire sa diva sur le plateau de *21 Jump Street*. Il refusa de tourner les épisodes dont le scénario ne lui plaisait pas et tenta d'inciter les producteurs à donner plus de sens à la série en s'attaquant à des sujets inspirés par les gros titres de l'actualité. Il espérait secrètement qu'en se montrant pénible, il pourrait pousser la production à le virer, ou selon le jargon hollywoodien, « à le décharger de ses obligations contractuelles », ce qui lui permettrait de remettre sa carrière au cinéma sur les rails.

« On me demandait parfois des choses que je condamne sur le plan personnel et moral. Par exemple, dans un épisode, mon personnage devait mettre le feu à une croix. C'était censé avoir un rapport avec le racisme, mais je ne pense pas que ça a fonctionné. Il fallait que j'allume cette croix et je trouvais ça assez répugnant. J'ai fini par accepter de le faire, même si selon moi, l'épisode ne traitait pas correctement du problème. » Une autre fois, Depp refusa de jouer dans un épisode où un lycéen est tué parce qu'on croit à tort qu'il est un informateur, tandis que le véritable indic fait profil bas pour rester intégré parmi les autres élèves. Depp trouvait cet épisode moralement douteux et renonça aux 45 000 dollars qu'il lui aurait rapportés, quand sa mission fut confiée à Booker, le personnage incarné par Richard Greico. « Dès le départ, j'ai eu très peur que *Jump Street* devienne une série moralisatrice prêchant la bonne parole. Je ne suis pas vraiment fait pour les rôles de gentils, tandis que Hanson est assez enthousiaste et naïf par rapport à son travail. »

Le créateur de la série Patrick Hasburgh avait proposé d'alimenter le personnage de Hanson avec les propres expériences de Johnny Depp. « Ce gamin a connu les problèmes que nous abordons dans la série. » Mais vers la fin de la quatrième saison, Depp eut l'impression que les producteurs avaient perdu tout contact avec ce qu'il était vraiment. « Ils voulaient que je tourne un spot "grandes causes" dans lequel j'aurais dit, "Salut, je suis Johnny Depp et j'ai un conseil à vous donner : n'abandonnez pas l'école, allez jusqu'au bout. Je trouve que c'est important, pour moi comme pour vous." Cela faisait quatre ans que je travaillais pour ces gens et je me suis dit : "Ne savent-ils donc pas que j'ai abandonné mes études ?" Comment pouvais-je me permettre de dire aux gens de rester à l'école ? Puis ils m'ont dit : "Ah oui, c'est vrai, on avait oublié." »

Depp participa en fait à certains des spots à caractère éducatif qui accompagnaient la diffusion des épisodes abordant des questions de société, mais il joua un rôle beaucoup plus actif dans leur production en tant que scénariste et réalisateur, ainsi qu'en apparaissant dans de mini-spots sur le sida, la pornographie ou le racisme. Ce furent ses premières incursions derrière la caméra. Depp réalisa également deux spots pour American TV, sur un numéro vert dédié aux enfants maltraités, et s'impliqua dans la fondation américaine Make A Wish. « Elle aide les patients atteints du cancer ou les malades en fin de vie. Ils écrivent à la fondation pour dire "Mon rêve, c'est de rencontrer tel acteur", et nous leur rendons visite. Ça peut parfois vous briser le cœur, mais on rencontre des tas de gens absolument formidables. Ce qu'ils me donnent, je ne l'échangerais contre rien au monde. L'ego, l'argent, la carrière... certains prennent ça tellement au sérieux. Mais face à un enfant qui va mourir, ça ne signifie plus rien. » Depp continuera à entretenir des liens avec la fondation et accompagnera une fillette de onze ans lors d'une visite du plateau d'*Ed Wood*. C'est également à cette époque qu'il commence à tourner ses propres courts-métrages. À ce stade précoce de sa carrière, il rêvait déjà de décrocher un rôle dans une adaptation cinématographique du roman *Sur la route* de Jack Kerouac, une ambition qu'il nourrira encore dix ans plus tard, au milieu des années 90. Il espérait ainsi élargir l'image dans laquelle il avait l'impression de s'être enfermé tout en ayant l'opportunité d'exprimer sa passion pour les poètes beat.

De plus en plus frustré par la nature répétitive et limitée du rôle de Tom Hanson, Depp se mit à faire des suggestions ridicules pour modifier ses dialogues. Quand la production les refusait, il changeait quand même son texte, parfaitement conscient que le rythme de tournage imposé par l'industrie télévisuelle ne laissait pas assez de temps à la production pour refaire les prises. Dans la bouche de Depp, un dialogue tel que « C'est un endroit génial, Doug » se transformait en « Sympa ta piaule, Doug, t'es un malin, toi ! J'adore ! » Dans sa campagne toujours plus désespérée pour se faire virer de la série, il continuait à lancer des idées complètement stupides pour développer son personnage, mais elles devaient rester lettre morte auprès de l'équipe de montage comme des producteurs. Il voulait par exemple que l'on découvre que Hanson était obsédé par le beurre de cacahuètes et que ses collègues le surprennent en train de s'en étaler partout sur le corps. Les producteurs avaient beau ignorer ses suggestions, ils ne le congédièrent pas pour autant. « Lors des deux dernières années de la série, je ne savais même plus comment mon personnage s'appelait », affirma Depp. Si ses idées furent rejetées, l'un des producteurs de *21 Jump Street* éprouvait néanmoins de la sympathie pour sa démarche : « Je ne suis pas toujours d'accord avec lui, mais je le comprends. C'est quelqu'un qui lutte pour ses convictions, et il a aussi tendance à se battre pour les autres. »

Depp riposta en affirmant que les difficultés qu'il rencontrait étaient dues au fait qu'il avait d'autres attentes par rapport à la série. « Je pense que la série doit aller plus loin sur certains problèmes comme le racisme ou la violence des gangs. À la télévision, il existe des limites très strictes et la marge de manœuvre est faible, mais la seule façon de changer les choses, c'est de se battre. » Dans un entretien avec John Waters pour le magazine *Interview* en 1990, Depp proposa d'autres idées pour son personnage. « Il faudrait que Hanson commence à perdre la tête. Car en tant que policier, devenir fou, ça fait partie des risques du métier. Selon moi, il devrait devenir complètement dingue. La production devrait vraiment briser les règles imposées par la télévision. J'aimerais que Hanson finisse à l'asile. »

Un épisode inspiré de cette idée fut tourné vers la fin de *21 Jump Street*, quand Tom Hanson se fait interner incognito dans un hôpital psychiatrique pour jeunes afin d'enquêter sur les maltraitances dont les résidents disent faire l'objet de la part du personnel. La maladie et l'addiction aux narcotiques feintes par Hanson sont si convaincantes que les médecins décident de l'enfermer et refusent de croire en son délire de policier opérant sous couverture. Avec d'autres épisodes de cette trempe, Depp n'aurait probablement pas quitté la série aussi rapidement. « J'ai tiré de nombreuses leçons de mon expérience sur *21 Jump Street* et cela m'a beaucoup aidé sous bien des aspects, admit Depp longtemps après. Cette série payait mes factures et m'a fait connaître, donc je n'ai pas vraiment le droit de me plaindre. Mais quand on tourne dans ce genre de trucs, on n'a aucun contrôle créatif : le mot "créatif" ne fait même pas partie du vocabulaire des productions télé. Je me suis donc dit que dès qu'une occasion se présenterait, je ferais exactement ce que j'avais envie de faire sans accepter le moindre compromis. Depuis, j'ai eu la chance de jouer dans les films que j'avais envie de tourner et de travailler avec les réalisateurs avec lesquels j'avais envie de travailler. »

Ce que lui rapporta sa période de « beau gosse de la télé » fut avant tout un statut d'idole des ados, qui perdura dans la presse jeune même après la fin de la série. « Dès qu'un jeune acteur se fait remarquer, les journalistes se sentent obligés de lui coller une étiquette en le qualifiant de "mauvais garçon", ou pire, de "rebelle." C'est tellement stupide et dépassé... Je voulais juste incarner des rôles intéressants et cool. À mes débuts, j'ai reçu beaucoup de scénarios où l'on me voyait porter une arme, embrasser une fille, tourner au coin d'une rue et prendre la pose, ce genre de choses. Voilà pourquoi j'ai aimé *Cry Baby* : ce film tournait en dérision le statut de l'idole des jeunes poursuivie par des filles hystériques. »

L'étiquette dont il souffrit au début de sa carrière alimentera sa détermination à faire en sorte que chacun des films qu'il tournerait soit complètement différent du précédent. Cette réaction allergique à l'image d'idole des ados qu'on lui avait forgée peut donc expliquer le choix de certains rôles excentriques qu'il incarnera plus tard.

Si Depp cherchait à faire voler en éclats son image d'ado rebelle, son comportement en dehors du plateau de *21 Jump Street* laissait pourtant croire qu'il prenait son rôle un peu trop à cœur. Lors d'une arrestation, la première d'une longue série de démêlés avec la police, Depp se retrouva sous les verrous. Une nuit de 1989, à Vancouver, Depp voulut rendre visite à des amis qui séjournaient dans un hôtel où il était connu du personnel puisqu'il y avait lui-même vécu lorsqu'il était arrivé en ville. Mais le vigile qui gardait la porte d'entrée était bien décidé à ne pas le laisser passer.

« Il avait une dent contre moi, dit Depp, toujours prompt à fustiger les figures d'autorité. Il s'est mis dans tous ses états et il a été vraiment odieux avec moi. Il m'a dit : "Je sais qui tu es, mais je ne peux laisser entrer que les clients de l'hôtel." L'erreur qu'il a commise, c'est d'avoir osé poser la main sur moi. Je l'ai repoussé, on a plus ou moins commencé à se battre et j'ai fini par lui cracher au visage. » Les policiers n'eurent aucune envie d'écouter sa version des faits. Après s'être prêté au jeu du relevé d'empreintes digitales et des clichés anthropométriques de face et de profil, Depp passa la nuit derrière les barreaux du commissariat central de Vancouver. Pour lui, le seul intérêt de cette mésaventure consistait à obtenir une copie des photos prises par la police. Il reconnut sa responsabilité et la plainte fut retirée. « Je suis un peu soupe au lait », concéda-t-il à l'époque. Ce n'était pas la dernière fois que son caractère bien trempé devait lui créer des problèmes.

Pendant le tournage de *21 Jump Street*, le peu d'intérêt que Johnny Depp manifestait envers Sherilyn Fenn finit par nuire à leur histoire. Elle était repartie à Los Angeles, et même si Depp s'y rendait le week-end, descendant à l'hôtel Château Marmont sur Sunset Strip, la distance mit un terme définitif à leur relation, sans parler des incartades de l'acteur avec d'autres femmes.

En 1989, la presse avait annoncé que Johnny Depp sortait avec la comédienne Jennifer Grey, partenaire de Patrick Swayze dans le film à succès *Dirty Dancing* qui n'avait pas fait grand-chose d'intéressant depuis. D'après les médias, il aurait été fiancé à la fois à Sherilyn Fenn et à Jennifer Grey à différents moments (bien que le terme « fiançailles » soit souvent une exagération journalistique servant à décrire toute relation durant plus d'une seule nuit), et surpris en compagnie de plusieurs autres femmes. Sa vie sentimentale mouvementée inspira même la création d'un autocollant pour klaxon au succès éphémère, sur lequel on pouvait lire : « Klaxonnez si vous n'avez jamais été fiancée à Johnny Depp. »

En dépit de l'échec manifeste de ses relations amoureuses, Depp affirmait toujours être fasciné par la magie du mariage, qu'il considérait comme le plus bel accomplissement qui soit : « Je rêve de me marier, d'avoir des enfants, un couple de poissons rouges, une tondeuse à gazon, une allée en asphalte, et de manger des doughnuts au petit déjeuner. » Mais il ne pouvait pas échapper non plus à son désir de rester libre comme l'air. « Ce qui m'intéresse, c'est ce que je fais en ce moment, et pas vraiment de planifier ce que je vais faire demain. »

Le sentiment d'insécurité de Depp semblait avoir à nouveau frappé. Ses deux relations s'étaient effondrées, bien que les deux aient apparemment atteint le stade des fiançailles. Se sentant piégé dans ses histoires d'amour comme dans son personnage sur le petit écran, il craignait constamment de passer à côté de quelque chose de mieux, de rater des rôles au cinéma à cause de son contrat le liant à la série, ou de rater des femmes à cause d'une relation durable et sérieuse. Ce besoin permanent d'avancer, de *Platoon* à *21 Jump Street* à encore autre chose, de Sherilyn Fenn à Jennifer Grey puis à quelqu'un de nouveau et de rafraîchissant, renvoyait à son enfance, à la séparation

de sa famille et à son propre divorce. Sa peur de l'échec, tant sentimental que professionnel, fit évoluer sa carrière et sa vie privée à travers une quête constante de la nouveauté et de la différence, aux dépens de la stabilité et de la construction. Comme Peter Pan, l'éternel adolescent refusait de grandir.

Le chouchou de la télé : Depp se sentait de plus en plus frustré par la créativité très limitée de 21 Jump Street, *comme par l'image d'idole des jeunes qu'on lui avait collée.*

Tracey Jacobs, son agent chez ICM, considérait les choix insolites de Depp comme des décisions délibérées. « Quand il a arrêté la série télé, il a choisi de tourner à gauche plutôt qu'à droite : "J'ai décidé d'emprunter les chemins de traverse et ça a fait toute la différence." Voilà la citation que j'utiliserais pour le décrire de façon plus générale. »

Les acteurs de 21 Jump Street *incarnent de jeunes flics qui enquêtent sous couverture dans les lycées.*

2

CRY BABY

Les « chemins de traverse » qu'emprunta Johnny Depp pour s'offrir une seconde chance au cinéma l'amenèrent à accepter des rôles dont les stars telles que Tom Cruise n'auraient jamais voulus. La possibilité de travailler avec le réalisateur John Waters correspondait exactement aux nouvelles attentes de cet apprenti acteur toujours plus déterminé qu'était Johnny Depp.

Au fil des années, le réalisateur dissident John Waters passa du cinéma indépendant plus que confidentiel de l'Amérique des années 70 aux productions hollywoodiennes à gros budget des années 90 tout en conservant son côté décalé, radical et sombre. Sa collaboration avec Waters marqua le retour de Johnny Depp sur le grand écran, le rôle comme le cinéaste laissant en lui une marque indélébile qu'il tentera de préserver pendant la majeure partie de sa carrière au cinéma.

William S. Burroughs, auteur du roman à controverse *Le Festin nu,* surnommait Waters le « pape du trash ». Entre 1964 et 1967, le jeune Waters tourna plusieurs courts-métrages en 8 mm et 16 mm. Il se fit connaître du grand public en 1972 quand il immortalisa sur pellicule dans *Pink Flamingos* un travesti obèse de cent trente-cinq kilos, Harris Glenn Milstead (surnommé Divine), en lui faisant manger des crottes de chien fraîchement pondues. « Il ne pensait pas que cela nuirait à sa carrière, dit Waters. À ce stade, il ne pensait même pas avoir une carrière. Quand il l'a fait, il s'est comporté en vrai professionnel. Il a recraché la crotte de chien, s'est lavé les dents et n'en a pas fait toute une histoire. Le magazine *Variety* a dit que c'était la scène la plus répugnante de toute l'histoire du cinéma. Certes, c'était un peu fou de faire un truc pareil, mais pas autant qu'on le pense. Je n'imaginais pas qu'on en parlerait encore vingt-cinq ans après ! »

Né en 1946 dans la proche banlieue de Baltimore, Waters passa son enfance à empiler ses petites voitures et à fantasmer sur la méchante reine du *Cendrillon* de Walt

Disney. Ses études dans une école catholique de son quartier ne firent que façonner davantage la personnalité tordue de Waters. « Les catholiques nous interdisent tout, donc, forcément, on a envie de tout faire », telle était sa devise dans l'Amérique des années 60. Renvoyé de l'université de New York pour avoir fumé de l'herbe, il profita de ce temps libre pour aller au cinéma et renouveler ses liens avec son ami d'enfance Glenn Milstead.

Lorsque Waters termina son troisième film amateur en 1968, sa sensibilité était déjà plus ou moins formée. *Eat Your Make-up* mettait en scène un groupe de jeunes filles — des mannequins — kidnappées, puis forcées à défiler et à poser devant leurs amis jusqu'à ce que mort s'ensuive. Waters s'essaya ensuite au long-métrage, produisant toute une série de projets déjantés tels que *Mondo Trasho* (1969), *Multiple Maniacs* (1970) et le fameux *Pink Flamingos* (1972). Avec une bande d'acteurs récurrents toujours plus étoffée et connue sous le nom de The Dreamland Group, Waters et ses collaborateurs excentriques survivaient grâce à l'aide sociale et au vol à l'étalage.

La réaction de *Variety* à *Pink Flamingos* (« sans aucun doute l'un des films les plus vils, stupides et répugnants jamais tournés ») ne fit que profiter à la réputation grandissante de Waters en tant que maestro américain du scandale. On peut considérer deux

---

Quand la réalité dépasse la fiction... Dans Cry Baby, *le personnage de Depp se retrouve en prison ; dans la vraie vie, il connut aussi quelques démêlés avec la justice et passa plusieurs nuits derrière les barreaux.*

autres films des années 70, *Female Trouble* (1974) et *Desperate Living* (1977), comme les dernières folies non édulcorées de Waters. Quand il fit son entrée dans les années 80 avec *Polyester* (sorti en 1981, avec « odorama » et cartes à sniffer), Waters mit un peu d'eau dans son vin et toucha un public plus large. Sa bataille pour faire financer ses films et les faire accepter par les studios hollywoodiens prit fin en 1988 avec la production de *Hairspray*, une parodie vulgaire et haute en couleur des films pour ados des années 50. Bien que certains de ses fans les plus extrêmes aient crié à la trahison, Waters sécurisa son adoption à Hollywood grâce à un nouveau pastiche des années 50, *Cry Baby* (1990). C'est là qu'intervint Johnny Depp, qui vit dans ce film une chance d'échapper à la monotonie d'une nouvelle saison de *21 Jump Street*. Waters conçut *Cry Baby* comme l'histoire d'amour idéale d'un délinquant juvénile, un récit précédant la période « sex, drugs and rock'n'roll » qui marqua la fin des années 50. Il choisit d'en planter le décor dans sa ville natale de Baltimore en 1954.

Le personnage central de ce Roméo et Juliette de l'ère pré-rock'n'roll s'appelle Wade Walker, fils de deux criminels exécutés, un beau gosse dur à cuire né du mauvais côté de la barrière et connu de tous sous le nom de Cry Baby. Il tombe amoureux d'Allison Vernon-Williams, une jeune fille riche et un peu « vieux jeu » dont les hormones en délire se mêlent à l'influence néfaste du rockabilly pour l'entraîner dans un univers cauchemardesque fait de guerre des gangs et de passion interdite. La bande des fils à papa dont fait partie Allison affronte le gang des délinquants mené par Cry Baby dans une parodie des premiers films d'Elvis, mâtinée d'autres films sur les « délinquants juvéniles » des années 50 tels que *High School Confidential* et *Rock Around The Clock*.

Évidemment, la satire des années 50 de Waters ne pouvait être qu'une comédie musicale rock'n'roll : il conçut donc ses décors de façon à mettre en scène deux ou trois numéros époustouflants de maniérisme en Technicolor. « Il s'agit d'une parodie, dit Waters, une sorte de blague sur les films du début des années 50 qui donnaient la vedette à une jeunesse sauvage et indisciplinée. Sauf que *Cry Baby* fonctionne de façon inverse : on s'identifie aux mauvais garçons et les gentils sont en fait les méchants. »

Avec le décès de Glenn « Divine » Milstead en 1988, deux semaines après l'avant-première de *Hairspray*, John Waters avait perdu sa muse. « Quand Divine est mort, il était hors de question de travestir un autre homme dans mes prochains films. Ça n'aurait eu aucun sens... Divine était le meilleur. » Grâce à la décision de Waters, Johnny Depp échappa encore une fois aux tenues pour dame sur grand écran. « *Cry Baby* allait être mon premier "film de garçon", déclara Waters. Cela signifiait vraiment quelque chose à mes yeux car j'avais toujours rêvé de faire un film sur toute cette période. »

Waters restait fidèle à une bande d'acteurs et d'actrices avec lesquels il aimait travailler, et après avoir terminé chaque scénario, il s'adressait à eux pour tester ses idées de casting. « J'ai avant tout besoin de comédiens capables de prendre du recul et de se

moquer d'eux-mêmes de bon cœur. » Quand il fallut choisir le personnage principal de *Cry Baby*, Waters entreprit de s'intéresser à ce qui se passait alors dans l'univers des ados. Qui étaient les chouchous des jeunes à la fin des années 80 ? « Je suis allé m'acheter une bonne vingtaine de magazines pour ados. C'était une expérience vraiment mortifiante et je me suis retrouvé à les planquer sous ma veste. De retour chez moi, j'ai commencé à les regarder, et Johnny Depp faisait la couverture de la plupart d'entre eux. »

Waters fut ravi de découvrir que Depp semblait avoir assez de recul sur lui-même et sur son image pour que leur collaboration s'avère fructueuse. « Johnny détestait être l'idole des jeunes, et je lui ai expliqué que le meilleur moyen de se débarrasser d'une image, quelle qu'elle soit, c'était de s'en moquer. Je le trouve très courageux d'avoir accepté ce rôle parce qu'il m'a avoué que c'était le scénario le plus bizarre qu'il avait jamais lu, et en incarnant Cry Baby, il prenait beaucoup de risques car il tournait son image en dérision. »

John Waters, réalisateur de Cry Baby, *a toujours trouvé que Depp portait bien l'uniforme des prisonniers, mais l'acteur n'était sans doute pas de cet avis quand il fut incarcéré en 1994 pour avoir démoli une chambre du Mark Hotel.*

De son côté, Depp était comblé car le scénario de Waters arrivait à point nommé. « *Cry Baby* m'est vraiment tombé dessus au bon moment, se souvient l'acteur. Ça faisait déjà un certain temps que je cherchais des projets de films, et j'avais perdu mes illusions. La plupart des scénarios que je lisais me semblait plats, vraiment médiocres. J'avais reçu trop de projets qui se contentaient de refléter mon rôle dans *Jump Street*, alors que je voulais faire quelque chose de totalement différent. John m'a d'abord envoyé une lettre et on a un peu discuté au téléphone. On s'est rencontrés et il a fini par me donner son scénario. J'étais très enthousiaste, car non seulement je trouvais son projet vraiment drôle, mais en plus, il se moquait de tous ces clichés et rôles de héros sensibles que je lisais depuis trop longtemps. »

Pour *Cry Baby*, John Waters bénéficia du soutien d'un grand studio, Universal, et d'Imagine Films, société de production cogérée par Brian Grazer et Ron Howard, ex-star de *Happy Days* devenue réalisateur. Grazer accepta de produire *Cry Baby* alors qu'il n'avait vu qu'un seul film de Waters. « Le seul film de John que j'avais vu était *Hairspray*, et je l'avais adoré, admit Grazer. Selon moi, c'était de loin le film le plus branché qu'on avait jamais tourné. Et j'étais totalement fasciné par le scénario de *Cry Baby* car j'y voyais une sorte de superbe *West Side Story* des années 90. » Waters n'oubliera jamais la première rencontre entre les pontes d'Imagine Entertainment et la star qu'il leur proposait : « Johnny a débarqué habillé comme un clochard dans ce superbe bureau d'Hollywood. En plein milieu de la réunion, il m'a regardé et s'est mis à ricaner. À ce moment précis, j'ai compris qu'il serait parfait pour le rôle. Il avait saisi tout l'esprit du film. »

Gravir les échelons à Hollywood fut une sorte de choc pour John Waters. Son budget augmenta considérablement, tout comme le temps nécessaire au tournage de ses films. Auparavant, il travaillait toujours dans l'urgence, tournant chaque scène rapidement et sans la peaufiner avant de passer à la suivante. Sur le plateau de *Cry Baby*, il devait désormais gérer une véritable équipe hollywoodienne. « On ne m'a pas donné 10 000 dollars pour faire ce film, mais 8 millions. J'étais assez impressionné pendant le tournage de *Cry Baby*. Je regardais cette véritable petite armée qui s'activait autour de moi, et je me disais : "Sous un certain angle, mes idées ridicules ont donné du travail à tous ces gens, elles ont créé de l'emploi." Pour le syndicat des camionneurs ! »

« Les scènes de voiture sont une vraie plaie à tourner car ce sont les plus longues, se plaignit Waters. Pour la course de voitures (le point culminant du film), j'ai dû rester assis dans la voiture pendant toute une semaine. Une semaine entière, tous les jours. En fait, elles ne roulent que sur une courte distance, mais il fallait avancer à la même vitesse, avec cette énorme caméra tout en remorquant trente personnes, les micros et tout le reste. Puis je disais "Coupez !", et on refaisait le trajet en sens inverse pour recommencer et tourner les dix secondes suivantes de film. Dans les deux voitures. Ça a duré une éternité, et ils étaient tous debout sur les voitures, à chanter... »

Dès le lancement du projet Cry Baby, certains accusèrent Waters de s'être vendu, mais il ne se chercha pas d'excuses : « À chaque fois, il y a toujours des gens qui vous critiquent en disant "On préférait quand tu faisais ci ou ça", ceux qui auraient voulu voir Johnny Depp manger de la merde. Mais si j'avais fait ça, je n'aurais jamais plus touché le public. Si j'avais cédé aux attentes de ceux qui ont vu mes autres films, j'aurais eu l'impression d'être l'un de ces mauvais magazines de gauche qui prêchent les convertis. Le dernier défi qui me restait à relever, c'était de réaliser un succès hollywoodien tout en préservant mon sens de l'humour intact, ce que Cry Baby a réussi sans conteste. Certaines personnes ne supportent pas l'idée que j'aie tourné un film pour les grands studios, mais pour moi, ça revient à avoir le dernier mot. Sincèrement, c'est la chose la plus subversive qui soit. »

Waters fit jouer certains de ses acteurs habituels dans Cry Baby, notamment Mink Stole et Ricki Lake, qu'on avait déjà vus dans Hairspray. Le réalisateur avait toujours privilégié d'étranges combinaisons de casting pour ses films, et Cry Baby ne fit pas exception à la règle. Outre Amy Locane, une débutante de dix-sept ans qui joue la

La rébellion : Cry Baby *permit à Depp de tourner en dérision l'image d'idole des jeunes qui lui collait à la peau depuis* 21 Jump Street.

petite amie de Cry Baby, Waters engagea une étoile montante d'Hollywood en la personne de Willem Dafoe (qui donnait déjà la réplique à Depp dans *Platoon*), l'ex-« actrice » porno Traci Lords, ainsi que Patty Hearst, célèbre héritière et guérillera autrefois victime d'une prise d'otage. Waters fit également appel à Iggy Pop, que Depp retrouva ainsi pour la première fois depuis l'époque des Kids.

Johnny Depp était très clair sur les raisons pour lesquelles il avait accepté ce rôle : elles étaient directement liées à la frustration qu'il éprouvait dans la peau de son personnage de *21 Jump Street*. « L'une des principales raisons qui m'a poussé à faire ce film, c'est qu'on m'offrait un rôle en totale contradiction avec l'image que les gens avaient de moi, et avec l'étiquette que m'avaient collée quelques crétins en cravate. » Il apprécia beaucoup cette expérience, notamment parce qu'on l'encouragea à participer activement à la création de son personnage. « Pour un scénariste-réalisateur, autrement dit la véritable force créatrice du film, il est très surprenant de constater à quel point John est ouvert aux idées et aux suggestions, dit Depp. Il s'est montré très accessible, ni distant ni fermé. Il était à l'écoute si l'on voulait ajouter ou supprimer un dialogue.

Une bande de marginaux : les Drapes de Cry Baby, *incluant Depp l'ado rebelle (le deuxième en partant de la droite).*

Quand quelque chose me posait problème, il répétait avec moi. J'entends par là qu'il le faisait vraiment. Aucun des autres cinéastes avec lesquels j'ai travaillé n'est venu se mettre devant moi pour me montrer un pas de danse que je ne comprenais pas. »

Rachel Talalay, autre collaboratrice régulière de Waters depuis *Polyester*, s'était lancée dans une carrière de productrice pour la saga des *Freddy* qui avait d'ailleurs permis à Johnny Depp de faire ses premiers pas au cinéma. Elle travailla à nouveau avec Waters pour produire *Hairspray* et *Cry Baby*. Plus tard, elle devait demander à Depp de faire une petite apparition dans son premier long-métrage en tant que réalisatrice, *La Fin de Freddy, l'ultime cauchemar*, avant de tourner *Tank Girl* (1995), film culte inspiré par le personnage de la bande dessinée anglaise éponyme. Elle collabora étroitement avec Waters sur le plateau de *Cry Baby* et observa ses méthodes de travail, notamment la façon dont il obtenait la performance qu'il désirait de la part de son acteur principal. « Je l'ai regardé travailler avec Johnny Depp sur la scène de bagarre de *Cry Baby* ; il voulait que Johnny paraisse vraiment héroïque, donc au lieu de lui dire : "Sois comme Erroll Flynn" ou un truc du genre, il a couru vers lui et s'est mis à lui chanter la *Chevauchée des Walkyries*. Johnny s'est contenté de le regarder, et l'instant d'après, il était devenu ce héros qui descend de la montagne. C'était un moment remarquable, typique de John Waters. Après cette scène, Johnny rayonnait, et il a dit : "C'est la première fois qu'on me dirige de cette façon !" »

Avec les onze numéros de comédie musicale de *Cry Baby*, Depp ne regretta pas son expérience de musicien dans un groupe, même s'il n'eut pas la possibilité d'interpréter lui-même les chansons du film. James Intveld, chanteur et compositeur de Los Angeles, fut choisi par la production pour interpréter les paroles et la musique du personnage incarné par Depp. Toutefois, les connaissances musicales de l'acteur s'avérèrent utiles dans un autre domaine : avec les directeurs artistiques du film, il s'impliqua activement dans la sélection des guitares, des amplis vintage et autres accessoires nécessaires aux performances musicales.

Le film permit à John Waters de réaliser l'un de ses rêves d'adolescent. « Mon plus grand succès avec *Cry Baby*, c'était de voir le film sélectionné pour le festival de Cannes. Le soir de la projection, il ne restait plus un seul siège de libre. J'ai même eu droit à une "standing ovation." Le public avait adoré. Se retrouver en haut du tapis rouge sous les flashs de huit millions de paparazzi, aux côtés de Ricki Lake et de ma productrice Rachel Talalay, a été un grand moment, un fantasme que je nourrissais depuis mes quatorze ans. Donc sur le long terme, *Cry Baby* s'est avéré une très bonne expérience pour moi. Parmi tous mes films, c'est sans doute celui sur lequel il y a eu la meilleure ambiance lors du tournage. Évidemment, on a rencontré quelques problèmes, mais je pense que les gens qui y ont participé se sont beaucoup amusés. Et à la fin, personne ne se détestait. »

Pendant le tournage, Depp et Waters nouèrent des liens d'amitié étroits. Ils restèrent en contact pendant de nombreuses années. « C'est évident que Johnny a du caractère »,

dit Waters à propos des occasionnels coups de sang et autres réactions impulsives du jeune acteur. Un jour, Johnny Depp faillit bien perdre le beau visage dont dépendait sa carrière au cinéma. Dans une réminiscence des imprudences de son enfance, Depp souffla sur une flamme nue avec la bouche remplie d'essence, un geste qu'il dédramatisera plus tard en le qualifiant de « vraiment ridicule ». Son visage prit feu, et sans l'intervention rapide d'un ami, l'acteur aurait été gravement brûlé et aurait fait les choux gras de la presse à scandales. Étant donné ses habitudes de scarification corporelle et ses démêlés avec les figures d'autorité, en particulier les flics en uniforme et les vigiles, Waters le considérait parfois comme une sorte de bombe à retardement qui pouvait exploser d'un moment à l'autre.

Le film de Waters fut très bien accueilli par la critique internationale, mais fit plus d'entrées en dehors des États-Unis (principalement en Europe et en Australie). « En Australie, *Cry Baby* a remporté beaucoup de succès, mais en Europe, il a encore mieux marché que mes films précédents. Les Parisiens l'ont adoré. Les critiques français l'ont

Le réalisateur John Waters (le deuxième en partant de la gauche) « coache » Johnny Depp qui s'apprête à détruire son image dans Cry Baby.

porté aux nues car ils adorent le genre cinématographique que le film parodie. Et ils ont aussi Johnny Halliday – leur Cry Baby national, déclara Waters. Mais ici [aux États-Unis], les jeunes qui ne connaissaient pas ce genre de cinéma ont trouvé le film nunuche. Ils n'ont pas compris la blague. Les jeunes Américains n'ont pas vu les films d'Elvis, contrairement aux jeunes Parisiens. Les Français vouent une vraie passion à ce genre cinématographique des années 50. » Le film fut aussi critiqué pour le simple fait que Waters l'avait produit avec Hollywood, bien que son sens de l'humour décalé et son goût du bizarre et du répugnant soient restés intacts. « Les critiques les plus méchantes ont été écrites par les rares personnes qui m'avaient défendu au début de ma carrière, expliqua Waters. Je pense qu'ils n'ont pas apprécié le fait que je travaille pour Universal. Ce qu'il y a de plus ironique là-dedans, c'est que ceux qui auraient voulu que *Cry Baby* ressemble davantage à *Pink Flamingos* étaient justement ceux qui avaient détesté *Pink Flamingos*. »

Le magazine *Rolling Stone* préféra lui laisser le bénéfice du doute. Peter Travers écrivit : « Le mauvais goût de Waters est inattaquable. Le pouvoir comique et subversif de *Cry Baby* démontre qu'il a simplement dû trouver de nouvelles formules pour canaliser ses plus bas instincts. Le magicien de l'excentricité est toujours aussi déchaîné. » *Variety*, grand détracteur du *Pink Flamingos* de Waters, défendit *Cry Baby* bec et ongles, affirmant que sa « satire espiègle du film pour ados est aussi divertissante qu'une virée en voiture volée dans une autre époque pleine de tenues et de coiffures incroyables. Depp excelle dans le rôle du délinquant juvénile, délivrant son texte mélodramatique avec un sérieux très convaincant et y ajoutant même quelques déhanchements à la Elvis. » La performance de Depp dans son rôle d'ado indomptable et torturé fit également l'objet d'un examen minutieux de la part des critiques. *Sight and Sound* insista sur le choix d'une « authentique idole des jeunes (Johnny Depp) » dans le rôle principal. Adam Mars-Jones de *The Independent* s'inquiéta un peu que Waters ait mis trop d'eau dans son vin en ne présentant pas un Johnny Depp aussi sale et dépravé que Divine. « La performance des deux acteurs principaux, Johnny Depp et Amy Locane, est plutôt réussie. Mais Waters a beau demander à Depp, l'actuelle idole des jeunes Américains, de nager dans des égouts à moitié nu pour s'évader de prison, son caleçon est à peine taché et la séquence est totalement dépourvue de mauvais esprit. » Le magazine *Empire* se montra plus enthousiaste : « Scintillant du kitsch des années 50 et merveilleusement interprété par les deux acteurs principaux (Johnny Depp et Amy Locane)... *Cry Baby* contient des scènes hilarantes et déborde d'énergie. »

Depp connut enfin le succès cinématographique dont il rêvait. Ce faisant, à sa plus grande satisfaction, le film avait au moins réussi à détruire l'image de star des ados qui lui collait à la peau depuis près de quatre ans. Il devait retourner sur le plateau de *21 Jump Street* pour une saison supplémentaire, avant de quitter définitivement la série pour faire le grand saut au cinéma à temps plein, grâce à Tim Burton, un autre réalisateur dissident. Mais la grande nouveauté allait d'abord venir de sa vie privée.

Née le 29 octobre 1971, Winona Horowitz fut ainsi prénommée en hommage à la ville du Minnesota. Ses parents, Michael et Cindy Horowitz, s'installèrent rapidement à Mendochino en Californie pour adopter le mode de vie des hippies des années 60. Après tout, le parrain de Winona n'était autre que Timothy Leary, le gourou du LSD. Un an plus tard, la famille déménagea à Petaluma, une autre ville californienne où Winona grandit et qu'elle appelle encore aujourd'hui sa « maison ». Quand leur fille décida de prendre des cours d'art dramatique, à l'âge de douze ans, Michael et Cindy Horowitz durent s'habituer à son nouveau nom de scène : Winona Ryder, un emprunt au rockeur Mitch Ryder. Repérée par un directeur de casting de Los Angeles sur les bouts d'essai qu'elle avait tournés pour le film *Desert Bloom*, Winona Ryder fit ses premiers pas sur le grand écran à l'âge de quinze ans dans *Lucas* en 1986. Elle se forgea rapidement un personnage sombre et obsédé par la mort en jouant dans des films tels *Beetlejuice* (1988) de Tim Burton et *Fatal Games* (1989) de Michael Lehman.

L'étoile montante du petit écran et la starlette adolescente semblaient former le couple idéal. Johnny Depp et Winona Ryder se rencontrèrent à l'avant-première du film *Great Balls of Fire* (1989) dans lequel elle interprétait le rôle de la trop jeune fiancée de Jerry Lee Lewis (joué par Dennis Quaid, une erreur de casting). Leurs regards se croisèrent dans le hall, et d'après les deux protagonistes, ce fut un véritable coup de foudre : « C'était le regard classique, comme le zoom dans *West Side Story*, quand tout le reste devient flou », dit Depp. « Ça n'a pas duré longtemps, mais on aurait dit que le temps avait suspendu son vol », ajouta Winona Ryder. Toutefois, ils ne furent présentés dans les règles de l'art que deux mois plus tard lorsqu'un ami commun les réunit. « C'est mon ami Josh qui a fait les présentations officielles. Quand j'ai rencontré Winona, on est vite tombés amoureux et ça ne ressemblait à rien de ce que j'avais pu connaître avant. C'était unique. On a simplement commencé à passer du temps ensemble, et depuis on ne se quitte plus. Je l'aime plus que tout au monde », se répandait Depp à l'époque.

« Je n'avais jamais vraiment eu de petit ami avant lui », confia Winona Ryder au magazine *Premiere* en 1989. Elle comprit rapidement qu'elle partageait de nombreux centres d'intérêt avec Depp, notamment une obsession pour *L'Attrape-Cœur* de J. D. Salinger. Ils étaient aussi tous deux fascinés par Jack Kerouac. Leur passion commune pour les éditions originales des œuvres des écrivains beat fut facilement alimentée par leurs visites régulières à la librairie culturelle alternative du père de Winona.

Leur histoire, passionnelle et fluctuante, démarra six mois avant que Depp ne commence le tournage du film *Edward aux mains d'argent*. Lors de ses derniers mois de présence sur le plateau de *21 Jump Street*, ils se retrouvaient le week-end, quand Depp descendait à l'hôtel Chateau Marmont. Plus tard, Winona Ryder qualifiera les débuts de leur relation de « spectaculaires et embarrassants ». Leur liaison se retrouva rapidement en première page des tabloïds et de la presse pour ados. Il avait vingt-six ans, elle dix-sept, mais ils étaient les deux plus grandes stars de leur génération : leurs « fiançailles » firent donc la une de l'actualité.

Johnny Depp avait déjà vécu d'autres relations sérieuses avec des femmes plus jeunes que lui. Ses histoires précédentes avec des starlettes comme Sherilyn Fenn et Jennifer Grey, ainsi que ses infidélités, ne semblaient pas ennuyer Winona Ryder outre mesure. « Les gens s'imaginent que ça me gêne qu'il ait déjà été fiancé plusieurs fois, mais ce n'est vraiment pas le cas. Notre relation est plus profonde. On se ressemble beaucoup, seulement on vient de milieux très différents : voilà pourquoi on ne s'ennuie jamais quand on est ensemble. »

Depp s'impliquait tellement dans sa nouvelle relation qu'il ressentit le besoin de remettre les pendules à l'heure concernant ses histoires passées, si largement décrites dans la presse comme des « fiançailles ». « Je n'ai jamais été le genre de mec à détruire tout ce qui se trouve sur son passage. Quand on grandit, on doit commettre toute une série d'erreurs. Non pas qu'on fasse de mauvais choix, mais disons plutôt des choix irréfléchis... Vous savez, il arrive que les gens se trompent. J'ai mis beaucoup de temps à mûrir. Mes histoires d'amour n'étaient pas aussi sérieuses que ce que les gens s'imaginaient. Je ne sais pas pourquoi : j'essayais peut-être de rattraper les erreurs de mes parents, ou alors j'étais juste aveuglé par l'amour. Au cours de mes vingt-sept années d'existence, je n'ai rien ressenti de comparable à ce que Winona m'inspire aujourd'hui. Peu importe mon passé, mes histoires ne duraient jamais aussi longtemps. Ça ne s'est pas passé du genre, "Salut, ravi de te rencontrer, voici ta bague." Nous étions déjà ensemble depuis cinq mois quand on s'est fiancés ! »

Pour Depp, cette relation était différente. Elle frôla même le mariage, ce vœu qu'il avait formulé si souvent bien que son comportement passé ne fût pas propice à la réalisation de ce rêve. « Je veux me marier, déclara Winona Ryder. J'ai vraiment l'impression que c'est le bon, que c'est ce que je dois faire. Mais je ne veux pas le faire juste pour dire que je suis mariée. J'ai vraiment envie d'une lune de miel et de tout le tralala. On va se marier dès qu'on en aura le temps et qu'on ne sera pas en train de travailler. » Mais vers le milieu de l'année 1991, leur projet de mariage fut mis en veille ; officiellement, le couple déclara que ce report était dû au fait qu'ils n'avaient pas encore trouvé de créneaux dans leurs emplois du temps respectifs.

Depuis *21 Jump Street*, Depp était habitué à susciter l'attention de la presse, mais pour Winona Ryder, c'était tout nouveau : « On ne se prend pas pour le roi et la reine du monde, dit Winona Ryder. Les journaux aiment faire ce genre de comparaison et ça nous fait bien rire. En fait, ça nous gêne énormément. C'est vraiment désagréable d'être observés en permanence, ou de voir les gens épier nos conversations en douce au restaurant, car ils inventent des choses sur nous et c'est encore pire. Cette année, la presse à scandales ne m'a laissé aucun répit. »

Depp avait le sentiment que leur histoire les aidait tous les deux à gérer le succès dont ils commençaient à profiter, ainsi que l'attention de la presse que cela impliquait.

« Les gens ne s'en rendent pas compte, mais le fait de devenir aussi connu peut être très déstabilisant. Avant, je vendais des stylos par téléphone, et maintenant, je gagne beaucoup d'argent en tournant dans des films. Parfois, j'ai l'impression que je ne m'y habituerai jamais. En réalité, rien ne vous prépare à la célébrité, mais le fait de pouvoir partager tout ça avec Winona m'aide énormément. Elle sait exactement ce que je traverse puisqu'elle vit la même chose. Comme on est amoureux, nous sommes ravis de nos succès respectifs. On commence à se faire à l'idée de former un couple de célébrités, même si parfois les gens aimeraient en savoir un peu trop sur nous. »

Alors que leur relation devenait de plus en plus sérieuse, Depp enrichit sa collection de tatouages en se faisant tatouer « Winona Forever » sur le bras. « Au moins, un tatouage ne risque pas de disparaître dans le trou du lavabo, dit Depp pour se justifier de ne pas avoir opté pour la traditionnelle bague de fiançailles. J'aime Winona. Je l'aimerai toujours. Le fait d'avoir inscrit son nom sur mon bras ne fait que renforcer mon amour pour elle. Les tatouages sont indélébiles. Ça fait un peu mal, mais c'est une douleur agréable, un peu comme une stimulation électrique. » Winona Ryder resta sans voix quand elle découvrit cette preuve d'amour bien concrète sur le corps de son fiancé. S'adonnant à cette pratique depuis son enfance pour enregistrer les événements marquants de sa vie, le tatouage de Depp n'était finalement qu'un moyen plus radical de démontrer le sérieux de son engagement. « Je n'avais encore jamais vu personne se faire tatouer, donc au début, ça m'a un peu choquée, dit Winona. En fait, j'étais carrément sous le choc. Je croyais que le tatouage allait s'effacer ou finir par disparaître. Je n'arrivais pas à y croire. Un tatouage, ce n'est pas rien, ça dure toute la vie. » La permanence semblait justement être ce que Depp recherchait dans leur relation. « Tout au fond de moi, il y a quelque chose qu'elle connaît très bien et que personne d'autre ne sait et ne saura jamais, affirma Johnny Depp au sujet de Winona Ryder. La vie n'est faite que d'épreuves et de méprises, mais quand on trouve la bonne personne, il est impossible de se tromper. »

Ce fut au cours de ces trois ans de romance en dents de scie avec Winona Ryder que Johnny Depp développa sa haine de la presse. Tous les acteurs entretiennent une relation d'attraction-répulsion avec les journalistes. La plupart d'entre eux cherchent à utiliser la presse pour construire leurs carrières et faire parler de leurs films quand cela les arrange, mais quand leurs vies privée ou professionnelle prennent un tour malheureux, les journalistes sont bien les dernières personnes auxquelles les acteurs ont envie de se confier. Et même quand tout va pour le mieux, s'entendre poser dix mille fois les mêmes questions est pour le moins irritant. C'était cet aspect-là qui semblait le plus fatiguer Depp. « Je peux me trouver dans les toilettes de n'importe quel bar, il y aura toujours un type qui viendra me demander : "Alors, t'es toujours avec Winona ?" Devant un urinoir, c'est dingue ! »

Un événement attira plus particulièrement l'attention de la presse sur le couple de stars. Winona Ryder devait jouer la fille de Don Corleone dans *Le Parrain III* de Francis Ford Coppola. Elle partit bien pour Rome, mais ne quitta jamais sa chambre d'hôtel en raison d'une infection respiratoire doublée d'une forte fièvre. Comme son médecin lui annonça qu'elle n'était pas en état de travailler, elle dût décliner le rôle à contrecœur, puis revint à Petaluma pour se reposer chez ses parents.

Cependant, la presse ne tarda pas à attribuer d'autres motivations à la décision de Winona Ryder, plaçant son petit ami Johnny Depp au centre du tableau. Il s'apprêtait à jouer dans son premier grand film, *Edward aux mains d'argent,* et voulait que Winona Ryder interprète le rôle de Kim Boggs, la pom-pom girl dont Edward tombe amoureux. Malheureusement, les tournages du *Parrain III* et d'*Edward aux mains d'argent* se chevauchaient : Winona ne pouvait pas jouer dans les deux films. Selon certains journaux, Depp se serait même rendu en personne à Rome pour récupérer Winona et s'assurer qu'elle reviendrait avec lui pour jouer dans son film.

« Mon docteur m'a formellement déconseillé de travailler, affirma Winona Ryder. Je ne sais pas pourquoi personne ne m'a crue. La vérité était pourtant simple. » Quant à Depp, il déclara s'être envolé pour Rome afin de venir au secours de sa fiancée et de répondre au téléphone, principalement aux producteurs du *Parrain*. La rapidité de sa convalescence, à temps pour prendre part au tournage d'*Edward aux mains d'argent,* ne fut que le fruit du hasard.

« Les gens pensaient peut-être que j'étais sous l'influence de Johnny, mais c'est faux, dit Winona Ryder. Il a juste pris soin de moi, il me commandait mes repas et enfonçait ses doigts dans ma gorge pour m'aider à vomir. » Selon elle, Depp fut l'élément stabilisateur qui lui permit de gérer ses problèmes avec la production du *Parrain*. « Johnny et moi, on a toujours réussi à être ensemble en mettant de côté l'aspect irréel de notre métier. Après l'histoire du *Parrain*, je me suis sentie complètement vide. J'étais vraiment dans un sale état et tout ce dont j'avais besoin, c'était de me reposer et de ne rien faire. »

Avant d'embarquer dans l'aventure *Edward aux mains d'argent* avec Johnny Depp, Winona Ryder ne pensait qu'à assurer la réussite de leur relation. « C'est quelqu'un d'absolument génial pour qui j'ai énormément de respect et que j'aime très profondément, disait-elle de Depp. Notre histoire n'a rien d'une petite liaison hollywoodienne croustillante, empreinte de possessivité et aussi vite oubliée. »

Edward aux mains d'argent naquit tel un cri du cœur dans l'esprit d'un jeune garçon nommé Tim Burton. Enfant solitaire, le petit Burton exprimait son incapacité à communiquer avec son entourage en dessinant un garçon qui lui ressemblait, avec d'improbables cheveux longs et noirs en bataille et des lames de ciseaux mortelles en guise de doigts. Une image évoquant *Struwwelpeter*, un classique allemand des contes

pour enfants. Son imagination se nourrissait des vieux films d'horreur qui passaient à la télévision. Il concevait aussi des bandes dessinées, la plupart plutôt sombres et effrayantes.

Le premier long-métrage de Tim Burton, l'étrange *Pee Wee's Big Adventure* où Paul Rubens incarne le puéril Pee Wee qui part en quête de sa bicyclette perdue, sortit en

---

Le personnage d'Edward aux mains d'argent fut le premier qui permit à Depp d'exprimer sa passion pour le cinéma muet à travers un rôle moderne.

1985. Il réalisa ensuite la comédie macabre *Beetlejuice* (1988) avec Michael Keaton dans le rôle-titre, un démon qui hante les vies dans l'au-delà d'un couple tué dans un accident de voiture (Geena Davis et Alec Baldwin). Winona Ryder y interprète le rôle de leur fille Lydia Deetz, objet de toutes les affections de Beetlejuice. Tourné avec un budget de 13 millions de dollars, ce film créa la surprise en 1988 : il rapporta plus de 73 millions de dollars et fut salué par la critique Pauline Kael comme « un classique de la comédie ».

Les productions particulières et très personnelles de Tim Burton lui valurent une réputation de cinéaste culte auprès de ses nombreux fans, notamment grâce à son court-métrage de cinq minutes *Vincent* (1982), à l'inclassable *Pee Wee's Big Adventure* (1985) et au succès inattendu de *Beetlejuice* (1988). Tels sont les films qui persuadèrent les studios Warner que Burton était l'homme dont ils avaient besoin pour réaliser leur version à gros budget de *Batman*. Tim Burton déclencha presque immédiatement la polémique en engageant l'acteur comique Michael Keaton, star de *Beetlejuice,* dans le rôle du vengeur masqué. Très différent de la série maniérée des années 60 avec Adam West, ce *Batman*-là était né d'une vision bien plus noire et s'imposa comme le film le plus rentable de l'année 1989. Burton réalisa le second opus de la saga, *Batman 2 : le défi,* en 1992, une suite encore plus tordue qui remporta tout autant de succès. Entre ces deux films avec l'homme chauve-souris, Tim Burton concentra son attention sur *Edward aux mains d'argent* et sur l'image qui le hantait depuis l'enfance. Il avait conservé le dessin de ce personnage aux doigts en lames de ciseaux, et s'en servit comme le point de départ d'une histoire d'amour et de désespoir plantée dans le décor d'une banlieue imaginaire, pas si éloignée du réel univers de l'Amérique des années 50 dans laquelle il avait grandi.

Burton avait lu le roman *First Born* de Caroline Thompson et avait été présenté à celle-ci par le biais de leur agent : il était convaincu d'avoir trouvé la collaboratrice idéale pour son projet. Durant la phase de préparation de *Beetlejuice*, Burton lui avait commandé le scénario d'*Edward aux mains d'argent*.

« En fait, cette idée est venue d'un dessin que j'avais fait il y a très longtemps, explique Burton. Il représente un personnage qui a envie de toucher ce qui l'entoure, mais qui ne peut pas, comme un être à la fois créateur et destructeur : ce genre de contradiction peut créer une ambivalence. C'est un sentiment très adolescent qui est lié aux problèmes de communication. J'avais juste l'impression de ne pas pouvoir communiquer. » « Tim avait déjà l'image de son personnage, dit Caroline Thompson à propos de cette mission d'écriture inhabituelle. Il m'a dit qu'il ne savait pas trop quoi en faire, mais dès qu'il me l'a décrit et qu'il a prononcé le nom d'*Edward aux mains d'argent*, j'ai su ce que j'allais raconter. Tim a inventé l'image du type aux doigts de sécateur, et j'ai développé tout ce qui tourne autour de cette idée. »

Au départ, Burton voulait tourner *Edward aux mains d'argent* sous forme de comédie musicale et Caroline Thompson composa même une chanson intitulée *I Can't Handle*

It. L'idée fut ensuite mise de côté, bien que le reste du scénario soit remarquablement fidèle aux premières versions. Finalement, l'histoire du film présente une nouvelle variation autour du thème de Frankenstein, qui avait toujours obsédé Burton. Edward est l'œuvre inachevée d'un inventeur (Vincent Price), qui fait également office de père de substitution, en référence au *Pinocchio* de Walt Disney. L'inventeur meurt avant d'avoir pu terminer sa création et la doter d'une paire de mains. Peu de temps après, Edward est retrouvé par la dévouée Peg Boggs (Dianne Wiest), représentante pour la marque Avon qui s'aventure jusqu'au château de l'inventeur. Elle y découvre Edward et l'emmène vivre chez elle avec sa famille, dans une étrange version aux couleurs pastel des banlieues résidentielles. Il devient un objet de fascination pour tous les voisins, dont il s'attire d'abord la sympathie grâce à ses talents de tailleur de haie et de coiffeur pour dames, avant de les voir tous se retourner contre lui.

« Mon film n'est pas autobiographique, précise Burton. Voilà pourquoi je m'estime chanceux d'avoir trouvé Johnny : il a apporté au personnage beaucoup de thèmes plus proches de lui, qui, quand j'avais commencé à en parler avec lui, m'avaient énormément plu. Il me suffisait de le regarder pour m'inspirer de son univers. » « Ce personnage est celui dont je me sens le plus proche, dit Depp d'*Edward aux mains d'argent*. Edward avait beaucoup plus de dialogues dans le scénario, mais j'ai senti qu'il était resté un petit garçon dans sa tête, un tout petit garçon. »

Johnny Depp ne fut pourtant pas l'acteur qui s'imposa tout de suite pour le rôle. Son film le plus récent était *Cry Baby*, qu'il avait tourné entre deux saisons de *21 Jump Street*. On ne pouvait pas encore monter un film sur son seul nom, alors que la 20th Century Fox, le studio qui finançait le projet de Burton, tenait à voir une véritable star dans le rôle-titre de ce film décalé et plutôt risqué. « On m'a remis une liste en me disant : "Voilà les cinq premiers acteurs du box-office !" Et sur ces cinq, il y avait Tom Cruise, Tom Cruise et Tom Cruise, raconte Burton au sujet du casting. Certes, ce n'était pas le comédien dont je rêvais, mais j'ai accepté de le rencontrer. Il était intéressant, mais finalement c'est mieux que les choses se soient passées ainsi. Il a posé beaucoup de questions sur le personnage, si nombreuses que je ne saurais plus vous dire lesquelles. À la fin de l'entretien, je lui ai dit : "C'est très bien, toutes ces questions, mais de deux choses l'une : soit tu acceptes le rôle, soit tu ne l'acceptes pas." »

Tom Cruise finit par refuser le rôle, bien qu'il lui ait beaucoup plu. En fait, il avait peur de voir son visage d'acteur parfait gâché par le maquillage et les cicatrices. Il demanda même à Burton de modifier la fin du film de sorte qu'Edward puisse retrouver son visage d'origine. D'après le *LA Times*, Tom Cruise aurait finalement décliné le rôle par crainte du « manque de virilité » de son personnage, chose qui n'aurait jamais pu intimider Johnny Depp.

« Je suis très heureux qu'Edward ait finalement été interprété par Johnny Depp, dit Burton à propos de sa star. Je ne vois pas qui d'autre aurait pu me donner ce qu'il a apporté au personnage. Je ne le connaissais pas vraiment. Je n'avais même pas regardé la série dans laquelle il jouait, mais j'avais probablement déjà vu sa photo quelque part. »

Depp faisait tout ce qu'il pouvait pour rompre son contrat avec la production de *21 Jump Street*, surtout depuis que son expérience avec John Waters sur le tournage de *Cry Baby* avait ravivé sa passion pour le cinéma. « La première fois que j'ai lu *Edward aux mains d'argent*, j'ai tout de suite compris que cette chance-là ne se présenterait pas deux fois. » Le scénario d'*Edward aux mains d'argent* lui semblait être un cadeau des dieux : un moyen d'échapper à l'enfer cathodique, et un rôle unique et stimulant pour le grand écran. « Je me sentais très proche de cette histoire », écrivit Depp dans la préface de *Tim Burton par Tim Burton*, le livre de Mark Salisbury. « Puis la réalité a repris le dessus : j'étais le petit minet de la télé. Aucun réalisateur sain d'esprit n'allait m'engager pour jouer un tel rôle. Sur le plan professionnel, je n'avais encore rien fait qui puisse prouver que j'étais en mesure d'incarner ce genre de personnage. Comment convaincre le réalisateur que j'étais Edward, que je le connaissais jusqu'au plus profond de son âme ? »

Depp et Burton se rencontrèrent rapidement pour discuter du rôle d'Edward. Depp se prépara à cette rencontre en regardant les précédents films de Burton : *Beetlejuice*, *Batman* et *Pee Wee's Big Adventure*. Mais après les avoir vus, il se sentit encore moins sûr de lui et voulut annuler leur rendez-vous. Ce ne fut que grâce à l'insistance de Tracey Jacobs, son agent chez ICM, que Depp finit par rencontrer Burton au café de l'hôtel Bel Age de Los Angeles. Cette rencontre ne fut pas celle de deux grands esprits, mais celle de deux individus introvertis qui, malgré la difficulté de chacun à communiquer, parvinrent à se percer à jour. « Après avoir partagé trois ou quatre tasses de café, à hésiter sur les phrases inachevées de l'un comme de l'autre, on a réussi à se comprendre. Notre entrevue s'est conclue sur une poignée de main et un simple "ravi de vous avoir rencontré" », écrivit Depp.

Pour Depp, c'était la première chance de décrocher un rôle dans un grand film, ce qui impliquait certains risques. Mais si le film marchait, l'acteur pourrait se faire connaître d'un grand nombre de personnes. À partir du scénario, il travailla différentes méthodes d'approche du rôle et sa rencontre avec Burton fit naître en lui une tonne de nouvelles idées. Néanmoins, il avait toujours l'impression que ce rôle lui restait inaccessible. « Mes chances étaient plus que minces, écrivit Depp. Non seulement la production envisageait de confier le rôle à des acteurs bien plus célèbres que moi, mais en plus, ces derniers se battaient et suppliaient pour l'obtenir [dont William Hurt, Tom Hanks et Robert Downey Junior]. J'ai attendu des semaines sans recevoir le moindre signe d'encouragement. Pendant ce temps, je continuais à étudier le rôle. Désormais, ce n'était plus quelque chose que j'avais simplement envie de faire : je "devais" le faire. Pas pour satisfaire mon ambition, gagner plus d'argent ou devenir un

Amoureux à la ville comme à l'écran : Johnny Depp dans le rôle d'Edward aux mains d'argent et Winona Ryder dans celui de Kim Boggs.

acteur du box-office, mais juste parce que cette histoire était venue se nicher tout au fond de mon cœur et qu'elle refusait que je l'en déloge. »

Une caractéristique physique de Depp avait beaucoup plu à Burton lors du casting d'*Edward aux mains d'argent*. « Je m'intéresse beaucoup aux yeux des gens, et ceux de Johnny ont retenu mon attention. C'était capital pour le rôle d'Edward, dans la mesure où c'est un personnage quasi muet. »

Depp n'aurait pas dû s'en faire autant. Il finit par recevoir un appel de Tim Burton, qui ne dit qu'une chose à sa jeune star : « Tu es Edward aux mains d'argent. » Depp comprit rapidement ce qu'impliquait ce rôle pour sa carrière : « Ce rôle représentait la liberté de créer, d'expérimenter, d'apprendre et d'exorciser quelque chose en moi. Il me sauvait de l'univers de la production de masse, et j'échappais à une mort cathodique certaine grâce à ce type étrange et brillant qui avait passé sa jeunesse à faire des dessins bizarres. »

Pour Burton, Depp était le choix qui s'imposait. Lors de sa première rencontre avec l'acteur, il avait déjà décelé en lui, sur les plans personnel et professionnel, un reflet du caractère et de l'âme d'Edward. « Johnny avait l'image d'une idole pour ados et traînait derrière lui une réputation d'enquiquineur, de garçon difficile et distant, alors

Edward propose ses services de coiffeur très particulier à Joyce Monroe (Kathy Baker) et à son caniche.

qu'il est tout le contraire de ce qu'on dit de lui dans la presse. C'est un type génial, drôle, chaleureux et normal, en tout cas tel que je définis "normal" dans mon dictionnaire personnel. Étant donné les thèmes abordés dans *Edward aux mains d'argent* – l'image qu'on a de nous et la perception erronée qu'en ont les autres – Johnny ne pouvait que se reconnaître dans ce personnage. »

Le casting des autres rôles d'*Edward aux mains d'argent* fut moins difficile. Burton choisit Winona Ryder, avec laquelle il avait déjà travaillé sur *Beetlejuice*, pour interpréter le personnage de Kim, la fille dont Edward tombe amoureux mais qu'il ne peut pas prendre dans ses bras. Le fait que Johnny et Winona soient fiancés à l'époque s'avéra très utile car leur histoire conféra davantage de souffle au film. « J'aime beaucoup Winona, dit Burton de son actrice. Elle se prête bien aux choses un peu sombres et je trouvais très drôle l'idée de lui faire jouer une pom-pom girl en perruque blonde. Je ne pense pas que leur relation ait eu un impact négatif sur le film. Ça aurait pu être le cas dans un film qui aborde de manière réaliste une relation amoureuse, mais *Edward aux mains d'argent* relève tellement du genre fantastique... Le fait qu'on ait tourné en Floride les a rapprochés, parce que c'est un décor assez étrange. Mais ils se sont comportés en vrais professionnels. Ils laissaient de côté leur vie privée dès qu'ils arrivaient sur le plateau. » Burton était conscient du danger qu'impliquait la relation amoureuse entre ses deux stars. « Je ne suis pas psy et je n'avais aucune intention de chercher à savoir combien de temps durerait leur histoire, donc j'ai décidé de ne pas y penser. Il y a toujours un risque de les voir rompre en plein milieu du tournage, mais ça n'a pas été le cas. Avec un peu de recul, je pense que leur histoire a plus contribué qu'elle n'a nui au romantisme du film. »

Depp affirma être d'accord avec Burton. « Le fait que nous soyons ensemble sur le plateau d'*Edward aux mains d'argent*, et amoureux de surcroît, n'a fait qu'alimenter ce qui se passait entre les personnages d'Edward et de Kim. Et dans la vie, cela n'a fait que renforcer notre osmose. »

Dianne Wiest fut engagée dans le rôle de Peg Boggs, vendeuse pour Avon, la première à faire descendre Edward de son château pour l'introduire dans la « civilisation », tandis qu'Alan Arkin jouait son mari, totalement imperturbable face à l'arrivée de cet étranger au sein de sa famille. Anthony Michael Hall interpréta le rôle du méchant, l'adolescent brutal du quartier qui fomente avec joie la chute et la destruction d'Edward. Et bien sûr, on retrouve aussi Vincent Price au générique, l'idole de Tim Burton, dans le rôle de l'inventeur qui meurt avant d'avoir achevé son œuvre.

« Ça n'a vraiment pas été facile pour moi, dit Depp à propos du tournage d'*Edward aux mains d'argent*. Je me sentais très vulnérable, j'avais un peu perdu confiance en moi. Vincent Price a été merveilleux, il m'a donné de très bons conseils. Alan Arkin et Dianne Wiest m'ont aussi beaucoup soutenu. Ils ont été là pour moi quand je doutais vraiment de ce que je faisais et de ma façon de le faire. Ils me rassuraient en me disant que j'étais sur la bonne voie. »

La première étape de la production d'*Edward aux mains d'argent* consistait à trouver des décors réels capables de refléter la vision tordue des banlieues résidentielles de la Californie des années 50 que Burton envisageait pour le film. Après avoir fait des repérages dans des dizaines d'États au cours des premiers mois de l'année 1990, le réalisateur et son chef décorateur Bo Welch se décidèrent finalement pour la Floride.

Ils choisirent une zone pavillonnaire construite quatre ans plus tôt à Land O'Lakes, petite ville située au nord de Tampa. Les cinquante familles du quartier donnèrent leur accord pour sept semaines de tournage à l'intérieur et à l'extérieur de leurs maisons. Pour la réalisation du film, quarante-quatre maisons sur cinquante subirent un relooking, notamment avec de plus petites fenêtres et de nouveaux détails sur les portes des garages, et furent repeintes dans un dégradé de couleurs primaires pour correspondre à l'étrange vision du réalisateur sur la banlieue typique des années 50. Cela permettait également d'intensifier la réalité, comme pour découvrir ce nouveau monde étrange à travers les yeux innocents d'Edward.

Pour les habitants de Land O'Lakes, l'arrivée de Tim Burton, de Johnny Depp et de l'artillerie lourde des techniciens fut l'événement de l'été 1990. Pendant les scènes de nuit, les familles se regroupaient autour de l'équipe technique et observaient le tournage, assises dans des chaises pliantes avec des glacières remplies de bière. Certains réussirent même à faire des apparitions dans le film en tant que figurants, parfois des familles entières, enfants et chiens compris. Les voisins se pressaient autour des livreurs qui déchargeaient les topiaires pour photographier les arbustes aux dimensions variées qu'Edward crée dans le film, en forme de dinosaure, d'éléphant, d'ours, de pingouin et même d'Elvis.

De son côté, Depp avait une mission difficile à accomplir avec *Edward aux mains d'argent*. Son personnage était totalement déconnecté de la réalité. Dans le scénario, Edward est présenté comme une création totalement imaginaire ressentant néanmoins des émotions profondes que l'acteur devait réussir à communiquer au public s'il voulait qu'un personnage aussi étrange puisse fonctionner. Pour commencer, Depp envisagea le film comme un faux conte de fées, avec Edward dans le rôle de l'innocent perdu dans un monde qu'il ne comprend pas, mais au sein duquel il désire ardemment s'intégrer, en particulier parce qu'il tombe amoureux de Kim.

« Johnny a pris beaucoup de risques en choisissant de ne pas incarner Edward avec flamboyance ou dans la surenchère, remarqua Burton. Il était là sur le plateau, vêtu de cuir des pieds à la tête, avec très peu de texte à dire. En le regardant jouer, je me disais : "Hum, il est un peu trop dans la retenue, presque vide." Mais quand j'ai vu les rushes et les émotions qu'il faisait passer à l'écran, j'ai vraiment eu du mal à en croire mes yeux. Comme dans cette scène où à aucun moment je n'ai vu cette teinte vitreuse qui s'est révélée dans ses yeux à la projection des rushes : il donnait l'impression d'être au bord des larmes, à l'instar des tableaux de Walter Keane. Le jeu simple et intérieur qu'il a atteint était époustouflant. » La première initiative de Depp avait

consisté à se débarrasser de près de la moitié du scénario, perdant ainsi la quasi-totalité des dialogues que Caroline Thompson avait écrits pour son personnage. « Comme Edward n'est pas un être humain, ni un robot, il me semblait qu'il ne devait pas trop parler, dit Depp. Il devait plutôt aller droit à l'essentiel et répondre aux questions qu'on lui posait avec une grande honnêteté et une immense clarté. »

« Il joue comme un petit garçon, commenta Winona Ryder. Non pas qu'on ressente de la pitié pour lui, c'est juste qu'il joue son personnage avec l'honnêteté de quelqu'un qui ne sait pas comment faire bonne figure. Vous savez ce qu'on dit, la vérité sort de la bouche des enfants. Eh bien, c'est exactement ce qu'il fait. » C'est la performance envoûtante de Depp qui fit le succès d'*Edward aux mains d'argent* en tant que film et que conte de fées. Son personnage touchant et mélancolique révéla un acteur qui, bien qu'encore jeune, prenait son travail très au sérieux.

Ce fut la première fois que Depp s'intéressa à l'œuvre du brillant comédien Charlie Chaplin comme un outil de travail. Les courts-métrages de Chaplin avaient établi une référence en matière de comédie cinématographique que seules de très rares personnes

Depp livre une performance révolutionnaire dans Edward aux mains d'argent.

étaient en mesure d'égaler, intégrant à son personnage un côté pathétique absolument fondateur. Depp s'inspira du personnage de Charlot pour inventer la démarche et les expressions faciales d'Edward, ainsi que sa vision d'« étranger en terre inconnue ». Pendant des années, bien après l'arrivée du cinéma parlant, Chaplin refusa de faire parler Charlot, et quand il accepta de le faire, ce fut uniquement à travers des chansons baragouinées ou des dialogues absurdes. L'intérêt de Depp pour les acteurs du cinéma muet alimentera également son personnage de Sam dans *Benny & Joon*, pour lequel il s'inspirera de Buster Keaton comme de Chaplin.

Johnny Depp dut également se faire au costume et aux contraintes physiques d'Edward. « Au début, c'était bizarre de travailler sans mains, mais au bout d'un moment, ça m'est venu assez naturellement. Pour moi, il était très important que je me rende compte, tout comme Edward dans le film, de l'aspect dangereux de mes mains, mais aussi de toutes les choses positives qu'il pouvait faire avec, par exemple les topiaires. »

Quand Burton avait réfléchi à la façon de faire bouger les mains d'Edward, il avait d'abord décidé de les intégrer uniquement lors du montage à l'aide de marionnettistes professionnels, mais c'était sans compter sur la détermination de Depp à incarner son personnage aussi réellement que possible. Stan Winston, concepteur expérimenté de créatures imaginaires pour le cinéma, rejoignit l'équipe à l'initiative de Burton pour fournir à Depp une paire de mains réalistes équipées de lames de ciseaux inoffensives. « Il fallait de grands ciseaux car je voulais qu'Edward paraisse à la fois beau et dangereux, dit Burton. On lui a donc créé une paire de mains et on lui a fait essayer pour voir ce qu'il pouvait faire avec. Il a bien plus appris comme ça qu'en se contentant d'imaginer l'impression que ça faisait. »

Les lames étaient en plastique dur, peintes de façon à les faire briller comme du chrome, avec de nombreuses paires de rechange prévues en cas d'usure ou d'éventuels accidents sur le plateau. Elles étaient fixées à des gants en uréthane souple dont chaque doigt pouvait bouger indépendamment, même si Depp dut s'entraîner afin de ne pas s'emmêler les pinceaux. Au fil du temps, l'acteur acquit la dextérité nécessaire pour contrôler ses nouveaux doigts, et le système mécanique ne fut utilisé qu'une seule fois dans la version finale du film.

Dans la réalité, Depp éprouvait parfois quelques difficultés à contrôler ces lames capricieuses. Lors du tournage d'une scène de nuit, celle où le personnage d'Anthony Michael Hall met Edward au défi, Depp blessa accidentellement le bras de Hall avec ses doigts coupants. Il présenta immédiatement ses excuses à son confrère éberlué qui regardait son sang dégouliner sur le sol, mélangé au sang artificiel prévu pour la scène. « T'inquiète, ça va aller », lui répondit Hall confusément.

« Je me suis rendu compte qu'il était important pour Johnny de manier seul ses mains afin qu'il prenne vraiment conscience de ses gestes, dit Tim Burton. Il apparaissait dans chaque plan, et déplacer des câbles aurait ralenti tout le tournage. Heureusement, il s'est montré à l'écoute et a cherché un moyen artistique pour résoudre le problème, même si ce n'était pas évident pour lui de prendre la pose dans un mélange décalé de beauté et d'élégance à certains moments, puis de menace et d'étrangeté à d'autres. »

Edward aux mains d'argent fut le premier film qui connecta ouvertement Depp aux personnages excentriques ou marginaux. « Les mots "monstre" et "monstrueux" peuvent être interprétés de nombreuses manières différentes, et, étrangement, Johnny s'identifie à ces personnages "monstrueux" car on le traite comme s'il en était un lui-même, déclara Burton au sujet de Depp. Je pense que le personnage lui ressemble en grande partie. Johnny possède cette naïveté qui est mise à l'épreuve quand on mûrit et que les autres finissent par abîmer. Dans une certaine mesure, j'imagine que Johnny cherchera toujours à préserver cette spontanéité. »

Depp était presque aussi enchanté que Burton par la présence de Vincent Price sur le plateau. « L'une des choses les plus géniales que m'ait dites Vincent Price, cet homme si intelligent, c'était : "Achète des œuvres d'art", raconte Depp. C'est un conseil que je chérirai à jamais. Je n'ai pas encore acheté de maison et, si je le fais un jour, je ne pense pas que ce sera aux États-Unis, mais plutôt quelque part en France. Mais j'ai acheté beaucoup de tableaux, de dessins et de photos. C'est bien d'avoir des choses qui vous inspirent autour de vous. »

À l'instar de Burton, Depp resta en contact avec Price jusqu'à la mort du grand acteur en 1993. Sur le tournage du film, Depp vit en lui une figure paternelle. Il était en totale admiration devant sa carrière, même s'il avait l'impression que Price n'avait jamais été vraiment reconnu à sa juste valeur. Sa volonté d'écouter et de mettre en pratique les conseils de Price, à savoir investir dans l'art, et éviter à tout prix de s'enfermer dans un emploi à l'écran – ce qui avait gâché la carrière de Price –, témoignait d'un autre aspect de l'insécurité permanente qu'éprouvait Depp dans la vie. Le fait qu'il investisse son argent – et il en gagnait désormais beaucoup – dans des œuvres d'art plutôt que dans une résidence principale renforça son déracinement. Malgré un compte en banque bien rempli, il continua de vivre dans des hôtels ou dans des appartements en location comme il l'avait fait à Vancouver sur le tournage de *21 Jump Street*. Même ses voitures étaient louées, car il refusait d'en posséder une. « On l'appelait le SDF millionnaire, dit John Waters. Je lui demandais : "Où doit-on t'envoyer ton courrier ? Banc A, N'importe où, États-Unis d'Amérique ?" Aujourd'hui il a une adresse, mais je doute vivement qu'il ouvre sa boîte aux lettres. Je ne suis pas sûr qu'il soit du genre à lire son courrier. Le connaissant, je dirais qu'il n'essaie même pas. »

Sa prestation dans le rôle d'Edward demanda à Depp des efforts considérables, mais il espérait que cela ne se verrait pas à l'écran. Plébiscité par la critique comme un conte de fées moderne et avant-gardiste, *Edward aux mains d'argent* rapporta plus de 54 millions de dollars dans les seuls cinémas américains. Le sujet du film déchaîna l'imagination des journalistes, dont les critiques, pour la plupart positives, apparaissaient sous des gros titres tels que « Le cran au-dessus », « Un film incisif » et même « De la pure magie ».

« Du gothique pour enfants », c'est ainsi que J. Hoberman qualifia le film dans son article du *Village Voice* en décembre 1990, *Edward aux mains d'argent* bénéficiant d'une sortie au moment de Noël : « Le regard triste et éloquent de Depp semble refléter son inconfort évident, croulant sous une tonne de maquillage et les mains harnachées dans un arsenal digne d'un film de David Cronenberg. »

Sorti l'été suivant en Grande-Bretagne, le film de Burton y bénéficia d'un accueil tout aussi chaleureux. « Tim Burton a offert à Johnny Depp le plus beau cadeau dont puisse rêver une idole des jeunes à la moue boudeuse et sensuelle : un déguisement presque intégral », remarqua avec finesse Adam Mars-Jones dans *The Independent*.

Depp s'offrit un bref retour aux sources en acceptant une petite apparition dans *La Fin de Freddy, l'ultime cauchemar* (1991). Ce film était censé être le dernier de la saga des *Freddy*, qui avait donné un sacré coup de pouce à la carrière de Johnny Depp grâce à son tout premier opus en 1984. Pour faire plaisir à Rachel Talalay, productrice de *Cry Baby* qui s'essayait pour la première fois à la réalisation, Depp accepta donc d'apparaître dans le film à travers une fausse publicité contre la drogue où il décrit un œuf en train de frire dans une poêle comme « votre cerveau sous l'effet de la drogue ». Au générique, il est crédité sous l'étrange pseudonyme d'Oprah Noodlemantra. Outre le fait de boucler la boucle – il avait joué dans le premier *Freddy*, donc il semblait naturel de le retrouver dans ce qui était supposé en être le dernier épisode – la participation de Depp était en cohérence avec son travail sur les spots « grandes causes », et même avec le discours anti-drogue de certains épisodes de *21 Jump Street*. Mais il est difficile d'avoir le dernier mot sur un vampire, et Freddy revint d'entre les morts en 1994 grâce à son créateur, dans *Freddy sort de la nuit*, une résurrection pleine d'esprit pour le personnage qu'il avait inventé dix ans plus tôt. La nouvelle idée de Craven consistait à faire passer Freddy dans le monde réel des studios hollywoodiens pour y semer la terreur. Plus tard, Freddy ressuscitera encore une fois dans l'inutile *Freddy contre Jason* (2003). Johnny Depp ne joua dans aucun de ces deux films : il faisait déjà face à suffisamment d'horreurs dans sa propre vie depuis sa rupture avec Winona Ryder.

Indépendamment de ce qu'avaient ressenti Johnny et Winona quant à l'attention que leur relation avait suscitée à ses débuts, ces années passées à être traqués par les médias finirent par devenir lourdes à porter. Il était déjà assez difficile de préserver leur amour alors que leurs carrières connaissaient un véritable essor et que le couple passait beaucoup de temps séparé par différents tournages. Pour couronner le tout, la presse à scandales et les magazines de cinéma les accusaient de coucher avec leurs partenaires à l'écran, de se battre comme des chiffonniers et même de ne plus être ensemble. Winona Ryder se montra très claire quant aux principaux responsables de la fin de sa romance avec Johnny Depp : « Je me souviens qu'on détestait être pourchassés par la presse. C'était horrible et ça a gravement nui à notre histoire. Tous les jours, on entendait dire que nous étions infidèles ou que nous avions rompu, alors que c'était totalement faux. Un peu comme un moustique qui n'arrête pas de bourdonner à votre oreille... Aujourd'hui, j'ai l'impression d'avoir une identité, tandis qu'avant, j'étais habituée à ce que les gens me disent qui j'étais. J'étais Winona ! J'étais précoce ! J'étais adorable ! J'étais sexy ! On m'a collé toutes ces étiquettes sans me demander mon avis, et je n'arrivais pas à m'en débarrasser. »

La presse prêta en effet à Winona Ryder diverses liaisons avec ses partenaires à l'écran, notamment avec Gary Oldman sur *Dracula* et avec Daniel Day Lewis dans *Le Temps de l'innocence*. Après s'être séparée de Depp, elle se réfugia dans le travail, enchaînant les tournages de *Dracula*, *La Maison aux esprits* et *Le Temps de l'innocence*. « J'étais malheureuse et désespérée, se souvient-elle à propos de cette période. Je ne dormais plus. Mon existence était devenue si dramatique que je ne trouvais même plus le temps de profiter des petits plaisirs simples de la vie. Il fallait que je revienne à la réalité, en dehors des plateaux. Aujourd'hui, je sais qui je suis. J'ai vingt-trois ans et j'ai envie de vivre comme toutes les filles de mon âge. »

Au printemps 1993, elle rencontra David Pirner, le chanteur de Soul Asylum, lors d'une session MTV Unplugged. Ils se mirent rapidement ensemble, dans une relation qui menaçait de susciter la convoitise de la presse tout comme sa précédente avec Depp. « Notre histoire ne ressemble à rien de ce que j'ai déjà connu, affirma Winona Ryder. C'est plus relax, comme une sorte d'amitié amoureuse. Ce que je veux dire par là, c'est qu'il n'y a pas tout le temps des drames. » Par la suite, l'actrice devait connaître d'autres revers, notamment la honte d'un procès surmédiatisé pour vol à l'étalage en 2002.

Johnny Depp, quant à lui, estimait que sa relation avec Winona Ryder s'était simplement essoufflée au fil du temps sous la pression imposée par leurs carrières respectives. « Nous avons rompu il y a un mois, annonça-t-il publiquement en juin 1993. Quand on se sépare de quelqu'un qu'on aime, ça n'est jamais facile de tourner la page, de tirer un trait. Mais en ce qui nous concerne, cette décision s'est imposée d'elle-même, petit à petit, comme quelque chose d'évident et d'inéluctable. En fait, je ne dirais pas que notre rupture a été une expérience dévastatrice. Nous sommes restés amis. On se parle encore. Et tout se passe bien, c'est très amical et très sympa. »

Malgré cette annonce officielle, en coulisses Depp était dévasté de voir encore l'une de ses relations prendre fin. « Ça a été une grande période de solitude pour moi, avoue-t-il. Je passais mon temps à m'empoisonner : je buvais, je mangeais mal, je ne dormais plus et je fumais trop. Mes sentiments étaient presque à vif, donc faciles à manipuler. Il m'est arrivé de me sentir complètement perdu et dans le brouillard total. » Un ami se confia anonymement au magazine *People* : « Il était tellement fou amoureux de Winona qu'après leur rupture, il a très longtemps refusé d'admettre que c'était fini. »

Bien que Winona Ryder n'ait jamais exprimé son opinion en public, tout le monde croyait que la réticence de Johnny Depp à s'engager dans une union à long terme sous la forme d'un mariage avait sonné le glas de leur relation déjà malmenée. Ce n'était pas la première fois que Depp subissait un échec amoureux parce qu'il refusait de s'engager. Il semblait éprouver de réelles difficultés à savoir ce qu'il pensait ou ressentait vraiment. « D'une certaine manière, j'ai toujours été amoureux, mais quand je regarde les choses avec un peu de recul, en fait je ne l'ai jamais été, explique-t-il avec franchise. À certains moments de ma vie, j'ai éprouvé le besoin de me sentir très proche de quelqu'un parce que j'étais éloigné de l'amour inconditionnel de ma famille. On se retrouve plus ou moins tout seul lâché dans la nature, et on a besoin d'amour, d'attention, d'intimité et de bien d'autres choses. Et j'ai confondu le fait de tenir à quelqu'un, et même d'aimer quelqu'un, avec le fait d'être amoureux. Ça m'est déjà arrivé par le passé... »

Johnny Depp refusait d'admettre que ses échecs personnels avaient précipité la fin de sa longue histoire avec Winona Ryder. Ses propres mots laissaient penser qu'il envisageait ses relations amoureuses comme des ersatz de sa famille éclatée, mais il n'admit jamais que cela puisse être à l'origine de leur rupture. Pour lui, c'était le vieux démon des médias qui avait fini par avoir raison de leur couple. « J'ai également compris que je ne pourrais jamais vivre une relation normale comme la plupart des gens. Il y aura toujours quelqu'un pour raconter n'importe quoi sur mon couple, toujours une personne pour lire des potins dans un supermarché quelque part... »

Dans une démarche peu judicieuse visant à gérer l'appétit vorace des médias sur les célébrités, le couple avait démarré son histoire en faisant preuve d'une grande ouverture envers la presse, dans l'espoir qu'une fois repus, les journalistes se calmeraient et les laisseraient tranquilles, ce qui ne fut jamais le cas. « Il est très difficile d'avoir une vie privée à Hollywood. Avec Winona, nous n'aurions pas dû nous montrer aussi ouverts. Je croyais que ça tuerait dans l'œuf la curiosité des médias, mais ça n'a fait que l'attiser. Après avoir parlé de ça, j'ai vraiment joué de malchance. On était livrés en pâture au public. Les gens croyaient qu'ils faisaient partie de notre histoire, qu'ils pouvaient se l'approprier ou qu'ils avaient le droit de me poser des questions sur elle. J'ai détesté ça. »

Johnny Depp avait beau tout faire pour oublier son histoire avec Winona Ryder, il ne pouvait pas ignorer le tatouage sur son bras droit : *Winona Forever*. « Notre séparation ne change rien à l'honnêteté de mon geste, dit Depp de ce tatouage problématique. Sur le moment, j'y croyais. Si je tenais un journal intime, je ne reviendrais pas

---

*Johnny Depp et Winona Ryder, sa petite amie la plus célèbre avant Kate Moss, à l'avant-première d'*Edward aux mains d'argent.

en arrière pour dire : "On n'est plus ensemble, alors j'efface tout ce que j'ai écrit." Disons que notre histoire a connu des hauts et des bas. » Dans les années qui suivirent sa rupture avec Winona, il fit effacer son tatouage, doucement mais sûrement. À un moment, il le modifia pour *Wino Forever*[1], offrant ainsi aux tabloïds quelque chose de croustillant à se mettre sous la dent. « Nous sommes restés ensemble pendant trois ans, et, à l'époque, je croyais sincèrement que ça durerait toujours », dit Depp.

Le plus grand choc que Depp eut à supporter fut de se retrouver seul après une aussi longue histoire. « La solitude me fait peur. Je me suis retrouvé seul bien souvent. Récemment, sur un tournage, j'ai vécu quatre mois d'isolement par intermittence. Ça n'a vraiment rien de drôle. »

---

1. *Wino* signifie « ivrogne » en anglais (*N.d.T.*)

3

Le roi de l'étrange

Les premiers empires du cinéma ayant été bâtis par des Juifs venus d'Europe de l'Est, Hollywood agit comme un aimant sur les réalisateurs européens désireux de s'expatrier (ce fut particulièrement vrai au cours de la Seconde Guerre mondiale, quand la plupart des meilleurs acteurs, scénaristes et réalisateurs d'Europe fuirent les champs de bataille pour exercer leur art en toute sécurité). C'est dans ce contexte que le Serbe Emir Kusturica – autrefois réalisateur de documentaires controversés pour la télévision de Sarajevo – décida de disséquer le mythe du rêve américain, filtré à travers ses yeux d'Européen, dans son film merveilleusement surréaliste *Arizona Dream* (1992). Kusturica remporta deux fois la Palme d'Or au festival de Cannes, d'abord en 1984 pour *Papa est en voyage d'affaires*, un tableau des trahisons nationales de la Yougoslavie dans les années 50 illustré par le regard d'un jeune garçon, puis pour *Underground*, une épopée de trois heures sur l'histoire de la Yougoslavie entre la Seconde Guerre mondiale et le début des conflits ethniques dans les années 90. Le jury de Cannes lui décerna également le prix de « meilleur réalisateur » en 1989 pour *Le Temps des gitans*, son troisième film.

Avec seulement trois longs-métrages à son actif, Kusturica s'était néanmoins forgé une réputation enviable et fut invité à venir donner des cours de cinéma à l'université Columbia de New York. Fasciné par ce pays et par tout ce qu'il représentait, il accepta ce poste avec enthousiasme et envisagea de préparer un film sur l'Amérique vue à travers le regard d'un étranger. Fort d'un financement venu de France et de deux producteurs français, Claude Ossard et Yves Marmon, Kusturica rédigea un scénario d'abord intitulé *Arrowtooth Waltz*, puis *American Dream*, pour être finalement baptisé *Arizona Dream*. « Le rêve américain est celui auquel aspire toute la civilisation occidentale : avoir une voiture, un peu d'argent et une maison, dit Kusturica. Mais j'ai vécu aux États-Unis pendant deux ans, et j'y ai découvert une Amérique foncièrement

différente. Les gens y sont malheureux et bien plus pauvres que ce à quoi je m'attendais. Le problème, c'est qu'en détruisant le rêve américain, on détruit aussi une part de notre jeunesse, de notre enfance passée dans les salles de cinéma. »

Le noyau de l'histoire d'*Arizona Dream* reposait sur une idée de scénario d'un étudiant de Kusturica à Columbia. Le scénario de David Atkins contenait « un passage sur un jeune homme qui ne savait pas quoi faire de sa vie. J'avais assez envie d'aborder le déclin de l'empire de l'industrie automobile américaine, car l'Amérique a toujours été le pays des voitures et du cinéma. Dans ce bref passage, j'ai trouvé quelque chose qui ressemblait à ce que je voulais faire. »

Ce scénario de base incluait un personnage idéal pour Johnny Depp, qui ne put résister au rôle d'Axel Blackmar, un jeune homme de vingt ans, orphelin depuis que ses parents ont trouvé la mort dans un accident de voiture. Blackmar ne sait plus où il va dans la vie et travaille au recensement des poissons pour le compte du Département de la pêche et de la chasse de New York. Cette déprimante routine est interrompue par l'arrivée de son oncle Leo (interprété par Jerry Lewis, vétéran de la comédie à l'américaine), concessionnaire Cadillac en Arizona impatient de voir son timide neveu reprendre sa petite affaire qui bat de l'aile.

Devenir vendeur de voitures d'occasion ? Depp réfléchit à son avenir dans Arizona Dream.

« J'étais très excité à l'idée de travailler avec Kusturica parce que j'avais vu *Le Temps des gitans* et que c'est l'un de mes films préférés », dit Depp, ravi de collaborer avec un autre réalisateur quasiment inconnu aux États-Unis et prêt à toutes les expérimentations. L'acteur incarnait donc encore un personnage de marginal ayant choisi un mode de vie alternatif. « Il y a une partie de moi qui a toujours voulu changer, expliqua Depp. Par exemple, depuis mon enfance, je suis fasciné par l'idée du voyage à travers le temps, d'être quelqu'un d'autre à une autre époque. J'imagine que c'est quelque chose de plutôt normal, du moins je l'espère. Ce qui m'intéresse, c'est que cette société soi-disant "normale" considère ces gens-là comme des déserteurs, des marginaux ou des excentriques. On retrouve toujours une partie de soi-même dans chaque rôle qu'on interprète. D'ailleurs, il vaut mieux, car sinon ce ne serait plus jouer, mais mentir. Je ne veux pas dire par là que je me sens différent des autres. Ils ont peut-être plus de mal à dire "Je ne me sens pas accepté" ou "Je n'ai pas confiance en moi." Ces personnages sont passifs : je les vois comme des récepteurs et je m'identifie à eux depuis mon plus jeune âge. »

La production d'*Arizona Dream* s'avéra une entreprise titanesque, le tournage se divisant entre l'Alaska, l'Arizona et New York, avec une distribution au caractère bien trempé et un réalisateur encore plus capricieux. Aux côtés de Johnny Depp et de Jerry Lewis, le casting incluait Faye Dunaway et Lili Taylor dans les rôles d'Elaine et de Grace Stalker, une mère et une fille avec lesquelles Alex se lie d'amitié. En leur compagnie, il trouve une nouvelle façon de réaliser ses rêves : après tout, l'une d'elle cherche à voler et l'autre à devenir une tortue. On retrouve aussi Vincent Gallo au générique, musicien de l'underground new-yorkais des années 70 et peintre accompli.

Pendant le tournage d'*Arizona Dream*, Kusturica souffrit de ce qu'il identifiera plus tard comme une dépression nerveuse. Après d'épuisantes semaines de tournage nocturne, face à des dépassements de budget, une distribution de plus en plus versatile et des financiers menaçants, Kusturica jeta l'éponge et partit pour New York, refusant de poursuivre le tournage du film jusqu'à ce que les financiers lui accordent plus de temps, d'espace et d'argent pour exprimer sa vision : les fameuses et informes « incompatibilités créatives » qui sabotent de si nombreux projets hollywoodiens. Dans la plupart des cas, les producteurs auraient remplacé le réalisateur pour terminer le film, mais ils comprirent rapidement que les acteurs, Depp y compris, avaient pris parti pour Kusturica : ils refusèrent tous de continuer le tournage sans Kusturica derrière la caméra.

« Je suis un cinéaste européen, pas américain, dit Kusturica. Je n'étais pas préparé à ce qu'on allait me faire subir. Les producteurs se fichent totalement de la créativité. Ils veulent un début, un milieu et une fin, une gentille "happy end". »

Kusturica reconnaissait volontiers qu'en refusant le moindre compromis, il ne faisait que s'attirer des problèmes. « Je ne sais pas ce qui cloche chez moi. Je suis peut-être fou, mais j'ai une vision et je dois la mettre en images, quoi qu'il m'en coûte. Je détesterais être à la place de mon producteur. Sur *Arizona Dream* et *Underground*, j'ai bien failli mourir au moins deux fois. Tout ça est trop éreintant. »

Vincent Gallo, ami de Depp depuis l'époque de *21 Jump Street*, observait le désordre qui régnait dans les coulisses du tournage d'*Arizona Dream*. Il remarqua également à quel point Depp avait changé et s'était réinventé depuis l'époque où il jouait les étoiles montantes de la télévision à Vancouver. « Il sortait avec Winona. Ils portaient des fripes d'occasion pour la toute première fois de leur vie. Il était tatoué, avait les oreilles percées et jouait dans une série télé. En d'autres mots : je les détestais », commenta Gallo avec sa verve habituelle.

Leur amitié fut mise à rude épreuve pendant le tournage d'*Arizona Dream*. D'après Gallo, Depp aurait trouvé son âme sœur en Emir Kusturica et commencé à accaparer toute l'attention de son réalisateur. « Johnny a besoin de se sentir très proche du réalisateur. On dirait presque une histoire d'amour. Emir et Johnny se promenaient en permanence avec leurs livres de Dostoïevski et de Kerouac et s'habillaient en noir de la tête aux pieds. Ils n'avaient jamais porté de noir avant. Ils empêchaient les acteurs et l'équipe technique de dormir la nuit, car ils se soûlaient jusqu'à point d'heure en écoutant de la musique à fond. »

Kusturica rencontra également quelques problèmes avec un autre membre de sa distribution lors du tournage à Douglas, Arizona. Faye Dunaway était sans doute habituée à un autre genre de traitement que celui que lui réservait son réalisateur européen, ou peut-être avait-elle l'impression qu'il ne lui accordait pas assez d'attention dans la mesure où il courtisait son jeune acteur principal. « En fait, il est assez difficile de comprendre madame Dunaway, admit Kusturica. Je n'ai pas eu d'accrochages avec elle, mais disons que sa méthode de travail n'est pas très coopérative. C'est souvent le problème avec Hollywood. »

Le casting disparate avec lequel Depp se retrouva à travailler influença la vision de son réalisateur sur l'Amérique en soi. Jerry Lewis n'avait pas tourné dans un long-métrage depuis plusieurs années, à la remarquable exception de son rôle dramatique de présentateur télé kidnappé par Robert De Niro dans *La Valse des pantins* de Martin Scorsese. « On m'avait dit beaucoup de mal de Jerry Lewis, dit Kusturica. À mon avis, c'était un tissu de mensonges. Je pense que Jerry Lewis est simplement fou. Il était ravi de me voir rire en le regardant jouer, mais je devais aussi le contrôler, car dans ce film, il est censé être mourant et joue dans de nombreuses scènes plutôt sérieuses. C'est vraiment un excellent acteur. »

En 1992, Kusturica et Depp s'aventurèrent au festival de Cannes pour promouvoir *Arizona Dream*, bien que le film ne soit pas encore terminé. Selon Vincent Gallo, ce voyage visait avant tout à flatter l'ego de Depp, et non au but plus légitime de vendre le film. « Johnny voulait absolument aller à Cannes aux frais de la princesse et séjourner

à l'Hôtel du Cap. Mais il a refusé toutes les interviews parce qu'il avait lu dans un journal que Brando n'en donnait jamais. »

Chacun des quatre films réalisés par Kusturica reçut une récompense – même *Te souviens-tu de Dolly Bell ?* qui avait raflé le Lion d'Or du festival de Venise en 1981 – et une fois terminé, *Arizona Dream* ne faillit pas à la règle, s'octroyant le Prix Spécial du Jury du Festival du Film de Berlin en 1993. La sortie du film fut sporadique, l'Amérique se voyant refuser la chance de découvrir la vision de Kusturica sur ce pays idéal. Le film remporta pendant longtemps un grand succès à Paris, principalement en raison de l'engouement des Français pour Jerry Lewis. *Arizona Dream* finit par sortir dans les cinémas d'art et d'essai britanniques en 1995, juste après que Kusturica eut reçu la Palme d'Or à Cannes pour *Underground*. Plus tard, le film devait enregistrer de très bonnes ventes en DVD.

Le magazine *Sight and Sound* accueillit la sortie tardive du film en ces termes : « Johnny Depp, c'est le délinquant rêveur qui refuse de se plier aux critiques des adultes, écrivit Geoffrey MacNab. Le film est tantôt exaspérant, tantôt inspirant : il possède un côté aléatoire et fortuit qui tranche avec la plupart des films américains. À

---

*Johnny Depp et sa partenaire Faye Dunaway prennent une pause pendant le tournage d'*Arizona Dream*. Contrairement à l'actrice, Depp s'entend très bien avec le réalisateur Emir Kusturica.*

l'instar de Johnny Depp et de Faye Dunaway qui passent leur temps à essayer de construire des avions de fortune dans leur jardin, Kusturica laisse libre cours à l'expérimentation. C'est sans doute le film le plus bizarre et le plus original qu'un Européen ait jamais tourné sur l'Amérique. »

Pour Johnny Depp, le personnage principal de la comédie romantique *Benny & Joon* (1994) semblait être le rôle idéal. Comme ses films précédents, il lui offrait la chance de travailler avec un réalisateur peu connu. Les doutes de Depp sur ses propres performances, qui ne cessaient de le hanter depuis *Platoon*, l'incitaient à graviter autour de cinéastes débutants ou dissidents. Il recherchait la liberté d'expression qu'un jeune réalisateur inexpérimenté pouvait lui offrir. Il voulait également échapper au contrôle qu'un grand nom bien établi aurait pu exercer sur lui. Depp ne tenait pas à ce qu'un « auteur » cherche à étouffer l'étrangeté qui était devenue sa signature. En fait, de nombreux critiques commençaient à penser que ses choix de rôles risquaient de confiner Depp dans un emploi restreint.

« Est-ce que je cherche toujours le rôle le plus bizarre et est-ce que j'accepte de le faire juste parce que c'est le plus bizarre que j'aie pu trouver ? Eh bien, la réponse est non. Je fais simplement les choses qui me plaisent. Mais je dois admettre que les rôles qui m'attirent ont toujours tendance à être les plus décalés, disait Depp dès qu'on l'interrogeait à ce sujet. D'une certaine manière, je me sens bien plus à l'aise dans ce jeu-là. Je m'identifie plus facilement au personnage que lorsque je dois incarner des rôles plus standard. Je déteste tout ce qui est trop évident, ça ne me correspond pas, tout simplement. »

Comme les professionnels du cinéma voyaient en *Benny & Joon* une comédie loufoque susceptible de remporter du succès en salle, il ne fut pas évident de trouver le bon casting pour ce film. L'histoire tournait autour d'un jeune homme original mais néanmoins charmant qui tombe amoureux de la sœur psychologiquement perturbée du personnage principal. La première équipe pressentie pour incarner le séducteur excentrique et la sœur bizarre se composait de Tom Hanks et de Julia Roberts, deux acteurs très en vue, même si Tom Hanks n'avait pas encore commencé à recevoir la longue série d'Oscars qu'il n'allait plus tarder à se voir remettre. L'idée ne prit pas et la production se tourna vers le véritable couple hollywoodien que formaient alors Tim Robbins et Susan Sarandon. Ils avaient déjà joué ensemble dans *Duo à trois* (1988), une comédie sur le baseball dont ils partageaient l'affiche avec Kevin Kostner. Mais le couple déclina la proposition. Finalement, la MGM décida de confier le rôle de l'étranger charmant mais déséquilibré à Johnny Depp, qui avait lourdement insisté pour le décrocher, celui de la sœur à Laura Dern, et celui du frère protecteur et coincé à Woody Harrelson, ex-star de la série *Cheers* alors en pleine ascension.

Tandis que les choses semblaient se mettre en place, le sort s'acharna une fois de plus sur le projet *Benny & Joon* quand deux acteurs du trio décidèrent finalement de ne pas jouer dans le film. Laura Dern, qui venait d'être nommée aux Oscars pour son rôle dans *Rambling Rose* (1991), se montra réticente à l'idée de voir son nom relégué au bas de l'affiche sous ceux des deux acteurs principaux. Elle décida donc de quitter le navire, comme le fit Woody Harrelson peu de temps après. En effet, la vedette de *Cheers* se démenait pour se débarrasser de son image de barman de série télé et s'imposer comme un acteur sérieux à Hollywood. Il avait entamé des négociations avec le réalisateur Adrian Lyne pour le rôle très convoité du mari que Demi Moore trompe avec Robert Redford dans le thriller *Proposition indécente* (1993). Quasiment certain d'obtenir le rôle, Harrelson planta la production de *Benny & Joon*. Le tournage, qui devait débuter au mois de juin, semblait de plus en plus compromis.

Finalement, Depp fut rejoint par le nettement plus fiable Aidan Quinn dans le rôle de Benny, le frère mécanicien très terre à terre, et par Mary Stuart Masterson dans le rôle de Joon, la sœur mentalement perturbée sur laquelle veille Benny. Quinn était ravi de participer à ce projet car, à ses yeux, le film n'avait rien à voir avec les productions habituelles d'Hollywood. « On dirait une sorte de fable, dit Quinn. C'est une histoire originale pour un film de studio. Benny porte tout le poids du monde sur ses épaules. Il est bien ancré dans la réalité, tandis que les deux autres sont des esprits fantaisistes. Mon personnage a tout d'un homme droit – des comme ça, j'aimerais bien en jouer moins ! On a vite fait de vous coller l'image d'un "acteur sérieux et sensible" et autres étiquettes du même genre. Mais ne vous y méprenez pas : j'adore ce film. » Après toutes ces chamailleries hollywoodiennes, le tournage du film put enfin commencer.

On doit le concept original de *Benny & Joon* au scénariste Barry Berman, un ancien clown diplômé de la célèbre école de cirque Ringling Brothers and Barnum & Bailey de Venice en Floride. Il avait fait son apprentissage en parcourant les États-Unis dans d'énormes chaussures et sous un maquillage multicolore avec ce cirque mondialement connu. Entre chaque représentation, lui et ses collègues clowns se repassaient les classiques du burlesque pendant des heures et des heures, notamment de nombreux films avec Buster Keaton et Charlie Chaplin. Cette expérience finit par inspirer Berman pour créer le personnage de Sam, interprété par Depp.

Cinq ans après avoir quitté le grand chapiteau et raccroché son gros nez rouge, Berman se décida enfin à écrire son scénario, développant l'histoire originale avec Leslie McNeil, l'un de ses collaborateurs sur un précédent projet. Ils rédigèrent le scénario ensemble et en fignolèrent les détails encore pendant quelques années, jusqu'à ce qu'il attire l'attention des apprenties productrices Susan Arnold et Donna Roth.

Susan Arnold se sentait proche du personnage de Joon Pearl. La productrice avait collaboré pendant plusieurs années avec Imagination Workshop, une association artistique de Californie qui travaillait avec des personnes démunies et socialement marginalisées, ainsi qu'avec des malades mentaux. « Cette expérience a sans aucun doute aiguisé mon désir de faire un film sur une personne dont la vie serait un peu plus dure que la nôtre », admit-elle à l'époque.

Barry Berman se souvient que le personnage de Joon, qui avait tant exalté les aspirantes productrices et permis la concrétisation de son projet, n'était finalement né qu'après que le scénario eut été retravaillé plusieurs fois. « Joon ne s'inspirait pas d'une personne de ma connaissance, admit Berman. Mais son existence créait entre les personnages un élément d'interdépendance qui m'a permis d'explorer les liens qui se nouent dans toute relation. Ses problèmes psychologiques ne limitent pas la gamme des activités de Joon. Elle peut être totalement lucide à certains moments, et un peu folle à d'autres. »

Après avoir approuvé la version finale du scénario, le duo de productrices dut s'atteler à une nouvelle mission : trouver un réalisateur pour le film. Elles cherchaient quelqu'un qui soit capable d'imprimer sur pellicule tout l'humour d'une histoire d'amour sensible et souvent drôle, une tâche pour le moins ardue dans un Hollywood dominé par les superproductions et les ambitions de carrière. Toutefois, elles trouvèrent l'homme de la situation en la personne de Jeremiah Chechik, réalisateur canadien dont la carrière publicitaire avait été couronnée de nombreuses récompenses et lui avait valu la possibilité de passer au long-métrage, bien que son premier film, *Christmas Vacation* (1989), pourtant un succès en salle, ne soit pas son meilleur. « Jeremiah a adoré le scénario, mais surtout, il est tombé amoureux des personnages, dit Donna Roth. Il comprenait non seulement le cœur de l'histoire, mais aussi son côté humoristique. »

Chechik se montra très clair sur ce qui l'avait attiré dans le scénario de *Benny & Joon* : « Il raconte, de la façon la plus simple qui soit, une romance naissante entre deux marginaux. C'est une histoire universelle car le cœur de chaque être humain recèle à la fois un potentiel de douleur et de plaisir. On pourrait la comparer à une fable, mais elle reste très crédible. »

Chechik commença par choisir le casting de son film, Johnny Depp s'imposant de façon évidente dans le rôle de l'étrange Sam. « La première fois que j'ai rencontré Johnny pour parler de *Benny & Joon*, j'ai rapidement compris tout ce qu'il avait apporté à *Edward aux mains d'argent*. Il est capable d'exprimer toute une palette d'émotions sans tomber dans la surenchère. J'étais convaincu qu'il allait apporter une énergie profondément originale et excitante au rôle de Sam. »

La productrice Donna Roth tomba d'accord avec Chechik sur le choix de l'acteur principal. « Johnny possède quelque chose de magique, aucun doute là-dessus. Quand on l'a rencontré pour la première fois, c'était un peu comme aller à un rendez-vous

Seul au monde... Depp incarna souvent des personnages psychologiquement perturbés, à l'instar de Sam dans Benny & Joon.

amoureux arrangé par des amis : "Mon Dieu, mais il est absolument merveilleux !" Johnny nous comblait au-delà de nos espérances. » Dans le film, Sam est un grand fan de Charlie Chaplin et de Buster Keaton, il s'habille comme ce dernier et exécute des bouffonneries burlesques dans le parc pour amuser Joon. Depp ne put résister à ce rôle, notamment parce qu'il lui offrait une nouvelle chance de s'inspirer du travail de Keaton. Auparavant, il s'était déjà intéressé aux comédies du cinéma muet pour son rôle d'Edward aux mains d'argent, auquel celui de Sam ressemblait beaucoup, tout en caressant l'idée d'incarner Chaplin dans le « biopic » éponyme réalisé par Richard Attenborough.

La possibilité de faire connaître l'œuvre de Keaton à une toute nouvelle génération de spectateurs séduisit beaucoup Johnny Depp. « J'ai pris énormément de plaisir à redécouvrir Keaton, Chaplin et Harold Lloyd. Le burlesque, surtout quand il est si physique, est un art extrêmement exigeant. J'éprouve encore plus de respect pour ces acteurs depuis que j'ai essayé de reproduire ce qu'ils avaient accompli avec une apparente facilité. »

Donna Roth sentit que l'actrice qui jouerait Joon devait posséder un grand talent pour pouvoir rendre justice au rôle. « Parmi les nombreuses qualités qui émanent de Joon, elle apparaît comme quelqu'un de très futé. Et justement, Mary Stuart Masterson est une personne intelligente et pleine d'esprit, une merveilleuse actrice dont nous étions certains qu'elle pourrait illustrer chaque aspect de ce personnage unique. »

Fille du réalisateur Peter Masterson et de l'actrice Carlin Glynn, Mary Stuart Masterson était une enfant de la balle. Elle avait fait ses premiers pas au cinéma dans *The Stepford Wives* (1975), à l'âge de sept ans, aux côtés de son père. Elle continuait à prendre des cours d'art dramatique, principalement à New York, bien qu'elle ait aussi passé deux étés au Sundance Institute de Robert Redford en tant qu'actrice pour réalisateurs en herbe. Elle avait joué dans de nombreux films, mais rarement dans des premiers ou des seconds rôles. Avant *Benny & Joon*, elle s'était surtout fait remarquer pour sa prestation dans *Beignets de tomates vertes* (1991). « Je voulais que le public puisse s'identifier à Joon et être ému par elle, sans la considérer pour autant comme une victime ou un personnage tragique », déclara le réalisateur Jeremiah Chechik. Il trouva toutes ces qualités en Mary Stuart Masterson. De son côté, l'actrice était intriguée par la nature déroutante de son rôle, qui impliquait d'assembler les pièces du puzzle de ce personnage à partir des fragments de la bible du film. « Joon est tout à la fois : une femme très intelligente et douée d'un grand esprit de repartie, mais aussi une personne qui manque de prise sur la réalité. C'était très enrichissant d'incarner un personnage dont l'assurance est constamment remise en question par la confusion qui l'assaille au quotidien. Le fait de travailler ce rôle a fait remonter mes propres insécurités à la surface. Mais c'est avant tout une histoire d'amour. Elle recèle des éléments universels, par exemple, apprendre à quel point on peut aimer quelqu'un tout en lui laissant sa liberté. »

Aidan Quinn était le dernier membre du trio de *Benny & Joon*. « Aidan est un acteur génial qui est capable d'exprimer, de façon vraiment sincère et crédible, les nuances très délicates des émotions de ce personnage », dit Chechik. Né dans une famille irlandaise, Quinn était resté aux États-Unis quand ses parents étaient repartis pour leur patrie d'origine. Il avait commencé par jouer au théâtre à Chicago avant de faire ses débuts au cinéma dans *Reckless* de James Foley (1984) aux côtés de Darryl Hannah. Il s'avérait un faire-valoir idéal pour le comportement étrange des deux autres personnages de *Benny & Joon*.

Le casting une fois défini pour de bon, les acteurs purent commencer à étudier leur rôle en profondeur, en particulier Johnny Depp et Mary Stuart Masterson, qui durent faire de nombreuses recherches pour assurer la crédibilité de leurs personnages sur le grand écran. Outre les nombreux films muets qu'il regardait, Depp travailla avec Dan Kamin, un mime, magicien et mordu de cinéma muet qui lui servit de coach et de chorégraphe pour recréer les scènes burlesques des légendes du cinéma liées à la vie de Sam. Kamin avait déjà écrit un essai intitulé *Charlie Chaplin's One Man Show* et travaillé comme consultant sur le film de Richard Attenborough retraçant la vie du grand comique.

Un duo d'excentriques : Sam (Johnny Depp) et Joon (Mary Stuart Masterson).

« Comme le style comique de Sam ne repose pas sur les mots mais sur la gestuelle, de façon presque semblable à celle de ses héros du film muet, nous nous sommes concentrés sur un genre de mouvement bien particulier, explique Kamin. On a commencé par des tours de magie, en utilisant la prestidigitation, puis on a progressé ainsi jusqu'à recréer les cascades caractéristiques de Keaton. Les mouvements subtils sont les plus difficiles à reproduire, mais Johnny s'en est merveilleusement bien sorti. Il a été très courageux et il a travaillé dur, même les petits détails. » Pour recréer le burlesque propre aux films muets de Chaplin et de Keaton, Dan Kamin aida Johnny Depp à affiner ses propres capacités physiques naturelles. « Il m'a donné des conseils sur le mouvement, dit Depp. Bien que je me sois blessé plusieurs fois, j'ai adoré tourner les scènes burlesques du film. »

La plupart de ces scènes étaient inédites, inspirées par certaines performances de Keaton, tandis que d'autres recréaient à la lettre certains des plus grands moments de comédie du cinéma muet, notamment la fameuse séquence de la danse des petits pains exécutée par Chaplin en 1926 dans *La Ruée vers l'or*. Robert Downey Junior reproduisit la même scène dans *Chaplin*, « biopic » pour lequel Depp avait été pressenti dans le rôle-titre. Malgré son grand intérêt pour Chaplin et autres clowns du muet, Depp n'aurait jamais pu se contenter de copier leurs personnages. Il préféra s'inspirer de certains gestes ou du style général de Keaton et de Chaplin pour alimenter les personnages qu'il créait lui-même de toutes pièces.

De son côté, Mary Stuart Masterson devait entreprendre des recherches approfondies afin de rendre crédible la maladie de Joon. Ses heures de préparation impliquaient, entre autres choses, la lecture d'un grand nombre de documents sur les patients psychiatriques et des rencontres avec les membres de l'Imagination Workshop. L'actrice poussa encore plus loin son sens du devoir en s'initiant à la peinture, les tableaux de Joon reflétant souvent son état mental. Dans le film, plusieurs des tableaux visibles dans l'atelier de Joon sont en fait des œuvres de Mary Stuart Masterson en personne.

Deux semaines avant le début du tournage, Chechik organisa une réunion au sommet avec ses quatre acteurs principaux, à savoir ses trois vedettes et Julianne Moore, engagée pour jouer la fille dont Benny tombe amoureux. « Pour moi, il était essentiel de créer une atmosphère au sein de laquelle les acteurs se sentiraient totalement désinhibés afin qu'ils puissent tester leurs idées et contribuer au processus créatif, explique Chechik. Au départ, j'avais établi des paramètres très stricts pour l'histoire et ses personnages, mais au fil des répétitions, nous avons tous embarqué dans un voyage de découverte mutuelle. Je pense que le fait d'avoir travaillé avec une distribution et une équipe technique relativement réduites et dont les membres s'entendaient aussi bien m'a également aidé à créer le degré d'intimité essentiel à ce type d'histoire. »

Le lieu choisi pour le tournage de *Benny & Joon* fut la ville de Spokane dans l'État de Washington. Spokane offrait plusieurs toiles de fond intéressantes pour le film, du luxuriant Riverfront Park où Sam exécute certains de ses numéros burlesques aux banlieues calmes et paisibles en passant par les sites plus sombres du centre-ville. Les scènes d'intérieur furent tournées en studio dans un entrepôt récemment abandonné et reconverti à cette fin. Le principal défi du chef décorateur Neil Spisak (qui travaillerait par la suite sur les *Spiderman*) consistait à créer l'esthétique visuelle de l'univers de *Benny & Joon*, en particulier les jouets, les antiquités et les bibelots de l'atelier de peinture de Joon. Le décor fut reproduit deux fois, d'abord pour le studio de fortune, puis pour la vraie maison où habitent Benny et Joon, située au bord de la rivière Spokane. Malgré son expérience de réalisateur de clips, alliée à celle du directeur de la photographie John Schwartzman, Jeremiah Chechik préféra ne pas noyer ses fragiles personnages dans un univers visuel trop présent. « Je voulais que la photographie accompagne la vie émotionnelle de l'histoire, mais sans la dominer. Je voulais une image belle mais naturelle, qui soit poétique sans voler la vedette aux personnages. Mais surtout, je voulais que l'image serve les acteurs, et non pas le contraire. »

Les critiques réservèrent un accueil extrêmement positif à *Benny & Joon*, même si un ou deux journalistes déplorèrent la réalisation parfois pesante de Chechik, qui selon eux occultait la nature réaliste, presque magique du scénario. Le magazine *Sight and Sound* eut beaucoup de choses à dire sur la performance de Depp : « L'idée qu'une idylle avec Johnny Depp soit une thérapie efficace contre la maladie mentale est certainement plus séduisante que, disons, *Rain Man*, écrivit Claire Monk. La précision de Depp dans ses numéros clownesques produit de grands moments de comédie, par exemple quand il traverse la cuisine en donnant des coups de pied dans une serpillière, ou quand il décroche un job grâce à ses talents de mime. Ce rôle ressemble de plus en plus à un lot de consolation pour ne pas avoir joué dans *Chaplin*. »

« En tant qu'ange gardien burlesque d'une jeune fille psychologiquement fragile, Johnny Depp étoffe avec tendresse le rôle de l'outsider excentrique qui est devenu son pré carré, commenta Tom Hutchinson dans *The Mail on Sunday*. Délicieusement interprété, ce film est une fable qui risque de vous toucher en plein cœur. »

Après *Benny & Joon*, Depp commença à s'inquiéter en constatant que certains des rôles qu'on lui proposait avaient été spécialement écrits pour son personnage cinématographique décalé et étrange. Mais dans ses déclarations en public, il n'avait pas d'autre choix que de se montrer enthousiaste : « Dans l'ensemble, je n'ai pas l'impression de me limiter, parce que j'accepte des rôles qui me ressemblent. Ces types [ses personnages] me paraissent nettement plus normaux que ce qu'on considère comme la norme. Dans ce que je fais, on dirait qu'il y a un thème récurrent en rapport avec ceux que les gens soi-disant normaux considèrent comme des "monstres". Si je suis attiré par ces rôles de marginaux, c'est sans doute parce que ma propre vie n'a pas été tout à fait normale. La seule chose qui me pose problème, c'est qu'on me colle une

étiquette. » Depp se justifia ainsi en raison de son prochain rôle. On l'avait catalogué comme la star idéale pour incarner le rôle-titre du film *Gilbert Grape*, et malgré tous les doutes qu'il aurait pu entretenir à l'idée de jouer encore une âme innocente, perdue et vulnérable, Depp accepta cette proposition.

Le film est une adaptation du roman de Peter Hedges, également auteur du scénario. « Gilbert Grape est coincé dans la petite ville d'Endora, où il travaille dans une épicerie. Tout le monde s'en prend à lui : sa famille, ses amis, sa maîtresse, explique Hedges à propos du personnage principal. Puis, une fille débarque en ville et fait sauter tous les verrous qu'il avait refermés sur lui. »

D'après Hedges, son roman n'était publié que depuis quelques jours quand il commença à recevoir des appels du réalisateur suédois Lasse Hallström. Ce dernier s'était vu décerner l'Oscar du meilleur film étranger pour *Ma vie de chien* (1985), ainsi qu'un prix de la Directors Guild of America et le trophée du meilleur film étranger du New York Film Critics Circle. Hallström fit ses débuts aux États-Unis en 1990 avec *Ce cher intrus*, un film passé inaperçu, avec Richard Dreyfuss et Holly Hunter. Pour Hallström, le roman de Peter Hedges ressemblait au point de départ idéal pour

---

L'influence de Keaton : Depp s'inspira de ce comédien du cinéma muet pour créer le personnage de Sam dans Benny & Joon.

transposer l'esprit de *Ma vie de chien* dans un environnement entièrement américain. À l'instar d'Emir Kusturica, cet Européen en exil voulait aussi livrer au public sa propre vision de l'Amérique.

« Tous mes films ont pour ambition d'être fidèles à la réalité, dit Hallström. Si on cherche à imiter la vie, alors il faut mêler drame et comédie, car la vie est à la fois tragique et comique. » Ses appels téléphoniques furent bien accueillis par l'écrivain. « Pour moi, c'était une très bonne nouvelle dans la mesure où *Ma vie de chien* est l'un de mes films préférés. Je me suis rendu compte que Lasse pouvait apporter beaucoup d'humanité à ces personnages, alors qu'un autre réalisateur aurait été tenté de les tourner en dérision. »

Hedges fut d'autant plus ravi quand Hallström lui annonça à qui il pensait pour le rôle-titre. Impressionné par l'étrangeté des performances de Depp dans *Edward aux mains d'argent*, et plus récemment dans *Benny & Joon*, Hallström avait trouvé son Gilbert. « Dans le film, Gilbert est avant tout un observateur, un réacteur passif, dit le réalisateur suédois. Johnny Depp était l'acteur idéal pour ce rôle. Il possède la sensibilité dont Gilbert Grape a besoin. »

« Il éprouve le besoin presque irrépressible de faire des choix difficiles, dit Hedges de la carrière de Depp. Il possède une beauté physique tout simplement époustouflante, mais il n'a aucune envie d'être ce personnage-là. Quand je l'ai rencontré, il avait les cheveux très longs. Il est arrivé au rendez-vous très calme, visiblement intimidé, et nous a appris quelques tours de magie. Je me suis dit qu'il pourrait être Gilbert... »

Séduit par ce personnage, Depp devina presque d'emblée le type de jeu naturaliste et tranquille qu'il allait adopter pour ce rôle. « Gilbert Grape a dû mettre ses rêves de côté en raison d'un malheureux concours de circonstances, explique Depp. Il y a en lui une hostilité qu'il ne peut pas exprimer à cause de ses devoirs et de ses responsabilités envers sa famille. Pour pouvoir se supporter au quotidien, il a dû s'abrutir un peu afin de ne pas être trop affecté par tout ce qui l'entoure. »

« Dans ma vie, il m'est arrivé des choses que le personnage de Gilbert a connues aussi », admet-il en faisant spécifiquement référence au divorce de ses parents et au départ de son père, qui avait laissé le jeune Depp seul pour prendre soin d'une mère au cœur brisé. Même à ce stade de sa carrière, il était encore hanté par les échos de son enfance. Dans le film, Gilbert est considéré comme le pilier de l'étrange famille Grape depuis que leur père s'est suicidé. Il habite dans une immense maison avec sa mère (Darlene Cates), une femme-montagne de deux cent soixante-dix kilos qui n'est pas sortie de chez elle depuis des années et dont les impressionnantes proportions menacent en permanence l'infrastructure de la maison. Les autres membres de la famille Grape ne sont d'aucune aide à l'infortuné Gilbert. Son frère Arnie (interprété par l'acteur Leonardo Di Caprio, nommé aux Oscars pour ce rôle), un attardé mental sérieusement atteint, s'apprête à fêter ses dix-huit ans alors qu'on ne lui donnait que

quelques années à vivre. Amy, sa sœur aînée (jouée par Laura Harrington), n'aspire qu'à devenir une gentille petite femme au foyer, tandis que leur petite sœur Ellen (Mary Kate Schellhardt) voit en Gilbert un père de substitution.

Les problèmes de Gilbert débordent du cercle familial pour s'étendre à ses amis, ses employeurs et ses clients dans le trou perdu et sans perspectives d'avenir qu'est la minuscule ville d'Endora. Il travaille à l'épicerie Lamson, qui se bat contre un hypermarché installé aux abords de la ville ; il a une liaison avec Mme Betty Carver (Mary Steenburgen), tandis que son meilleur ami Tucker (John C. Reilly) considère l'ouverture d'un fast-food comme la meilleure opportunité d'emploi qu'Endora ait eu à offrir depuis de nombreuses années.

Becky (Juliette Lewis) débarque dans son univers comme un chien dans un jeu de quilles. Cette touriste adepte du caravaning, temporairement échouée à Endora en raison de problèmes mécaniques, se voit contrainte de s'intégrer à la communauté pendant quelque temps. « Gilbert est un type qui vit sa vie en somnambule, observe Juliette Lewis. Il a besoin qu'on lui ouvre les yeux, et il y a beaucoup de gens dans le même cas. » L'un des défis les plus difficiles à relever du point de vue du jeu ne

Johnny Depp et Darlene Cates, novice au cinéma mais qui suscita l'admiration de l'acteur grâce à sa prestation dans le rôle de la mère de Gilbert dans Gilbert Grape.

revenait pas à Johnny Depp, mais au jeune Leonardo Di Caprio dans le rôle de l'handicapé mental Arnie Grape. « Je recherchais un acteur plutôt moche, dit le réalisateur Lasse Hallström. Mais parmi tous ceux qui ont passé l'audition, Leonardo était le plus observateur. »

Di Caprio, sur le point d'accéder au statut de star des ados lorsqu'il fut engagé pour le film, était acteur depuis l'âge de quatorze ans. Il avait débuté dans des spots publicitaires et des films éducatifs avant d'être engagé dans une série télévisée. En 1995, il devait être salué par la critique pour son rôle de drogué dans *Basketball Diaries* et susciter de nombreuses comparaisons avec River Phoenix.

Di Caprio marcha sur les traces de son idole Robert De Niro, avec lequel il avait partagé l'affiche de *Blessures secrètes* (1993), en se plongeant dans une copieuse quantité de recherches pour son personnage. Il commença par regarder d'innombrables vidéos de jeunes attardés mentaux, puis en rencontra certains en personne. Hallström joua un rôle décisif en recentrant les recherches de Di Caprio sur un garçon autiste qu'ils avaient rencontré lors de leurs investigations. « Je me suis largement inspiré de ses

L'amour fraternel : Gilbert (Johnny Depp) vient au secours de son frère Arnie (Leonardo Di Caprio) dans Gilbert Grape.

petites manies et je me les suis appropriées. Puis j'ai approfondi le personnage en intégrant les particularités d'autres personnes que j'avais rencontrées. »

L'authenticité du jeu de Di Caprio surprit et ravit la production, comme en témoigne le producteur exécutif du film Alan C. Blomquist : « En l'incarnant comme un garçon très libre, ouvert et sincère, Leonardo apporte à Arnie un côté enfantin. C'est la personne rêvée pour donner la réplique au Gilbert de Johnny, si grave et si sérieux dans la vie. » Johnny Depp et Leonardo Di Caprio n'eurent aucun problème à travailler ensemble sur le plateau installé à Austin, Texas, ville où Richard Linlaker avait planté le décor de *Slacker* (1991), un film sur la génération X devenu culte pour la scène alternative. « Nous étions frères à l'écran », raconte Di Caprio à propos de sa collaboration avec Depp, star plus sage et plus âgée qui avait connu le statut d'idole des jeunes que Di Caprio s'apprêtait à endurer. « Il était important qu'on se contente de faire "ami-ami". Les frères n'ont pas forcément grand-chose à se dire : ils peuvent rester assis dans une même pièce sans échanger le moindre mot et se sentir néanmoins très à l'aise l'un avec l'autre. »

« Il ressemblait énormément à Gilbert, explique Di Caprio à propos de Depp. Mais ce n'est pas quelque chose que Johnny essayait de faire. Ça lui est venu naturellement. Je n'ai jamais vraiment compris ce qu'il traversait, car il n'y avait pas de grands drames tous les jours sur le tournage, mais j'ai décelé des choses subtiles en lui. Il y a chez Johnny quelque chose d'extrêmement agréable et de profondément cool, mais d'un autre côté, il est difficile à cerner. Et c'est ça qui le rend intéressant. »

La présence la plus impressionnante sur le plateau de *Gilbert Grape* fut sans conteste celle de Darlene Cates, une Texane de deux cent soixante-dix kilos. Elle n'était pas actrice de profession, mais Hedges l'avait repérée dans un talk-show de Sally Jesse Raphael sur l'obésité et ses problèmes. Darlene Cates partageait un autre point commun avec son personnage de matriarche de la famille Grape : elle non plus n'avait pas mis le pied dehors depuis très longtemps.

Ex-pâture de talk-show reconvertie en vedette de cinéma, Darlene Cates dut revivre son propre cauchemar dans l'intérêt de *Gilbert Grape* à travers une scène où un groupe de gens s'arrête dans la rue pour regarder cette femme si spectaculaire. « J'avais déjà vécu cette scène dans la vraie vie, dit-elle. Après, j'ai dû prendre une pause parce que j'ai fondu en larmes. Le film évoquait beaucoup de choses que je vivais. Toute une partie de l'histoire démontre l'étroitesse d'esprit et la cruauté à laquelle les gros doivent faire face... Mon personnage partage ce que de nombreux obèses ressentent : l'impression d'être exclu. Je suis heureuse de dire que je n'en souffre plus aujourd'hui. J'ai découvert que j'avais moi aussi quelque chose à offrir, comme tout le monde. »

Engagée dans le rôle de Becky, l'actrice Juliette Lewis devait plus tard retrouver Leonardo Di Caprio à l'écran dans *Basketball Diaries*. Née en Californie du Sud d'un père acteur et d'une mère graphiste, elle débuta sa carrière dès l'âge de douze ans dans la mini-série *Homefires* de la chaîne Showtime, puis décrocha un rôle récurrent dans la série *Les Années coup de cœur*. Avant *Gilbert Grape*, sa filmographie incluait *Maris et Femmes* de Woody Allen (1992), le thriller à l'humour noir jubilatoire *Romeo Is Bleeding* de Peter Medak (1994), le film *Kalifornia* (1994) dans lequel elle donnait la réplique à son petit ami de l'époque, Brad Pitt, et à la star de *X-Files*, David Duchovny, sans oublier *Tueurs nés* (1994), œuvre controversée d'Oliver Stone dont elle partageait l'affiche avec Woody Harrelson.

Juliette Lewis s'engagea à l'extrême dans le rôle de Becky, évitant de fréquenter les autres acteurs du film en dehors du tournage afin de rester concentrée sur son personnage. « Je restais assise dans ma chambre d'hôtel à regarder la télé, admet Lewis. Quand je travaille, je m'y mets à fond. Je cherche avant tout à faire mon job aussi bien que possible, et pas à sortir en boîte de nuit ou ce genre de futilités. » Son job, tel que Juliette Lewis l'envisagea pour *Gilbert Grape*, consistait à incarner une Becky calme et posée. « Sur ce film, je n'avais pas envie de trop en faire, je n'ai pas mis au point tout un éventail de mimiques faciales. Je ne voulais pas rendre Becky folle car c'est elle l'élément le plus stable du film. J'ai donc décidé de rester calme et logique. Mon cerveau fonctionne comme un ordinateur. Je lis une scène, et je sais exactement comment me comporter, ça se fait automatiquement. Je n'ai pas besoin de chercher plus loin pour savoir ce que je dois faire. »

Johnny Depp semblait beaucoup plus inspiré par son rôle que Juliette Lewis par le sien. « En apparence, Gilbert Grape ressemble à un garçon plutôt normal, mais ce qui m'intéressait, c'était ce qui se passait sous la surface, cette hostilité et cette rage qui le rongent et qu'il n'est capable de laisser sortir qu'une ou deux fois dans le film. Je comprends cette impression d'être coincé quelque part, que ce soit sur le plan géographique ou psychologique. Je peux comprendre son désir de vouloir fuir ce sentiment à tout prix, ainsi que les gens qui l'entourent et tout le reste pour redémarrer une nouvelle vie. »

Depp travailla considérablement la psychologie de Gilbert, beaucoup plus qu'il n'y paraît à l'écran, en s'inspirant des souvenirs de son adolescence en Floride, autant d'informations dont l'acteur avait besoin pour construire son personnage. « J'ai l'impression qu'à un moment donné, Gilbert Grape s'est laissé mourir à l'intérieur, en se martyrisant et en se tuant à petit feu pour sa famille, pour devenir un père de substitution, même pour sa mère. Ce genre de dévouement est peut-être d'abord purement motivé par l'amour, mais cela peut se retourner contre vous : l'amour et le dévouement risquent de se transformer en ressentiment et en culpabilité, on peut s'y perdre. C'est la pire chose qui puisse arriver à quelqu'un, parce qu'ensuite, on se met à détester les autres en raison du mal qu'on s'est fait à soi-même. »

Depp discerna toutefois un certain optimisme dans son personnage, une faible lueur d'espoir qui signifiait que Gilbert ne s'était pas totalement noyé dans le puits sans fond du dégoût de soi et du découragement. « Il reste assez optimiste dans la mesure où cette fille qui débarque dans sa vie vient lui livrer des informations très simples et très directes qui commencent à fissurer sa carapace. Et là, il comprend les erreurs qu'il a commises. Dans la vie, on a trop souvent tendance à juger les gens sur leur apparence, qu'ils soient gros, handicapés, moches ou mentalement retardés. Parfois, ces gens-là sont même considérés comme des monstres parce qu'ils sont différents. Et ce film explique justement que ce sont des êtres humains comme les autres. La première fois que j'ai rencontré Darlene [Cates], j'ai su voir au-delà de son obésité pour découvrir son adorable visage, ses yeux si expressifs, et je l'ai trouvé belle. Elle m'a paru très courageuse car elle s'est dépouillée de ses émotions sous les yeux du monde entier, un exploit de la part d'une personne qui n'avait aucune expérience du métier d'acteur. »

Comme Juliette Lewis, Johnny Depp fut très déçu par le site du tournage de *Gilbert Grape*. Juste après l'échec de sa longue relation avec Winona Ryder, il s'était réfugié dans le travail, enchaînant les films *Benny & Joon* et *Gilbert Grape*. Dans l'immédiat, le tournage lui permettait de fuir ses problèmes et d'apprendre à être seul, mais parfois, la magie de la thérapie cinématographique n'opérait pas : « Ç'a été une période difficile pour moi. Personnellement, j'allais vraiment mal, mais ça m'a un peu aidé sur le plan créatif, dit-il. Nous tournions à Austin, Texas, dans une Amérique qui me semblait appartenir aux années 50. Mais j'essayais de m'évader de mon propre cerveau : je ne savais plus faire la différence entre le bien et le mal, je ne savais pas qui était qui... j'étais vraiment en pleine confusion. Je ne sais pas si je me suis inconsciemment laissé aller pendant un temps parce que je savais que c'était ce dont mon personnage avait besoin, ou si c'était juste une phase que je devais traverser à ce moment-là. Je buvais comme un trou, je me tuais à petit feu. »

En dépit de tout ce qu'il investit de lui-même dans le film, les critiques considérèrent *Gilbert Grape* comme le rôle décalé de trop pour Johnny Depp. Dans *Entertainment Weekly*, Richard Corliss se montra gentil : « Leonardo Di Caprio et Darlene Cates apportent une authentique folie à leurs rôles, et Johnny Depp reste, comme toujours, une star très effacée. Ici, comme dans *Edward aux mains d'argent*, il fait des merveilles à l'écran. » Mais pour de nombreux journalistes, Depp répétait encore la même performance. Comme dans *Benny & Joon*, il jouait une sorte d'Edward démaquillé. « Gilbert est joué par Johnny Depp, qui aurait pu devenir le nouveau Tom Cruise s'il n'avait pas fait des choix de carrière délibérément si peu commerciaux », écrivit Anne Bilson dans *The Sunday Telegraph*. Dans *The Independent*, Quentin Curtis mit le doigt sur l'origine de la dernière prestation de Depp : « Johnny Depp interprète le rôle-titre de *Gilbert Grape,* une sorte de copier/coller de la comédie romantique et mélancolique *Benny & Joon*, jusqu'au décor de la ville perdue au milieu de nulle part et au jeune malade mental dont il s'occupe. »

La proximité des sorties de *Benny & Joon* et de *Gilbert Grape* attirant l'attention de la presse sur les choix de carrière de Depp, l'édition britannique de *Sky Magazine*

insista sans la moindre ambiguïté sur le danger qui menaçait sa carrière s'il continuait à creuser le même sillon. « Depp a échappé à un certain genre de stéréotype, mais il fait face au danger contraire : jouera-t-il encore le marginal de service quand il aura quarante ans ? se demanda Dan Yakir. Ce n'est pas quelque chose qui semble l'inquiéter outre mesure, et après tout, il a peut-être raison de ne pas s'en faire. Le feriez-vous à sa place, si vous aviez le choix entre la carrière de Christopher Walken et celle de Don Johnson ? »

« J'ai eu beaucoup de chance, rétorqua Depp. Les gens se sont rendu compte que je jouais des rôles de marginaux, mais j'ai été chanceux car on ne m'a pas confiné dans un emploi particulier. C'est important de continuer à évoluer. Il y a beaucoup de choses qui ne me parlent pas, par exemple les acteurs qui se prennent tellement au sérieux qu'ils prétendent être des artistes torturés... Je pense que tout le monde souffre et que les acteurs ne souffrent pas forcément plus que les autres... »

Pourtant, la vie s'apprêtait à lui livrer une bonne dose de souffrance.

Leonardo Di Caprio avec Johnny Depp et Juliette Lewis dans le film Gilbert Grape. *Beaucoup considéraient Di Caprio comme le digne héritier de Depp en raison de ses rôles de marginaux.*

4

Amour, mort et vieux démons

Johnny Depp avait beau croire que les acteurs ne souffraient pas plus que le reste de la population, la fin de l'année 1993 lui fit connaître une douleur particulièrement vive quand l'une des jeunes étoiles montantes d'Hollywood mourut d'une overdose devant sa boîte de nuit, The Viper Room.

À vingt-trois ans, River Phoenix semblait être l'acteur en herbe le moins susceptible de mourir du fameux syndrome « Live fast, die young ». Depuis son enfance hors du commun auprès de parents hippies en Amérique du Sud jusqu'à son accession au rang de vedette hollywoodienne, River Phoenix était devenu une icône de sa génération. Ce James Dean des années 80 et 90 prônait un mode de vie végétarien et anti-drogue, et se positionnait comme un défenseur de la cause animale et de l'abolition de l'avortement. C'était la star de cinéma politiquement correcte, un représentant de la Génération X qui s'exprimait sur des questions qui touchaient nombre de ses fans. Pourtant, le 31 octobre 1993, il s'effondra sur le trottoir du Viper Room en succombant à une overdose en plein milieu du Sunset Strip de Los Angeles.

Situé au coin de Larrabee Street et de Sunset Boulevard, The Viper Room appartenait conjointement à Johnny Depp et au rockeur Chuck E. Weiss. Depp avait fait réaménager l'intérieur de ce minuscule club sombre et plutôt défraîchi pour le transformer en « clandé » des années 20 dans le style Art déco. Il alla même jusqu'à recruter des vendeuses de cigarettes pour faire revivre l'atmosphère de l'ancien Hollywood. Mais les tarifs qui y étaient pratiqués, à 5 dollars le verre, ne fleuraient certainement pas le bon vieux temps. The Viper Room était si petit qu'il ne contenait que cinq tables, l'une étant réservée en permanence à Tracey Jacobs, l'agent de Depp chez ICM, une chasse gardée clairement défendue par une plaque dorée sur laquelle on pouvait lire : « Déconnez pas avec ça. » Depp fit de ce club son terrain de jeu, avec une petite scène où il pouvait se lancer dans des bœufs avec ses amis musiciens, ce qui permit à l'acteur de renouer avec ses premières amours et de jouer à la rock star, un rêve qu'il partageait avec River Phoenix.

Avec une capacité d'accueil d'à peine deux cents personnes et sa minuscule piste de danse, The Viper Room n'eut aucun mal à s'imposer comme l'un des lieux les plus branchés de la scène nocturne de Los Angeles lors de son ouverture en août 1993. Dès le mois d'octobre suivant, le club avait acquis une clientèle d'habitués, parmi lesquels de nombreux jeunes aspirants au succès hollywoodien. « Mon idée, dit Depp, était de passer des morceaux allant de Louis Jordan au Velvet Underground. »

Johnny Depp et River Phoenix, sans être amis à la vie à la mort, se voyaient souvent. Ils partageaient de nombreux points communs : ils avaient tous deux échappé à l'étiquette qui collait encore aux acteurs du Brat Pack[1] des années 80, Depp étant un peu trop vieux et Phoenix trop jeune. Ils avaient tous deux choisi un chemin alternatif à travers Hollywood, loin du cinéma standard.

Le soir du 30 octobre, River Phoenix débarqua au club pour une nuit de détente en compagnie de Samantha Mathis, sa dernière petite amie en date, à qui il avait donné la réplique dans *The Thing Called Love*, ainsi qu'avec son frère Leaf, sa sœur Rain, et Flea (Michael Balzary), bassiste des Red Hot Chili Peppers. River Phoenix était en train de tourner dans ce qui devait être son dernier film, l'inachevé *Dark Blood* de George Sluzier. Son addiction aux drogues était le secret le mieux gardé d'Hollywood, plus ou moins connu de ses proches, mais encore ignoré de la presse à scandales.

Il était prévu que Phoenix monte sur scène ce soir-là, mais il n'en eut jamais l'occasion. Visiblement souffrant, il fut amené sur le trottoir devant le club peu après minuit. Son frère Leaf composa le 911 pour appeler les Urgences après que les membres du groupe eurent tergiversé sur l'état de Phoenix, se disputant entre eux et avec le videur du Viper Room. Mais l'ambulance arriva trop tard. Le décès de River Phoenix, imputé à la prise d'un cocktail de drogues, fut prononcé vers deux heures du matin le 31 octobre 1993, à l'aube d'Halloween.

Un certain temps s'écoula avant que Johnny Depp puisse s'exprimer ouvertement sur ce tragique incident. « Il est arrivé au club avec sa guitare. Qui y a-t-il de plus touchant que de le voir débarquer avec sa guitare dans une main et sa petite amie dans l'autre ? Il est venu pour jouer et ne se doutait pas qu'il allait mourir ; personne ne s'attend à ce genre de choses, se souvient Depp. Il voulait s'offrir un peu de bon temps. C'est dangereux. Voilà ce qui me brise le cœur : il est mort, et il s'était pointé avec sa guitare. Ce n'était pas un type malheureux. »

Depp considérait l'addiction de Phoenix comme rien de plus qu'une terrible erreur, une erreur qu'il pouvait comprendre. « C'était un acteur génial, un mec génial, un être humain génial. Il avait une famille formidable, une vision saine de la vie et un avenir

---

1. Le Brat Pack était une bande de jeunes acteurs lancés dans les années 80, comprenant notamment Rob Lowe, Tom Cruise et Sean Penn. (*N.d.T.*)

prometteur devant lui. C'est sur ce point-là que je me bats contre la presse. Les journalistes auraient pu dire : "Écoutez, c'était un garçon comme les autres, il avait des problèmes et il a commis une erreur fatale. N'importe lequel d'entre nous aurait pu faire cette erreur. Faites attention !" Mais personne n'a rien écrit de tel. »

Johnny Depp pâtit de la cruelle croisade lancée par les médias à son encontre, qui l'accusaient d'avoir contribué à la mort de River Phoenix en ouvrant une boîte de nuit telle que The Viper Room et en ayant laissé les gens se droguer en coulisses, ce dont, d'après les journaux, Depp aurait été parfaitement informé. « À l'époque, les spéculations allaient bon train, explique-t-il. Beaucoup de gens jouaient aux détectives du dimanche et profitaient de la situation pour faire de bonnes audiences ou vendre plus de journaux et de magazines. Ce qu'on lisait dans les tabloïds n'était que pure fiction. C'est vraiment triste et tragique. Combien de fois encore allons-nous devoir écouter l'appel enregistré au 911 ? Combien de fois vont-ils encore publier sa transcription ? Pendant combien de temps encore Leaf sera-t-il rappelé à ce mauvais souvenir ? Aujourd'hui, on vit dans une société de vautours. Les gens voient le mal partout, mais le bien n'intéresse personne... Je suis dans le métier depuis dix ans, alors comment peut-on dire que j'ai ouvert un club pour que les gens viennent s'y droguer, même aux toilettes ? Les gens me voient-ils vraiment comme quelqu'un d'aussi malsain ? Comme si j'étais prêt à tout foutre par terre, même l'avenir de mes propres enfants, juste pour que les gens puissent se défoncer dans une boîte de nuit ? C'est complètement ridicule. »

« La presse essayait de ternir son image auprès de tous ceux qui aimaient Phoenix, dit Depp à propos de la couverture de la mort du jeune acteur dans les médias. En fait, c'était juste un garçon absolument adorable qui a commis une grosse erreur qui lui a coûté la vie. Personne n'est à l'abri de ça. Ce qui est arrivé a été si difficile à vivre que je n'ai même pas cherché à répondre aux accusations portées contre moi. J'étais présent ce soir-là, c'est un fait. Et oui, c'est arrivé dans mon club. J'ai simplement dit : "Je refuse de prendre part à ce cirque morbide qui vous amuse tant, vous les charognards. Allez vous faire foutre !" »

Sal Jenco, l'ami d'enfance de Johnny Depp, gérait les affaires courantes du Viper Room. Lui et Depp durent faire face à un autre scandale lié à la drogue quand Jason Donovan, chanteur et star de soap-opéra, s'effondra devant le club, réitérant le drame River Phoenix. Si l'overdose de Donovan ne fut pas fatale, Depp se retrouva tout de même une fois encore à la une des journaux. À la suite du problème de Jason Donovan, le tabloïd anglais *News of the World* choisit comme gros titre « L'antre du sexe, de la drogue et de la mort » pour décrire la boîte de Depp.

« Je dirige un endroit où la drogue coule à flots et où les gens baisent sur les tables, ironisa Depp au sujet de la caricature dépeinte par les journaux à sensations. Ma boîte de nuit est un lieu convenable. Bon Dieu, le maire de West Hollywood y a donné une réception ! Pourquoi est-ce que la presse n'en parle pas ? Parce que ça ne fait pas vendre, sauf s'ils arrivent à obtenir une photo du maire avec une seringue plantée dans la nuque... »

Quand il avait ouvert The Viper Room, Depp ne pouvait pas s'attendre à ce que l'endroit remporte une telle notoriété. « Dès l'ouverture, ce lieu est devenu très couru. Je ne m'imaginais pas un seul instant le succès qu'on allait rencontrer. Je croyais vraiment que ça deviendrait un petit club underground à la cool. C'est à peine si l'entrée est indiquée. Il n'y a pas d'enseigne sur Sunset, juste un immeuble noir, avec un minuscule panneau très discret sur Larrabee Street, je tenais à ne pas trop en faire. Ce qui me reste en travers de la gorge, c'est tout ce qui s'est passé après le tragique décès de Phoenix la nuit d'Halloween. Par respect, j'ai fermé le club pendant deux semaines, comme ça les jeunes pouvaient venir écrire leurs messages et déposer des fleurs. J'ai trouvé ça très touchant de leur part. Je savais que pendant un mois ou deux, ç'allait être le défilé des curieux et que l'endroit serait rempli de voyeurs et de touristes en manque de sensations morbides. Je n'y ai pas mis les pieds pendant un bon moment. Il fallait décourager les vautours. Aujourd'hui, le club a retrouvé son ambiance des débuts. »

En public, Johnny Depp se montrait offusqué dès qu'on insinuait qu'il se sentait responsable de la mort de River Phoenix. Mais en privé, ses activités tendaient à prouver le bien-fondé de ce sous-entendu : il portait cette nuit d'octobre en lui comme un fardeau. On raconta qu'il errait sur Sunset Strip devant le club à quatre ou cinq heures du matin, distribuant des billets de 50 ou 100 dollars aux sans-abri attroupés sur le trottoir, comme si c'était le seul moyen qu'il avait trouvé pour soulager sa conscience.

En mars 1994, quelques mois après la mort de River Phoenix, le monde apprit que Johnny Depp avait une nouvelle femme dans sa vie, la top model londonienne Kate Moss. Au club Smash Box de Los Angeles, Depp présenta son film surréaliste de huit minutes et demi sur les dangers de la drogue dans le cadre d'un gala caritatif de huit cents personnes organisé par le magazine *Vogue* au profit de l'association Drug Abuse Resistance Education. Intitulé *Banter*, ce film faisait suite aux spots « grandes causes » dans lesquels était apparu l'acteur à l'époque de *21 Jump Street*. Il pouvait désormais investir son expérience personnelle dans un film invitant les jeunes à ne pas toucher à la drogue.

Décrit dans la revue *Esquire* comme « une excursion macabre mais provocante dans l'univers des drogues dures », *Banter* soulevait des doutes quant à l'éventuelle addiction de Depp, les médias ayant encore la mort de Phoenix à l'esprit. « Tout ça, c'est du passé, insistait Depp. J'ai été calomnié par la presse et il a bien fallu que je me défende. Je n'ai rien fait de mal. J'ai même tourné un film anti-drogue, et j'espère que les jeunes

---

À l'approche de la trentaine, Depp refusait de se conformer à l'image du trentenaire idéal et resta fidèle à ses T-shirts et à ses colliers.

en tireront des leçons, qu'ils comprendront que la drogue n'est pas une échappatoire. Il existe d'autres façons de s'évader, par exemple à travers la lecture, la peinture ou l'écriture. » C'est à l'occasion de cet événement que le nouveau couple formé par Johnny Depp et Kate Moss fit sa première apparition publique, même s'ils se fréquentaient déjà en secret depuis plusieurs semaines. Peu de temps après, ils ne se cachaient plus. On les vit ensemble lors de leurs vacances à Saint-Barth, ainsi qu'au concert de Johnny Cash donné au club Fez de Manhattan. Johnny Depp fut plus que ravi de s'envoler pour Paris avec Kate Moss, qui y était attendue pour des défilés de mode. Mais il restait toujours aussi paranoïaque à l'idée que les indiscrétions de la presse ne finissent par gâcher sa nouvelle relation. Après tout, Kate Moss suscitait autant d'attention que Winona Ryder, si ce n'est plus. Elle n'était pas actrice, mais à l'instar de nombreuses top models comme Claudia Schiffer, Linda Evangelista et Naomi Campbell, elle était considérée comme l'une des nouvelles stars des médias, icône d'un glamour dont beaucoup disaient qu'il avait déserté Hollywood.

Née le 16 janvier 1974 à Addiscombe dans le Surrey, Kate Moss grandit à Croydon dans la banlieue de Londres, puis se lança dans la glorieuse arène des super-mannequins dès l'âge de quatorze ans, en août 1988. Elle avait été « repérée » à l'aéroport Kennedy par Sarah Doukas de l'agence britannique Storm Model Agency, qui persuada la jeune brindille de faire du mannequinat pendant ses vacances scolaires. En 1989, Kate Moss fit une apparition dans le film anglais *The Inferno*, une parodie de film érotique passée inaperçue.

En 1990, elle commença à travailler comme mannequin à temps plein. Cette année-là, sa première couverture de magazine pour *The Face* devait lancer le look d'affamée rapidement porté aux nues par la presse internationale. En 1993, elle signa un contrat d'un million de dollars avec Calvin Klein. Qu'elle accepte de poser nue pour cette campagne publicitaire, ainsi que pour celles d'Yves Saint Laurent et du parfum Obsession de Calvin Klein, n'est pas étranger au fait qu'elle ait accédé si rapidement au rang de star mondiale.

Kate Moss se rendit compte que cette gloire acquise du jour au lendemain avait détruit sa relation avec le photographe Mario Sorrenti. Pour les médias, elle et Johnny Depp formaient donc un couple de rêve, encore plus parfait que l'ancien duo hollywoodien de l'acteur avec Winona Ryder. Depp redoutait tout particulièrement la presse à scandales, mais le fait que sa petite amie soit britannique offrait aux tabloïds anglais une parfaite excuse pour rendre compte des moindres faits et gestes du couple. « À ce stade, les journaux ont raconté tant de conneries que je n'en ai plus rien à foutre, dit Depp avec franchise. Du moment qu'ils ne s'en prennent pas à ma famille ou à ceux que j'aime, ils peuvent raconter n'importe quoi, que j'ai une passion pour les naines unijambistes, je m'en contrefous... »

Johnny Depp avait tiré les leçons de sa rupture avec Winona Ryder. Bien qu'il ait eu envie de parler de sa vie avec Kate Moss, il n'en fit rien. « Je n'en parle pas et elle n'en parle pas non plus, car cela ne regarde personne d'autre que nous, déclara-t-il avec fermeté. La rumeur a envahi notre société. Si les gens ont envie de se retrouver pour parler des filles avec qui je sors, et bien je pense qu'ils ont beaucoup de temps à perdre et qu'ils devraient s'intéresser à d'autres choses, par exemple à la masturbation. »

Sa première rencontre avec Kate Moss en février 1994 fut, d'après l'intéressé, tout à fait ordinaire. « Désolé de vous décevoir, mais ça n'a pas été spécialement romantique. Je suis entré dans un restaurant new-yorkais [le bistrot Cafe Tabac de Manhattan] pour boire un café. Elle était attablée avec des amis et je connaissais l'un d'entre eux. Je les ai invités à partager un café avec moi. Voilà comment on s'est rencontrés, et on ne s'est plus quittés depuis. On s'amuse beaucoup. Vraiment beaucoup. C'est une véritable Anglaise, elle a les pieds sur terre et ne me laissera jamais prendre la grosse tête. »

La différence d'âge entre Kate Moss et Johnny Depp était encore plus grande que celle qui le séparait de Winona Ryder. Mais la brindille était déjà très mûre pour son âge, endurcie par une carrière de mannequin entamée au début de son adolescence. Son côté enfantin faisait écho à l'humour gamin de Depp. Bien loin de la fascination pour les poètes et les écrivains beat que Johnny Depp partageait avec Winona Ryder, le couple se découvrit une passion commune pour les parcs d'attractions : « On adore aller à Magic Mountain [un parc à thème de la région de Los Angeles] et monter sur les attractions les plus rapides. Mais il faut y aller le matin à la première heure, sinon on passe notre journée à signer des autographes. »

Kate Moss mit un point d'honneur à ne pas parler de sa relation avec Johnny Depp, probablement sur les conseils de son petit ami et suite au déballage de la vie privée de Winona Ryder. Mais cela ne l'empêcha pas pour autant de se répandre sur sa nouvelle idylle auprès du *Daily Mail,* en des termes qui mirent sans doute Depp un peu mal à l'aise : « Je n'arrive pas à y croire, dit-elle. Il ne m'était encore jamais arrivé un truc pareil. J'ai tout de suite su que cette histoire serait différente. Elle ne ressemble à rien de ce que j'ai déjà connu dans ma vie. Je savais que c'était le bon. »

Cette romance qui démarrait en trombe prit les tourtereaux comme les médias au dépourvu. Au bout de quelques mois, Kate Moss vint s'ajouter à la longue liste des « fiancées » de l'acteur dans le rôle de la future madame Depp. Mais Johnny Depp refusa de confirmer qu'ils étaient fiancés. « Je ne sais pas ce que ça veut dire. C'est juste un truc qu'on peut lire dans les journaux. » D'autres journalistes proclamèrent que Depp aurait fait sa demande lors de leurs vacances dans les Caraïbes début 1995, ce qu'aucun des intéressés ne confirma ni n'infirma. « Kate en épouse ? répondit Johnny Depp. Je ne suis pas contre, mais c'est quelque chose qui se décide en privé. »

En 1995, la notoriété de Kate Moss surpassa celle de son petit ami acteur. La publication d'un recueil de plus de cent photos, intitulé *Kate* sans grande imagination, assit son statut de méga star. Lors de la tournée d'interviews promotionnelles qu'elle donna pour le livre, on aurait dit que Depp lui avait insufflé sa haine de la presse. « Toutes ces histoires d'anorexie m'ont vraiment dégoûtée. Je sais qu'on me traitera de maigrichonne jusqu'à la fin de mes jours, et j'ai horreur de ça. » Aussi pénible que cela soit pour elle, elle ne gagnait pas moins de 2,2 millions de livres sterling par an dès l'âge de vingt et un ans.

Faye Dunaway, partenaire de Johnny Depp à l'écran dans *Don Juan De Marco* et *Arizona Dream*, considérait la nouvelle histoire de l'acteur comme une renaissance de son côté romantique, lequel n'était pas sorti indemne de sa rupture avec Winona Ryder. « Il est incorruptible, dit-elle. Il reste très pur dans son approche de l'amour. Il possède ces valeurs-là. Chez lui, c'est instinctif, ce n'est pas quelque chose qu'il a inventé dans sa tête. J'adore le fait qu'il croie en l'amour. »

« Il est vraiment fou, admit Kate Moss à la télévision britannique, mais gentiment fou. Je n'ai pas envie de le dompter. Il ne cesse de me surprendre. Johnny est un vrai romantique, et il ne manque pas d'originalité. Un jour, il m'a dit que quelque chose le grattait dans son pantalon mais qu'il ne savait pas quoi. J'ai mis la main dedans et j'en ai ressorti un collier [en diamant, à 10 000 livres sterling]. »

En dépit de sa relation avec Kate Moss et d'un moral visiblement revenu au beau fixe, d'aucuns continuaient à croire que Johnny Depp glissait sur la même pente d'autodestruction que River Phoenix. Bien qu'il ait arrêté de se droguer de façon régulière, Depp admettait volontiers avoir ses propres démons et ses propres solutions. « J'ai traversé des moments très difficiles, dit-il. Je n'avais plus aucune prise sur la réalité, et je me soûlais à mort. On peut faire ça quelque temps, mais quand ça devient un mode de vie, c'est très mauvais. C'est vraiment grave. On perd trop de temps à vouloir retrouver ce premier sentiment d'extase, celui qu'on a connu quand on avait treize ou quatorze ans en prenant sa première cuite ou en fumant son premier joint : c'est toujours le meilleur, et on ne retrouve jamais cette sensation-là. » Depp se montrait très dur avec lui-même et découvrit quelque chose dans la personnalité psychologiquement addictive qu'il s'était inventée. Lui qui ne crachait pas sur la bouteille, s'était arrêté de boire depuis sa rencontre avec Kate Moss. « J'ai passé des années à boire pour fuir la réalité. Mais je n'ai jamais réussi à m'évader comme ça, pas une seule fois. Vous savez, j'ai aussi mes vieux démons. L'alcool et les drogues – certaines drogues – peuvent libérer ces démons et leur ouvrir la porte en grand. »

Les amis et les proches de Johnny Depp s'inquiétaient pour lui et considéraient son mode de vie rock'n'roll comme un facteur aggravant ses problèmes. Comme River Phoenix, il traînait avec les durs à cuire de la scène grunge qui jouaient dans son groupe, P. (ou Pee). Il jouait aussi parfois avec Shane MacGowan, ex-chanteur des Pogues, Gibby Haynes des Butthole Surfers, Steve Jones, l'ex-guitariste des Sex Pistols, Flea des Red Hot Chili Peppers et Sal Jenco, son ami d'enfance, batteur de son groupe. Au milieu de l'année 1995, Pee signa un contrat avec le label Capitol Records d'EMI, mais il n'en ressortit rien de vraiment concluant. « La plupart des gens ignorent qu'avant *21 Jump Street* Johnny s'est battu pour devenir musicien », déclara son collaborateur et guitariste Bill Carter.

Pour le vingt et unième anniversaire de Kate Moss, il monta sur la scène du Viper Room avec Michael Hutchence, le chanteur d'INXS. Il fit également venir une invitée de marque en la personne de Gloria Gaynor, qui interpréta son classique du disco *I Will Survive* spécialement pour Kate Moss. Depp n'était pas le premier jeune acteur célèbre à vouloir devenir rock star. Au moins avait-il tenté sa chance dans le rock avant de se faire connaître en tant qu'acteur. « Pour moi, c'est juste un passe-temps, vraiment. Je ne cherche pas une seconde carrière, je veux juste m'éclater avec mes potes. C'est une bonne chose de s'impliquer dans d'autres domaines. Je ne compte pas être juste acteur jusqu'à la fin de mes jours. »

Depp confessa qu'en matière d'autodestruction, il faisait figure d'amateur par rapport à certaines des personnes qu'il fréquentait. « À l'exception de Shane et de Gibby, je ne vois pas qui aurait pu survivre à ce qu'ils ont traversé. Ces mecs-là ont connu l'enfer et ont réussi à en revenir – et ce n'est pas facile à faire. » Largement couverts par les médias, les décès de Kurt Cobain, River Phoenix et Michael Hutchence furent autant d'exemples qui incitèrent Johnny Depp à revoir son mode de vie. Ceux qui le connaissaient et avaient travaillé avec lui ne décelaient pas une once d'autodestruction en lui, en tout cas rien qui ne puisse échapper à son contrôle. « Je ne m'inquiète pas le moins du monde, déclara John Waters à propos du comportement débauché de l'acteur. Johnny n'est pas en train de se tuer. Il est trop conscient du piège que cela représente. Il l'a certainement vu de ses propres yeux. »

Le jour où Johnny Depp prit une chambre au Mark Hotel de New York en septembre 1994, il eut immédiatement un mauvais pressentiment sur ce lieu. Non pas que sa suite présidentielle à 2 200 dollars la nuit ne soit pas à la hauteur de ses attentes, mais il ne comptait pas parmi les habitués de cet hôtel. Le Carlyle, où il descendait généralement, était complet et en réservant sa suite à la dernière minute, l'acteur n'avait pas eu d'autre choix que de se rabattre sur The Mark Hotel.

Depp était en ville pour une série d'interviews et d'apparitions publiques en vue de promouvoir *Ed Wood*. Pour faire ce film, il avait dû renoncer au rôle de Lestat dans l'adaptation du roman d'Anne Rice *Entretien avec un vampire* (c'est Tom Cruise qui chaussa les canines), ainsi qu'à celui de Keanu Reeves dans *Speed*. Il ne tarissait pas d'éloges sur le projet de Tim Burton et, pour une fois, fit preuve de bonne volonté pour en assurer la promotion. « Disons que mon séjour n'a pas été particulièrement agréable », résumera Depp plus tard. Son problème, c'était Jim Keegan, le vigile de nuit.

Keegan était de service tous les soirs de minuit à huit heures du matin, ce qui le plaçait plus ou moins aux commandes du très chic Mark Hotel pendant la nuit. Il observait les allées et venues nocturnes de Depp. L'acteur souffrant d'insomnie comme à son habitude, il sortit plusieurs fois pour faire la fête dans New York, ses sorties se chevauchant avec les heures de service de Keegan. « On aurait dit que ce type ne pouvait pas souffrir Johnny », affirma Jonathan Shaw, artiste tatoueur et ami de Depp depuis le début des années 80. Shaw rendit plusieurs fois visite à l'acteur dans son hôtel et remarqua que Keegan le surveillait. « Johnny portait des jeans et des blousons en cuir, il n'était pas élégant comme tous les autres clients de l'hôtel. »

« Ce mec était un peu débile, raconta Depp à David Blum du magazine *Esquire*. Il a décidé qu'il allait "se payer la gueule du mec connu". Et ce n'est pas quelque chose que j'apprécie particulièrement. »

Le soir du lundi 12 septembre et jusqu'au matin du 13 septembre 1994, Kate Moss passa la nuit à l'hôtel avec Johnny Depp. Il affirma ne pas avoir bu ce soir-là, ne pas avoir pris de drogues ni s'être battu avec sa petite amie, contrairement à ce que rapportèrent les journaux.

Il était environ cinq heures du matin quand un bruit de bagarre venant de la chambre 1410 incita Jim Keegan à quitter son poste. Plus tard, le vigile racontera à la police qu'il avait entendu une série de bruits de casse venant de la suite et qu'il avait trouvé un cadre de tableau brisé dans le couloir qui menait à la chambre. Ni Jim Keegan ni Raymond Bickson, directeur général du Mark Hotel, ne discutèrent de l'incident avec la presse. Toutefois, les médias révélèrent que c'était l'occupant de la chambre adjacente qui s'était plaint du tapage provenant de la suite de Depp. D'après la presse, ce client n'était autre que Roger Daltrey, chanteur des Who, bien plus réputé que Depp pour son passé de casseur de chambres d'hôtel. « La différence, rétorqua Depp à la suite de cet incident, c'est que les Who auraient fait un bien meilleur boulot que moi et qu'on les aurait applaudis après. On m'a arrêté et j'ai été incarcéré. L'âge est une chose magnifique, n'est-ce pas ? Keith Moon aurait été très gêné pour lui... mais il avait sans doute l'habitude de l'être... »

Depp déclara que Keegan était très énervé dès le début de leur confrontation. « Il avait sans doute bu trop de café ce soir-là. Il était remonté à bloc. Il a voulu marquer son autorité, ce qui selon moi n'était vraiment pas nécessaire. Chez un antiquaire, si je fais tomber malencontreusement un objet à 3 000 dollars, je vais le payer, bien évidemment. Si je casse un objet en verre ou que je brise un miroir, je rembourse. Il y a de grandes chances pour que ça soit dans mes moyens. C'est aussi simple que ça. »

La désinvolture de Depp contribua probablement à l'énervement de Keegan : pour lui, peu importait le dédommagement financier, cela n'excusait en rien le dérangement causé aux autres clients de l'hôtel. Pour une raison obscure, Keegan se formalisa du tapage venant de la chambre 1410. Il menaça Depp d'appeler la police s'il ne quittait pas l'hôtel sur-le-champ. L'acteur lui proposa de dédommager l'hôtel pour les dégâts qu'il avait causés, mais ne vit pas l'utilité de faire ses valises. Keegan mit sa menace à exécution et contacta la police. Une demi-heure plus tard, Depp quittait finalement l'hôtel, les menottes aux poignets en compagnie de trois officiers de la dix-neuvième circonscription.

Il ne resta pas très longtemps en détention et fut libéré dès le lendemain après-midi. Il passa la nuit dans trois cellules différentes, au commissariat de la dix-neuvième circonscription, au Central Booking (département de la police où l'on prend les empreintes digitales) et dans les « tombes » situées derrière le quartier général de la police de New York. L'acteur débraillé et mal peigné aurait été soi-disant malmené par des officiers de sexe féminin dans chacun de ces trois endroits. Il fut en effet interrogé par Eileen Perez, l'un des fleurons de la police new-yorkaise. « Je pense qu'elle ne m'aime pas, aurait déclaré Depp selon le magazine *People*. Mais je parie qu'elle me demanderait un autographe si elle me tombait dessus en faisant ses courses. »

Dans le rapport de police officiel, Keegan répertoria dix articles détruits : les cadres d'un tableau et d'une gravure du dix-septième siècle, le pied d'une lampe en porcelaine, un pot chinois, un dessus de table en verre, les pieds d'une table basse, des étagères en bois, un vase, mais aussi des brûlures de cigarettes sur la moquette et un fauteuil de bureau rouge déchiré. David Breitbart, l'avocat pénaliste new-yorkais qui assura la défense de Depp, s'amusa avec les journalistes pour le compte de son client. « Est-ce que Johnny a cassé tout ça ? Je ne sais pas, et eux non plus. Le dédommagement mirobolant qu'ils exigeaient prenait aussi en compte ce qu'il devait pour les deux nuits précédentes, ou les trois nuits suivantes, quelque chose dans ce goût-là. C'était de l'extorsion pure et simple. J'aurais aimé plaidé cette affaire au tribunal, car il n'y avait aucun témoin oculaire. Ils ont dressé la liste des dégâts pendant qu'il était incarcéré. Il aurait pu se passer n'importe quoi dans cette chambre d'hôtel. »

Depp ne chercha pas à nier les faits et justifia sa conduite par un état de fragilité émotionnelle : « Ce soir-là, je me sentais très mal. Non pas que je me cherche des excuses, je suis conscient que j'ai détruit des choses appartenant à quelqu'un d'autre et j'ai du respect pour la propriété privée. Mais j'ai perdu la tête, ça aurait pu arriver à n'importe qui. » Les deux chefs d'accusation qui pesaient sur lui débouchèrent sur une condamnation à verser 9 767,12 dollars de dommages et intérêts. Le juge rendit un non-lieu, mais soumit Depp à une période de mise à l'épreuve de six mois.

Les photos de l'arrestation de Depp se partageaient la une de la presse new-yorkaise et des journaux télévisés avec l'invasion de Haïti par les Américains. « J'étais simplement au bout du rouleau, dit-il. Je suis un être humain et il m'arrive de me mettre en colère, comme tout le monde. Quand je vais trop mal, j'explose. Pas de quoi en faire toute une histoire. On est en train de parler d'un acteur accusé d'avoir agressé un meuble. Je me retrouve en couverture de tous les journaux, comme si cet incident avait plus d'importance que l'invasion de Haïti. Primo, on devrait avoir le droit d'être un être humain. Deusio, on devrait être autorisé à ressentir des émotions. Et tertio, on devrait avoir droit à une vie privée. »

La mère de Depp ne fut pas vraiment enchantée de savoir son fils en prison : « Elle s'en est remise, dit-il. Elle n'a pas aimé me voir menotté à la télévision, mais elle sait que j'ai un bon fond. » Au-delà des menottes, il semble que ce soit la tenue de Johnny qui ait le plus contrarié Betty Sue Palmer (désormais mariée avec Robert Palmer, son troisième époux), en particulier son bonnet en laine vert et ses lunettes de soleil. « Elle pensait m'avoir appris à m'habiller mieux que ça », dit-il tristement. Depp songeait également à d'autres membres de sa famille : « J'ai une nièce et un neveu qui vont au lycée et qui entendent leurs amis dire : "Votre oncle Johnny est complètement taré". Eux aussi doivent vivre avec ça... »

Depp était resté très proche de sa mère malgré les difficultés qu'il avait rencontrées à l'adolescence. En fait, son succès au cinéma lui avait permis de réunir une partie de sa famille autour de lui. Il finit même par embaucher sa sœur Christi Dembrowski et son frère Dan (surnommé « DP ») pour gérer ses affaires. Sa fidélité envers sa famille et ceux qui travaillaient avec lui, tels que Buck Holland, qui fut pendant longtemps son chauffeur et son homme à tout faire, est l'une des particularités sur lesquelles les gens ne tarissent pas d'éloges quand on les interroge sur Depp. Cette loyauté résultait de sa quête d'une famille stable, avec un père qui ne partirait pas.

À la suite du scandale du Mark Hotel, Depp rejoignit la liste sans cesse croissante des stars casseuses de chambres d'hôtel, laquelle s'ouvrait probablement avec Ludwig van Beethoven, qui aurait paraît-il jeté un fauteuil par la fenêtre d'un hôtel viennois. « Est-ce qu'on a envoyé Beethoven en prison pour ça ? » demanda Depp. Il était désormais convaincu que tout le battage médiatique autour de cette histoire servait un cynique stratagème fomenté pour promouvoir The Mark Hotel. « Ça leur fait de la publicité, déclara-t-il. Maintenant, ils peuvent dire qu'ils ont une histoire, ou plutôt un ridicule morceau d'histoire. Ils peuvent proclamer : "On a fait arrêter Johnny Depp." Je vis dans les hôtels, ils sont ma maison. À ma place, vous n'auriez pas été arrêté. On serait venu vous voir dans votre chambre pour vous demander, "Que se passe-t-il ?" et vous auriez répondu : "Je vais vous rembourser ce que j'ai cassé, et je suis affreusement désolé." »

Faye Dunaway partageait le même avis que Depp sur l'incident. « Parfois, on perd son self-control, et The Mark Hotel en a bien profité. Une vraie campagne publicitaire, c'est très choquant. À sa place, j'aurais aussi démoli la réception. Ils peuvent s'estimer heureux que Johnny se soit arrêté là. »

« J'ai trouvé ça bizarre, expliquera Depp plus tard. On m'a mis en prison pour avoir attaqué un cadre de tableau et une lampe ! Certains torchons ont écrit : "Il était soûl et se disputait violemment avec sa copine." Un tissu de mensonges. Vous savez, quand

La dure réalité : Johnny Depp entouré de deux fleurons de la police new-yorkaise après son arrestation pour avoir semé la zizanie au Mark Hotel en septembre 1994.

un type lambda a passé une sale journée, il suffit qu'il se cogne le pied dans un meuble pour s'énerver. Alors il s'en prend à un mur, ou à autre chose. Merde, je suis quelqu'un de normal qui a envie d'être normal ! Mais quelque part, on ne m'y autorise pas. Pourquoi n'accepte-t-on pas le fait que je sois humain ? Il y a beaucoup d'amour en moi, mais aussi beaucoup de colère. Quand j'aime quelqu'un, je le lui montre. Quand je sens monter la colère en moi, je dois l'évacuer, quitte à frapper quelqu'un. J'agis, et je me fous des répercussions. »

Avant l'incident du Mark Hotel, le tempérament impulsif de Depp lui avait déjà valu des ennuis avec la justice. Son passé regorgeait d'exemples similaires. D'après la presse, il aurait été arrêté pour s'être suspendu, avec Nicolas Cage, au cinquième étage du parking Beverly Center de Los Angeles ; il aurait aussi une fâcheuse tendance à jouer au cracheur de feu ; on l'aurait même vu en train de hurler sur Kate Moss au restaurant du Royalton Hotel de New York, un repaire de journalistes. À l'époque de *21 Jump Street*, Johnny avait agressé le portier d'un hôtel de Vancouver en 1989, mais là aussi, il avait obtenu un non-lieu. En 1991, il avait été poursuivi en justice par une femme après avoir brisé l'une des fenêtres du Lone Star Roadhouse sur la 52e à New York, couvrant la victime de bris de verre à l'issue d'un concours de boisson avec le légendaire rockeur punk Iggy Pop. La même année, il avait été arrêté pour avoir traversé une rue de Beverly Hills en dehors du passage pour piétons, et s'était battu avec l'officier de police qui lui avait demandé d'éteindre sa cigarette. « Je suis tombé sur des flics nazis qui avaient trop regardé *Starsky et Hutch* », telle est la phrase lapidaire qu'il choisit pour commenter cette altercation.

Dans les mois qui suivirent sa « mésaventure » au Mark Hotel, Depp fit preuve d'un sens de l'humour plein de malice dans les interviews qu'il accorda à divers magazines. À chaque fois, il relatait cette histoire sous une version différente.

« J'étais assis sur le canapé de ma chambre d'hôtel quand un énorme teckel a bondi hors du placard. J'ai senti que c'était mon devoir de récupérer cet animal, donc je l'ai poursuivi pendant vingt minutes, mais il ne s'est pas montré très coopératif. Finalement, il a sauté par la fenêtre... et je me suis retrouvé coincé là, au milieu de toutes ces pièces à conviction », aurait-il déclaré selon *The Sunday Times*. « Je crois que c'était un tatou. C'est du moins l'impression qu'il m'a faite. Ça aurait tout aussi bien pu être un éléphant », raconta-t-il au magazine *Empire*. « Cela n'avait strictement rien à voir avec Kate. Vous voulez connaître la vérité sur ce qui s'est réellement passé dans cet hôtel ? Dans ma suite, j'ai trouvé un cafard gros comme une balle de baseball. Je l'ai pourchassé dans toute la chambre en essayant de l'écraser pour le tuer, mais je l'ai raté », fut la version qu'il livra au magazine *Sky*.

« Il s'est mal comporté en certaines occasions », confirme son agent Tracey Jacobs chez ICM, dont le rôle dans la vie professionnelle de Depp consistait souvent à jouer au nettoyeur pour minimiser les dégâts que la star laissait derrière lui. Après son arrestation, c'est à Tracey Jacobs qu'il passa le seul et unique coup de fil auquel il avait droit. « Je suis très dure avec lui sur ces choses-là », affirma-t-elle. Mais les démêlés récurrents de Depp avec la justice portaient à croire qu'il envisageait l'attitude « disciplinaire » de Tracey Jacobs avec le même dédain que celui que lui inspiraient les gens qui lui disaient comment gérer sa vie. Par ailleurs, cet incident n'affecta pas sa popularité. Un mois plus tard, Depp faisait la couverture du magazine *People*. La revue *Premiere* et le magazine gay *The Advocate* lui consacrèrent aussi leurs unes dans la foulée. Il fut inclus dans la liste des cavaliers de bal de promo les plus désirables d'Amérique du magazine *Your Prom*, et nommé aux Golden Globes pour *Ed Wood* (un prix qui revint finalement à Hugh Grant pour *Quatre mariages et un enterrement*).

« Ce scandale à l'hôtel n'a pas nui à sa carrière, déclara John Waters au magazine *Esquire*. L'arrestation lui va bien. J'ai adoré les menottes : ça fonctionne toujours. Star de cinéma criminelle, c'est un bon look pour Johnny. La réussite de la casse d'une chambre d'hôtel devrait se calculer en fonction des dommages subis, divisés par la longueur des articles de presse. » Waters émit une autre hypothèse pour expliquer le déchaînement hôtelier de l'acteur : un service de chambre décevant.

Quelques jours après l'incident, Depp récupéra les affaires qu'il avait laissées à l'hôtel et au commissariat de police, puis s'installa dans un autre établissement new-yorkais. En défaisant ses valises, il s'aperçut que l'autobiographie de Marlon Brando qu'il était en train de lire avait été barbouillée par quelqu'un du Mark Hotel pendant sa détention préventive. « Va te faire foutre, Johnny Depp » fut la première insulte qu'il découvrit en feuilletant ce livre de quatre cent soixante-huit pages. Il en trouva d'autres sur de nombreuses pages : « T'es qu'un connard », disait l'une, « Je te déteste », tempêtait une autre. Il y en avait partout. Depp accusa le personnel du Mark Hotel. « Il existe deux sortes de fans, expliqua-t-il à *Esquire*, magazine qui couvrit l'incident en détail. Il y a les gentils, ceux qui veulent juste votre autographe ou vous dire un truc sympa. Mais il y a aussi ceux qui se croient trop cool pour les autographes. Des gens qui cherchent à vous énerver. Pour attirer votre attention. »

Lors de ce séjour à New York, Depp devait connaître d'autres problèmes. Comme si dès qu'il était impliqué dans un incident largement couvert par les médias, celui-ci devait être suivi par une série d'événements similaires. Vers la fin de cette fameuse semaine, il accompagna des amis au Babyland, un bar du centre-ville. Le lendemain matin, Depp faisait les gros titres du *New York Post* en ces termes : « Depp et ses potes se bagarrent dans l'East Village ». « Il n'a pas fallu longtemps à Johnny "Depp-lorable" pour refaire des siennes après ses ravages de l'autre soir à l'hôtel », pouvait-on lire en page six du quotidien qui prétendait que Depp aurait « lancé les hostilités ». Le journal rapporta également le témoignage d'un client : « Depp m'est rentré dedans et m'a dit : "Va te faire foutre." »

Comme à son habitude dès qu'il était mêlé à ce type d'incident, Depp en raconta une version différente de celle rapportée par les tabloïds du monde entier. « Ce type est passé à côté de moi dans le bar, dit Depp en se lançant dans une nouvelle histoire douteuse à la "teckel et tatou". Il m'a sorti quelque chose qui ressemblait à un pénis, mais ça aurait tout aussi bien pu être un dé à coudre, et ce connard ridicule m'a dit un truc du genre "Suce-moi." Je sortais à peine de prison et on m'avait bien précisé de me tenir à carreau pendant six mois. Mon premier instinct a été de... On a tous cet instinct animal au fond de nous... qui nous dit : "Saute-lui à la gorge." » À l'en croire, il aurait toutefois résisté à la tentation à laquelle il cédait trop facilement par le passé. Il ne voulait pas retourner en prison pour une telle broutille.

Ce genre d'incidents suivaient Johnny Depp partout où il allait. Dans un club londonien branché de Notting Hill, The Globe, il s'en prit à un membre de l'aristocratie britannique. Jonathan Walpole, vingt-sept ans, descendant direct de Sir Robert Walpole et photographe de profession, se trouvait dans le club quand il saisit par erreur sur le bar un verre qui s'avéra être celui de Depp. « Il m'a tiré les deux oreilles, se lamenta Walpole auprès de l'*Evening Standard* de Londres. Très très fort ! Je lui ai expliqué que ça n'était pas comme ça qu'on accueillait les gens en Angleterre. Puis un crétin a bondi sur mon dos, passé son bras autour de mon cou et tenté de me mettre à terre. »

Le comportement incontrôlable de Depp et sa violence à l'encontre des chambres d'hôtel semblèrent lancer une nouvelle mode parmi les autres stars. Deux mois plus tard, Mickey Rourke, mauvais garçon d'Hollywood dont la carrière battait de l'aile, démolit une suite du Plaza. Dans un article du *New York Post*, Nicolas Cage, l'ami de Depp, déclara au sujet de Mickey Rourke : « Mais pour qui se prend-il ? Johnny Depp ? »

5

Ed Wood

Après avoir refusé les rôles principaux de futurs blockbusters comme *Speed* et *Entretien avec un vampire*, ainsi que le rôle-titre de la biographie cinématographique de James Dean, un projet de Michael Mann, Johnny Depp décida non sans malice d'incarner le réalisateur travesti Ed Wood. « Vos cœurs résisteront-ils au choc de l'histoire vraie d'Edward D. Wood Junior ? », telle est la question qui ouvre le film de Tim Burton, avec Johnny Depp dans la peau de l'homme de peine d'Hollywood, surnommé « le pire réalisateur du monde ».

Pour Tim Burton, l'idée de tourner la biographie d'Ed Wood était quelque chose de naturel, tout comme celle de confier à Depp le rôle du réalisateur qui ne savait jamais quand s'arrêter. Ed Wood réalisa des « classiques » kitsch de série Z tels que *Plan 9*, *Glen ou Glenda*, un mélodrame sur le travestissement (dans lequel Wood interprète à la fois les rôles de Glen et de Glenda) et *Bride of the Monster*.

Né en 1924 à Poughkeepsie, le jeune Wood était convaincu d'être un artiste sous une forme ou une autre et d'avoir de grandes choses à apporter à l'univers du divertissement. Il grandit en regardant les westerns et les films d'horreur de série B des années 30 et 40. Après ses réunions de boy-scouts, il sortait sa petite caméra et filmait ses propres histoires dès l'âge de onze ans. À dix-sept ans, il s'engagea dans les Marines, six mois après l'attaque de Pearl Harbour. Il devint caporal et fut décoré pour la bravoure dont il fit preuve au combat. Mais l'exploit dont il était le plus fier, c'était d'avoir sauté en parachute sur une île japonaise en portant des sous-vêtements féminins sous son uniforme de Marine ! Wood quitta l'armée en 1946 et travailla quelques temps comme travesti dans un carnaval itinérant.

Il se retrouva à Hollywood, où il écrivit et mit en scène une pièce de théâtre sur la guerre intitulée *The Casual Company*, que personne ne vit. Motivé par son irréductible désir de faire du cinéma, Wood réussit à persuader un producteur de films médiocres pour drive-in de le laisser réaliser un long-métrage sur une opération chirurgicale de

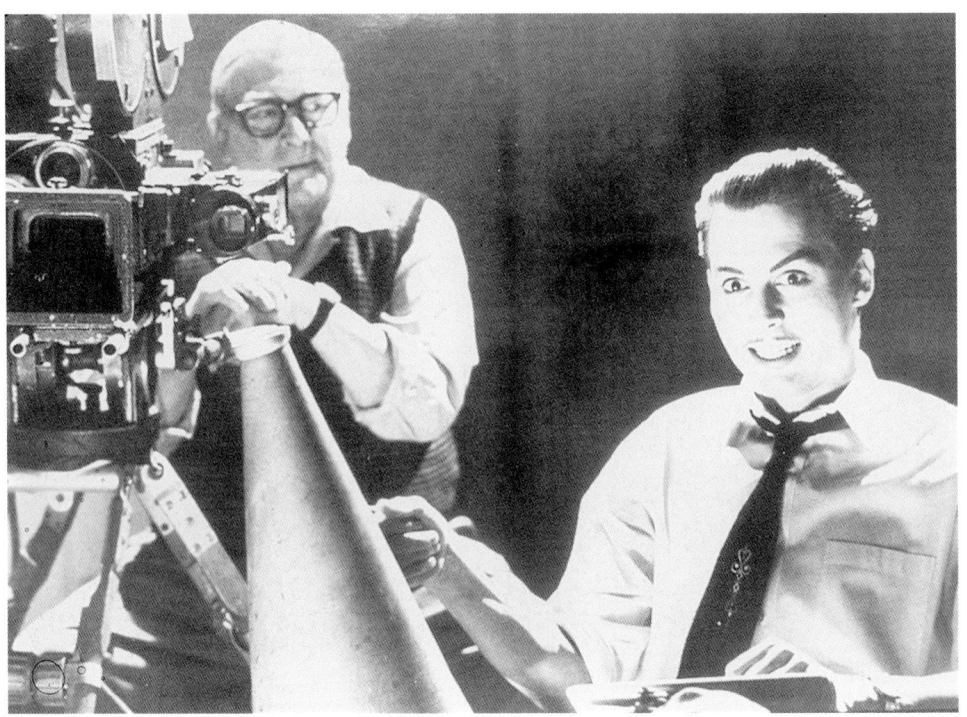

changement de sexe. Il se débrouilla pour transformer son œuvre – *Glen ou Glenda*, tourné en 1953 – en une observation personnelle et sincère du travestissement, « hobby » auquel il se livrait.

Bela Lugosi, star et vétéran du film d'épouvante, joua dans *Glen ou Glenda*. Wood avait rencontré l'idole de son enfance en 1953 et ils étaient devenus amis. Depuis son accession au vedettariat dans le rôle-titre du *Dracula* des studios Universal en 1931, Lugosi était presque retombé dans les oubliettes du cinéma après vingt années de films d'horreur minables. Wood tira parti de l'étoile ternie de Lugosi dans ses propres productions, « si mauvaises qu'elles en devenaient presque bonnes ».

Wood s'entoura d'un groupe de marginaux qu'il faisait tourner dans ses films et qui espéraient ainsi percer à Hollywood. Parmi eux, on retrouve sa petite amie Dolores Fuller, Vampira (le nom de scène de Maila Nurmi), présentatrice d'une émission télé sur le cinéma d'épouvante, le lutteur suédois Tor Johnson, et Criswell, voyant efféminé officiant à la télévision. Bien qu'il soit mort sans un sou et oublié de tous en 1978,

---

Johnny Depp dans le rôle d'Ed Wood. Dans les années 50, les décors du réalisateur étaient faits de bric et de broc, mais leur reconstitution pour le film de Burton coûta des milliers de dollars.

l'œuvre de Wood fut redécouverte à l'aube de l'ère vidéo, au début des années 80. Célébrés dans le livre *The Golden Turkey Awards* de Michael et Harry Medved, les films d'Ed Wood sont devenus culte et le cinéaste eut alors droit à l'honneur douteux du surnom de « pire réalisateur du monde ».

Après avoir travaillé avec Depp sur *Edward aux mains d'argent*, Tim Burton avait produit *L'Étrange Noël de Monsieur Jack*, un fabuleux film d'animation mettant en scène des marionnettes, *Cabin Boy*, une comédie fantastique bizarre qui passa inaperçue, ainsi que *James et la pêche géante*, une adaptation du roman de Roald Dahl sous forme de dessin animé. Il se découvrit tellement de points communs avec Wood que le réalisateur fut immédiatement attiré par l'idée de raconter sa vie sur pellicule. En effet, ces deux cinéastes avaient réussi à filmer leurs propres folies : Wood fut tourné en ridicule mais refusa d'abandonner, tandis que Burton fut plébiscité et, à l'instar d'Ed Wood, ne baissa jamais les bras. Les deux étaient liés à une étoile du cinéma fantastique sur le déclin, Wood employant un Bela Lugosi accro à la drogue vers la fin de ses jours, et Burton rendant un service similaire à son idole Vincent Price.

Martin Landau remporta un Oscar pour sa prestation dans le rôle d'un Bela Lugosi héroïnomane, ici en train de se faire diriger par Ed Wood (Depp).

En fait, l'idée originale du film ne vint pas de Tim Burton. Les scénaristes Scott Alexander et Larry Karaszewski, jusqu'alors connus pour l'insupportable série de films *Junior le terrible*, parlaient d'un projet sur Ed Wood depuis l'époque où ils avaient partagé une chambre à USC, l'université de Californie du Sud. « Nous étions tous deux fascinés par sa personnalité haute en couleur, son courage et sa détermination, dit Alexander. Même quand on a commencé à écrire d'autres scénarios après l'obtention de nos diplômes, on gardait toujours ce projet-là à l'esprit. »

Tim Burton sauta sur le scénario dès qu'il fut porté à son attention par son confrère réalisateur Michael Lehman, qui avait étudié à USC avec Alexander et Karaszewski. « Je me suis senti très proche de Wood, dit Burton. Il y a quelque chose de beau chez les gens qui font ce qui les passionne, peu importe à quel point ils se trompent, contre toute attente, ils restent optimistes et pleins d'entrain. »

Le film aborde les points forts de la modeste carrière de Wood, du début de son amitié avec un Bela Lugosi mourant jusqu'à l'avant-première de ce qu'il estimait être sa plus grande œuvre, le risible *Plan 9*. Le film se conclut sur cette note enthousiaste, Burton préférant ne pas aborder la descente aux enfers de Wood dans l'alcoolisme et la pornographie.

« J'ai grandi en regardant les films d'Ed Wood à la télévision, se souvient Burton. Comme tout le monde, au début je me suis dit : "Mais qu'est-ce que c'est que ce truc ?" Puis j'ai commencé à me rendre compte que ses films étaient à la fois mauvais et bons, qu'ils possédaient quelque chose de poétique. Ed est resté fidèle à ses convictions. Rien ne pouvait le détourner de l'histoire qu'il voulait raconter, ni les câbles visibles dans le champ, ni les décors miteux. C'est une forme d'intégrité assez tordue. »

Bien qu'il ait accepté à l'origine de produire *Ed Wood* en confiant la réalisation à Lehman, Burton s'aperçut rapidement qu'il était de plus en plus attiré par l'histoire de ce cinéaste dissident et dépourvu de talent. Ses expériences à Hollywood avaient été décevantes depuis que Joel Schumacher avait repris le flambeau de la saga Batman pour *Batman Forever* en 1995. Ses projets n'aboutissaient pas, il n'arrivait pas à monter les films qui lui tenaient à cœur et ses récents efforts en tant que producteur débouchèrent sur une série d'échecs en salle. Burton commençait-il à éprouver plus de compassion pour la condition d'Ed Wood ?

Il y avait aussi la connexion Vincent Price. « J'aimais la relation qu'il entretenait avec Bela Lugosi, explique Burton. Il est devenu son ami à la fin de sa vie, et même si je n'en savais pas plus, j'ai assimilé leur amitié au lien qui m'unissait à Vincent Price, avec tous les sentiments qui y sont associés. Ma rencontre avec Vincent m'a considérablement influencé, et Ed a dû ressentir la même chose en rencontrant son idole et en travaillant avec lui. » Pour Burton, la clé du film consistait à trouver le bon acteur pour incarner Ed Wood. Il se tourna vers celui qui avait joué le rôle-titre de son film alors le plus personnel : Johnny Depp, star d'*Edward aux mains d'argent*. La

partenaire productrice de Burton, Denise Di Novi, expliqua pourquoi ils pensèrent à Johnny Depp : « Ed Wood était adorable et extrêmement beau, tout comme Johnny. Mais surtout, Johnny est un acteur qui prend des risques et qui apporte aux personnages insolites le traitement particulier et la dignité qu'ils méritent. »

« Johnny a aimé le scénario, il l'a touché, dit Burton. Je me sens proche de lui car je crois que quelque part, au fond de nous, on réagit aux mêmes choses. Après *Edward aux mains d'argent*, c'était pour lui l'occasion de travailler un rôle plus ouvert. Edward était un personnage très secret, un symbole auquel il fallait donner vie, tandis qu'Ed était plus exubérant. C'était intéressant pour moi, alors que j'avais déjà travaillé avec Johnny, d'explorer un personnage plus extraverti. Il a fait un super boulot, et il a trouvé un ton qui me plaisait. »

Depp se souvient très bien du jour où Burton lui proposa le rôle-titre d'*Ed Wood*. « J'étais à la maison quand Tim m'a appelé et m'a demandé de le rejoindre immédiatement. Il faisait des mystères : "Dans combien de temps peux-tu être au Formosa Cafe ?" Je lui réponds, "Dans vingt minutes." J'y suis donc allé. Il était assis au bar. On a pris une table et bu une bière. Quand il m'a parlé du projet, j'ai trouvé que c'était une idée géniale. Je lui ai tout de suite dit : "Oui, je le fais." Il m'avait appelé

Avec Kathy O'Hara (Patricia Arquette), Ed Wood (Johnny Depp) profite de son quart d'heure de gloire à l'avant-première de son film... que les spectateurs n'ont pas encore vu !

vers 20 heures, et j'étais arrivé au bar vingt minutes plus tard. À 20 h 25, j'étais impliqué, totalement engagé dans le projet. Je connaissais déjà les films de Wood. Je savais que personne ne pourrait mieux raconter son histoire que Tim. La passion de Tim est devenue la mienne. J'ai décliné certains rôles que j'ai regrettés par la suite, mais je crois que j'en aurais fait une maladie si j'étais passé à côté de celui-ci. »

Depp eut quelques difficultés à appréhender son rôle dans *Ed Wood*. Il existe très peu de documents visuels sur le réalisateur, à l'exception de quelques photos en noir et blanc et, bien sûr, de sa propre apparition dans *Glen ou Glenda*. Depp put également visionner de rares séquences muettes de Wood en pleine action derrière la caméra, en train de diriger ses acteurs bizarroïdes. Il devait se fier à sa propre perception de ce qu'Ed Wood aurait pu être dans la vraie vie, en y ajoutant une pincée de Tim Burton. « Je lisais tout ce que je pouvais trouver sur le sujet, a-t-il raconté. Tout le monde savait que les détails de la vie de Wood étaient un peu confus. Tim cherchait à capturer l'esprit de Wood, et c'est ce que je devais exprimer à l'écran. J'ai regardé les films et inventé plusieurs personnages. Je voulais l'incarner à la fois comme quelqu'un d'extrêmement optimiste, d'innocent, et comme un brillant showman. Cet homme-là adorait tourner des films. C'était toute sa vie, et il ne laissait rien se mettre en travers de son chemin. »

À ce stade de sa carrière, la performance de Depp dans la peau d'Ed Wood était de loin la plus complète et la plus théâtrale qu'il ait donnée à l'écran. Avec un sourire scotché en permanence sur le visage (« Il m'a fallu plusieurs mois pour m'en débarrasser »), Wood saute d'un désastre cinématographique à l'autre, encourageant et cajolant ses collaborateurs à la manière d'un animateur de jeu télévisé des années 50 complètement dément. « Tim disait des choses comme "Andy Hardy[1], Andy Hardy", raconte Depp. J'ai donc regardé les films d'Andy Hardy. J'ai utilisé d'autres sources d'inspiration pour étoffer le personnage. Je suis allé voir Burton et je lui ai dit : "Écoute, Andy Hardy, c'est bien ; moi je pense à Ronald Reagan." Et Tim répondait : "*Le Magicien d'Oz* ou Casey Kasem." On a mélangé tout ça et on l'a filmé. Et ça a donné un personnage qui symbolisait l'essence même d'Ed Wood. »

Depp chassa ses inquiétudes quant à la fidélité de sa prestation. C'était la première fois qu'il jouait le rôle d'une vraie personne, et non d'un personnage de pure fiction. « Selon moi, il serait ridicule de la part de n'importe quel réalisateur de prétendre pouvoir lire dans l'esprit d'un personnage quand on essaie de reconstituer sa vie. Dès qu'ils ont eu le feu vert, Tim et les scénaristes ont voulu créer quelque chose qui pourrait illustrer une vraie icône d'Hollywood. Je crois qu'on y est parvenus. Il ne s'agit pas vraiment d'une parodie. Ce film est un hommage, très étrange certes, mais vraiment respectueux. » Certains aspects du rôle auraient troublé la plupart des acteurs, en particulier ceux qu'on

---

1. Acteur de la télévision américaine, notamment connu pour avoir prêté sa voix au personnage de Shaggy dans le dessin animé *Scoubidou*. (*N.d.T.*)

considérait alors comme les jeunes premiers d'Hollywood. L'idée de se travestir à l'écran aurait refroidi plus d'une « idole des jeunes », mais pas Depp, qui, fidèle à lui-même, voulut relever le défi. « Je n'étais pas du tout effrayé à l'idée de me travestir pour ce rôle, dit-il. Je prenais ça comme une expérience, pour savoir ce que ça faisait de porter des vêtements féminins. Je dois avouer que pour cette raison, j'éprouve encore plus de respect pour les femmes et les travestis. Je pense qu'Ed se travestissait parce qu'il aimait vraiment les femmes et qu'il cherchait à se sentir plus proche d'elles. »

En fait, la rumeur disait que Depp prenait ses recherches un peu trop à cœur et qu'il portait des sous-vêtements féminins tous les jours, juste pour s'y habituer. « Il tentait une expérience, déclara le scénariste Scott Alexander. Il m'a dit que lorsqu'il portait son petit pull en angora, il se caressait les tétons avec les poils du pull sans même s'en rendre compte pendant qu'il vaquait à ses occupations. »

Le fait de travestir son acteur principal inquiétait un peu Tim Burton. « Je savais qu'Ed serait travesti dans des pans entiers du film. Les travestis font des cibles très faciles, mais Johnny est si crédible qu'il s'en sort sans sombrer dans le ridicule. En plus, les vêtements de femme lui vont très bien. »

L'expérience de Robin Williams, qui avait remis au goût du jour et démocratisé le travestissement dans *Madame Doubtfire* (1994), facilitait la tâche de Johnny Depp. Bien des années avant, Dustin Hoffman avait aussi chaussé les talons aiguille dans *Tootsie* (1982). Toutefois, ces deux acteurs-là avaient bien la quarantaine lorsqu'ils tournèrent dans ces films, et ne s'inquiétaient pas de décevoir leurs fans adolescentes en prétendant aimer porter leurs vêtements. « Avant le début du tournage, dit Depp, j'ai reçu un colis de Miss Vera's Finishing School, une école de New York qui apprend aux hommes à se travestir, à se comporter comme des femmes. Il y avait toutes sortes de choses, de la documentation et des photos. La lettre disait : "Nous avons entendu dire que vous alliez jouer dans ce film. Nous pouvons vous aider à devenir une femme." J'ai caressé l'idée de visiter cette école pour découvrir ce qu'on y faisait. »

Pour la costumière Colleen Atwood, transformer l'un des plus beaux acteurs d'Hollywood en actrice relevait du défi, même si Johnny Depp pouvait bénéficier des conseils avisés de sa petite amie mannequin Kate Moss. « Quand Ed est habillé en homme, il ressemble à un type lambda : chemise, pantalon noir, cravate, gilet. Ainsi, une fois travesti, la différence saute aux yeux et ça produit un maximum d'effet. Quand Ed est en femme, nous lui posons de fausses hanches et de faux seins. En fait, Johnny est magnifique en femme. La première fois qu'on lui a fait porter de l'angora, on s'est dit : "Mon Dieu, qu'est-ce qu'il est beau !" »

Cependant, Depp n'était pas convaincu de sa beauté en tant que femme et interdit à un magazine de le présenter en travesti sur sa couverture. « Quand je me suis vu dans le miroir pour la première fois, j'ai trouvé que j'étais la femme la plus laide du monde. En fait, j'avais l'air énorme dans ces vêtements ! » Mais il ne s'était pas attendu à ressentir un tel confort. Cela l'aida à mieux comprendre Wood : « C'est effrayant à quel point ces vêtements sont confortables. La seule fois où je me suis senti mal à l'aise, c'est quand j'ai dû faire un strip-tease. Mais je n'ai pas peur de ce que le public va penser. Si j'étais apparu gêné à l'écran, ça aurait gâché tout l'effet recherché. Pourtant, je marche de mieux en mieux en talons aiguille... »

Patricia Arquette, dans le rôle de Kathy, l'épouse fidèle de Wood, fut tout aussi impressionnée par la performance de Depp en travesti qu'elle était heureuse de travailler avec l'acteur. « Il a été incroyable. C'est un acteur né. Je lui donnais des conseils pour se déshabiller, en particulier pour dégrafer son soutien-gorge. Il ne se serait pas déshabillé devant tout le monde, il s'est montré très strict là-dessus. Je pense qu'il a enthousiasmé tout le monde sur le plateau. Il a été un moteur pour le film, au même titre que Tim. On avait des scènes très intimes à tourner tous les deux. Il rentrait tout de suite dans son rôle et pouvait y rester des heures. Je ne suis pas aussi disciplinée. Il m'arrive encore d'avoir des fous rires pendant une scène. Mais Johnny, lui, la jouait d'une seule traite. »

Le reste du casting d'*Ed Wood* fut rapidement bouclé, avec Martin Landau dans le rôle de Bela Lugosi, ce qui lui valut l'Oscar du meilleur acteur en 1995. Ce rôle se trouvait à des années lumière de ce que Landau avait fait dans les séries TV des années 60 et 70 *Mission impossible* et *Space 1999*. Il s'était réinventé comme un acteur de genre à la fin des années 80 en décrochant d'excellents rôles – accompagnés de critiques élogieuses — dans les films de Woody Allen (*Crimes et délits*) et Francis Ford Coppola (*Tucker*).

« J'ai essayé de me glisser dans la peau du personnage, dit Landau du rôle de Lugosi. Je connais les hauts et les bas de ce métier ; j'éprouve donc de la compassion pour certaines des expériences qu'il a traversées. » Burton était fasciné de voir Landau se transformer tous les jours en Lugosi. « Martin est devenu Bela Lugosi. En le regardant jouer, je sais que Martin a saisi quelque chose de Lugosi au plus profond de son être. » Depp était également ravi de travailler avec Landau et apprécia la chance qui lui était offerte d'explorer la relation entre Wood et Lugosi, mais également celle entre Burton et Price. « Étant donné le genre de relation qu'entretenaient Ed et Bela, j'avais peur de forcer le trait sur leur osmose. Mais je me suis rendu compte qu'il était très facile de travailler avec Martin. Toutes les scènes que nous avons tournées ensemble prenaient leur propre envol, au-delà d'une simple succession de mots sur une page. Tout ce que j'ai ressenti pour lui était vrai et sincère », dit Depp.

Initialement, Burton avait décidé de produire *Ed Wood* avec Columbia Pictures, mais son désir de tourner en noir et blanc le plaça en position de conflit avec Mark Canton, le patron du studio. En l'absence d'un contrôle artistique total, le projet fut mis en « rotation » : autrement dit, il serait racheté à Columbia par un autre studio. Ce film suscitait beaucoup d'intérêt. Chose assez ironique, Burton finit par le tourner

pour Disney, studio où il avait travaillé comme animateur. Avec une enveloppe de 18 millions de dollars, *Ed Wood* faisait figure de film à petit budget par rapport aux standards hollywoodiens. Le studio pouvait donc laisser carte blanche à Burton sans prendre trop de risques. Après tout, ils lui devaient bien ça, puisque Disney n'avait pas su retenir Burton au début de sa carrière.

La reconstitution du Hollywood des années 50 et des scènes issues de trois films parmi les plus ridicules de Wood (*Glen ou Glenda*, *Bride of the Monster* et son œuvre maîtresse, *Plan 9*) débuta sérieusement le 5 août 1993. L'un des plus grands défis consistait à reproduire des décors identiques à ceux de ces films à très petit budget. Le chef décorateur Tom Duffield finit par dépenser beaucoup plus d'argent à recréer les décors boiteux de Wood que ce dernier n'en dépensa pour la totalité de ses films. Les acteurs et l'équipe technique visitèrent ainsi soixante-huit décors à l'intérieur et à l'extérieur de Los Angeles. De nombreuses scènes furent tournées dans les vrais terrains de jeu de Wood, notamment à Griffith Park, où il avait réalisé *Bride of the Monster*, au restaurant Musso & Frank Bar and Grill, son quartier général, ainsi que dans son dernier appartement à Hollywood. « C'était un tournage vraiment vivant, se souvient

Dans la reconstitution de cette scène de Glen ou Glenda, *Dolores (Sarah Jessica Parker, qui deviendra célèbre grâce à la série télé* Sex & The City) *accepte qu'Ed se travestisse.*

Depp. En fait, c'était assez dur. On tournait dans certains des décors les plus anxiogènes, les plus mal ventilés et les moins confortables d'Hollywood. J'étais en permanence sous pression, mais tous les membres de l'équipe se sont investis à 200 % dans le film. De tous les films que j'ai tournés, c'est sans doute celui où il y a eu le plus d'osmose entre les gens. Je n'avais jamais vu un tournage dont l'équipe était aussi soudée. »

Kathy, la seconde femme de Wood, se rendit sur le plateau sans se faire annoncer. Après avoir assisté au tournage de quelques scènes, Kathy Wood fut enfin présentée à l'homme qui incarnait feu son mari. « Ç'a été une vraie révélation, dit Depp. Elle m'a donné le portefeuille et le répertoire d'Edward. Au début, j'étais un peu déconcerté car je ne savais pas du tout comment prendre ça. Mais ça m'a beaucoup soulagé de rencontrer quelqu'un qui avait vraiment connu l'homme que je joue dans le film. Le portefeuille et le répertoire sont devenus très importants, ils m'ont aidé à parfaire et à étoffer mon rôle. »

Depp entretenait des espoirs très élevés quant au résultat final à l'écran, chose qu'il n'était pas habitué à ressentir sur les tournages : « C'est la première fois que je suis impatient de voir un film dans lequel j'ai tourné. Je suis très excité à cette idée car le tournage a été une expérience géniale. Du début à la fin, je me suis dit que c'était vraiment différent de ce que j'avais déjà fait dans ma carrière. » La production boucla le tournage le 17 novembre 1993, mais le film ne sortit aux États-Unis que près d'un an plus tard, en octobre 1994. Les critiques furent dithyrambiques, mais les recettes décevantes. *Ed Wood* marcha mieux en Europe, avec une sortie britannique en mai 1995 suivie par une avant-première au festival de Cannes (aux côtés de deux autres films de Johnny Depp : *Don Juan De Marco*, et *Dead Man* de Jim Jarmusch). « Ce film est tout simplement intelligent, écrivit J. Hoberman dans le *Village Voice*. Depp incarne un Wood enthousiaste, survolté et naïf, à la fois suave et disjoncté, les lèvres soulignées par une fine moustache dessinée au pinceau, les dents découvertes par un sourire stupide de poupée de ventriloque, illuminé par sa foi en son propre rêve. *Ed Wood* a été parfaitement réalisé – et révèle un sens du détail propre à toutes les productions précédentes de Burton. » Dans *Entertainment Weekly*, Richard Corliss présenta Depp comme « un acteur exemplaire qui ne peut pas faire grand-chose d'autre que de désamorcer chaque humiliation le sourire aux lèvres. » À la fin de l'année 1994, *Ed Wood* s'était hissé au troisième rang des meilleures recettes dans la catégorie cinéma, après *Tueurs nés* d'Oliver Stone, la première place revenant au *Pulp Fiction* de Quentin Tarantino. « Depp livre ici une performance vraiment renversante, en homme comme en travesti, marquant un autre rôle original et excentrique qui révèle une fois de plus toute la mesure de son jeune talent. Un vrai bonheur », pouvait-on lire dans le magazine britannique *Empire*.

Depp eut un dernier mot au sujet d'Edward D. Wood Junior, qui semblait plaider sa propre cause auprès des futurs scénaristes qui lui écriraient des rôles. « Ed n'avait pas peur de prendre des risques et faisait exactement ce qu'il avait envie de faire. Il a fait de son mieux avec ce qu'il avait, et il a réussi à tourner des images surréalistes, avec des moments de génie selon moi. Ses films reflétaient tout ce qu'il était, et ils étaient sincères. J'espère qu'on se souviendra d'Ed comme d'un artiste. »

On doit l'idée du film *Don Juan De Marco* au romancier Jeremy Leven, auteur de l'adaptation cinématographique de *Creator*, son propre roman sorti en 1980. Cet auteur qui affirmait avoir toujours écrit sous une forme ou une autre depuis l'âge de dix ans publia ainsi deux romans, *Creator* et l'étrange *Satan*, et signa le scénario du film *Playing for Keeps*. Par le passé, il avait été réalisateur pour la télévision, instituteur, psychologue dans un hôpital public, assistant à l'université de Harvard et psychologue clinicien, autant d'expériences qui nourrirent l'écriture et la réalisation de *Don Juan De Marco*. « J'ai toujours eu envie de faire un film sur les femmes, l'amour, le romantisme et le sexe, explique-t-il. Et je me suis toujours demandé si quelqu'un avait déjà réalisé un film sur Don Juan. »

Ses premières recherches sur le sujet conduisirent Leven dans une librairie de sa ville natale de Woodridge, Connecticut. Il y découvrit un exemplaire du *Don Juan* de Lord Byron, crédité au générique comme l'idée de départ du film. Leven s'en inspira pour concocter un nouveau scénario original. « La pièce de Byron est un livre extrêmement long qui parle beaucoup de politique, mais qui contient également des scènes absolument merveilleuses, dit Leven. Je me suis librement approprié certaines de ces scènes pour en faire un scénario sur un autre sujet. »

En tant qu'ancien psychothérapeute, Leven mêla sa fascination pour Don Juan à sa propre expérience professionnelle. Pour le scénario, il inventa le personnage de Jack Mickler, un médecin psychiatre qui lui servit de catalyseur pour explorer le flou entre fantasme et réalité. Après avoir passé trente ans à essayer de résoudre les problèmes des autres, Mickler est usé. Aussi renfermé avec ses collègues qu'avec Marilyn, son épouse malade depuis longtemps, Mickler est impatient de prendre une retraite imminente et se contente de travailler machinalement. Mais sa vie prend un nouveau tournant lorsqu'il se met à travailler sur le cas le plus fascinant de sa carrière : les histoires de Don Juan DeMarco lui apportent exactement ce dont il avait besoin pour redonner un nouveau souffle à sa vie professionnelle comme à son mariage.

Arrive Johnny Depp dans le rôle de Don Juan De Marco, un personnage on ne peut plus éloigné d'Ed Wood. Le film s'ouvre sur l'image d'un jeune homme dangereusement perché au sommet d'une étroite passerelle qui surplombe un immense panneau publicitaire de douze mètres de haut. Le visage masqué et le corps enveloppé dans une cape volant au vent, ce personnage qui pointe son sabre vers le ciel affirme être Don Juan, le meilleur amant du monde. Après avoir conquis plus de mille cinq cents femmes, ce Don Juan contemporain est angoissé. Il a séduit d'innombrables femmes, mais celle qu'il aime vraiment l'a repoussé. Persuadé que la vie ne vaut plus la peine d'être vécue, il s'apprête à se suicider.

Arrive alors le docteur Mickler, alter ego de l'écrivain-réalisateur Jeremy Leven. Alerté par la police qui pense avoir affaire à un aliéné, Mickler réussit à raisonner le personnage masqué. Bien qu'il soit sur le point de prendre sa retraite, il accepte de s'occuper de ce nouveau cas, intrigué par le jeune homme qu'il découvre derrière son masque. Disposant de dix jours pour évaluer ce patient visiblement délirant, Mickel est censé proposer un diagnostic et recommander un traitement. Au fil des séances, De Marco raconte une longue série d'histoires à son psychiatre. Il lui parle de sa vie et de ses aventures : d'étranges récits incluant une enfance dans une petite ville mexicaine, un voyage en Arabie saoudite où il pénétra en cachette dans un harem pour en satisfaire les résidentes, et finalement un naufrage qui l'entraîne sur une île déserte pour y rencontrer son véritable amour. Le drame de sa vie, c'est qu'en se montrant honnête avec cette femme, De Marco se retrouve rejeté à cause de ses imprudentes confessions.

Intrigué et attiré par ces histoires – relatées dans le film sous forme de sublimes flashbacks et de fantastiques séquences hautes en couleur – Mickler change au contact de son patient. Alors que la thérapie progresse, il est de plus en plus convaincu que seul Don Juan en personne peut raconter des histoires d'amour, de passion, des romances aussi glorieuses. Mickler en vient à évaluer l'importance de l'amour et de la passion dans sa propre vie, ce qui lui permet de ranimer une flamme depuis longtemps éteinte avec son épouse.

Don Juan De Marco est une invention légère et fantasque. « Don Juan, tel que Johnny Depp l'incarne, est un homme profondément amoureux de l'amour, dit Leven. Qu'il soit ou non le véritable Don Juan n'a aucune importance. Grâce à lui, Mickler connaît une transformation radicale. » Après avoir fini son scénario, Leven n'avait pas vraiment réfléchi au casting du film. « On m'a dit que Johnny Depp avait envie de le faire », explique-t-il. Cela n'a rien de surprenant, car il semblait évident que Don Juan serait un rôle idéal pour ce jeune premier à la beauté latine renversante. « Depp est né pour jouer ce rôle, écrivit le critique Mark Salisbury dans *Empire*. Sa grande beauté et son regard irrésistible se prêtent merveilleusement bien au récit d'une vie de séduction et d'amour. »

En fait, on aurait dit que tous les rôles alors joués par Depp l'avaient amené à Don Juan. Bien qu'il ait refusé le succès d'idole des jeunes dont il bénéficia à ses débuts, Depp était tout à fait conscient de son pouvoir d'attraction sur les femmes, à l'écran comme à la ville. Il vit donc là une occasion en or de jouer le rôle que les médias avaient déjà inventé pour lui, tout en se permettant d'y prendre du plaisir. De plus, Depp était désormais en mesure d'influencer le casting des autres rôles. « Depp a dit qu'il ne ferait le film que si Brando jouait le rôle du psychiatre, raconte Leven. À ce stade, je pensais que mon projet était fichu, mais c'était sans compter sur une autre surprise : Marlon aussi était intéressé. »

Johnny Depp rêvait depuis longtemps de travailler avec le mythique Marlon Brando. Le seul nom de Depp suffisait à obtenir le feu vert pour de nombreux projets à petit budget, mais possédait-il vraiment assez d'influence pour attirer un acteur de la stature de Brando vers l'un des petits films bizarres qui étaient presque devenus sa marque de fabrique ?

Lorsqu'il atteignit la trentaine, Depp fut souvent comparé au jeune Brando comme le « meilleur acteur de sa génération ». Il dut savourer ce rapprochement car il admirait beaucoup ce vétéran du cinéma qui venait de fêter son soixante-dixième anniversaire. Au cours d'une carrière de plus de quarante ans parfois sujette à la polémique, Marlon Brando tourna dans trente-cinq films et inventa le style de jeu à l'américaine tel qu'on le connaît aujourd'hui. Nommé sept fois aux Oscars dans la catégorie « meilleur acteur », il le remporta deux fois, pour *Sur les quais* (1954) et pour le rôle de Vito Corleone dans *Le Parrain* (1972). La richesse de la carrière de Brando ferait pâlir d'envie n'importe quel acteur, en particulier celui qui connaissait tous ses films par cœur : Johnny Depp. Des œuvres aussi diverses que *Viva Zapata !*, *Jules César* et le très critiqué *Dernier Tango à Paris* avaient forgé la réputation de Brando. Et son statut de légende vivante fut définitivement scellé lorsque, en 1978, il exigea un million de dollars pour une apparition d'un quart d'heure dans le film *Superman*.

Brando avait travaillé avec Francis Ford Coppola sur *Le Parrain* et *Apocalypse Now*, une adaptation du roman *Au cœur des ténèbres* de Joseph Conrad, transposé par le réalisateur dans le contexte de la guerre du Vietnam, avec Martin Sheen comme personnage principal. Ses liens avec Coppola s'avérèrent donc essentiels pour convaincre Brando d'accepter le rôle du psychiatre dans *Don Juan De Marco*, d'autant plus que, le cinéaste faisant partie des trois producteurs du film, il était idéalement placé pour faire du rêve de Johnny Depp une réalité.

Faye Dunaway fut choisie pour incarner le rôle secondaire mais néanmoins décisif de Marilyn, la femme de Mickler. Elle avait déjà travaillé avec Depp sur *Arizona Dream* : les deux acteurs n'étaient donc plus des étrangers l'un pour l'autre. En revanche, elle n'avait encore jamais donné la réplique à Marlon Brando. En regardant jouer Depp et Brando pendant le tournage de *Don Juan De Marco*, elle eut l'impression d'une sorte de passage de flambeau : « Johnny Depp est l'héritier du trône », dit-elle.

Avec plus de trente films à son actif, Faye Dunaway considéra *Don Juan De Marco* comme la cerise sur le gâteau de sa longue carrière. Elle fut attirée par ce rôle en raison de l'amour qui ressuscite entre le mari et sa femme. « Après seulement deux séances de thérapie, Jack commence à changer. Il est attiré par Marilyn comme cela ne lui

était plus arrivé depuis vingt ans. Et au début, elle trouve ça un peu alarmant », dit-elle. Faye Dunaway ne tarissait pas d'éloges sur ses deux partenaires masculins. « Marlon Brando est une idole, un rêve, dit-elle. C'est un mythe pour tous les acteurs du monde. Et Johnny ne va pas tarder à le rattraper. »

Développant une relation de confiance pendant le tournage, Brando et Depp passaient la plupart de leur temps ensemble, même en dehors du plateau. « C'était incroyablement excitant de travailler avec Marlon et Faye, dit Depp. Leurs carrières sont fascinantes. Je me suis senti très privilégié de pouvoir apprendre auprès d'eux. »

Depp surmonta rapidement la nervosité qu'il ressentit une fois confronté à la réalité de sa collaboration avec Brando. « Il suffit de sauter le pas, dit-il. En allant le rencontrer chez lui, j'avais vraiment le trac. Mais dès que je l'ai vu, et quelques secondes après qu'il m'ait dit bonjour, il a réussi à me mettre à l'aise, comme par magie. Il est devenu ce grand type magnifique avec qui je travaillais. Sa participation au film a énormément pesé sur ma décision de le faire. » *Don Juan De Marco* affichait une distribution de rêve, ce que le producteur exécutif Patrick Palmer ne manqua pas de souligner : « Soyons honnêtes : on a l'acteur le plus talentueux dans la catégorie des

Sous le masque de Don Juan De Marco, Depp eut à nouveau l'occasion de cacher le visage de rêve qui menaçait constamment d'éclipser ses talents d'acteur.

Tous les critiques tombèrent d'accord pour dire que Johnny Depp, grâce à sa beauté latine renversante, était né pour jouer le rôle-titre de Don Juan De Marco.

plus de soixante ans, l'acteur le plus talentueux dans la catégorie des moins de trente ans, et l'une des actrices les plus adulées d'Hollywood. »

Comme pour tous ses films précédents, ce fut le scénario de *Don Juan De Marco* qui finit de convaincre Johnny Depp. « Le scénario de Jeremy était brillant, dit-il. Il écrit incroyablement bien. Les dialogues de mon personnage sont vraiment beaux et poétiques. Pour moi, le défi consistait à créer un personnage noble, légèrement arrogant et pourtant sympathique. Il fallait qu'il donne l'impression d'être très sûr de lui tout en étant perdu. »

Jeremy Leven nourrissait ses propres espoirs pour le film. « Je voulais que *Don Juan* parle de tellement de choses... De ce qui est important dans la vie, des relations entre les gens. C'est l'histoire d'une vie qui recommence, elle parle d'humanité et de la façon dont nous vivons tous. Mais surtout, ce film parle de la difficulté à rester vivant. »

Dans le monde entier, les critiques de *Don Juan De Marco* furent presque toutes enthousiastes, de nombreux journalistes se félicitant de retrouver Brando dans un rôle proche de ce qu'il faisait avant. Un succès d'autant plus surprenant que le magazine *Entertainment Weekly*, avant la sortie du film, avait taxé ce projet de « fantaisiste » et de « plus gros risque de l'année », et le casting de « trio de comédie romantique le plus improbable qui soit ». Les critiques réservèrent leurs plus belles louanges à l'acteur principal : « Le mélange parfait entre vulnérabilité et arrogance », dit le magazine *People* de la performance de Depp. Les critiques anglais furent également emportés par la fantaisie du film. Allan Hunter de *Scotland on Sunday* qualifia le jeu de Depp de « absolument délicieux. Depp semble attiré en permanence par des personnages vivant en marge de la société et s'avère parfait dans le rôle de cet homme qui prend un plaisir enfantin à saisir les opportunités que la vie lui présente ». Dans *The Guardian*, le critique Derek Malcolm se montra ravi de voir « Johnny Depp tenir tête à Brando comme le meilleur jeune acteur d'Hollywood. On dirait que ce rôle était taillé pour lui, et il l'incarne sans pose ni narcissisme. »

Avec ses deux derniers films, Depp s'était offert un doublé gagnant mais il semblait de plus en plus évident qu'il ne pourrait pas continuer à creuser le sillon des films décalés plus longtemps. La pression qui pesait sur ses épaules pour accepter des rôles plus standards et jouer dans un film d'action commercial devenait irrésistible.

Au printemps 1995, Depp était au faîte de sa gloire, avec deux films salués par la critique, dont l'un remporta également un immense succès commercial dans le monde entier. En mai 1995, il s'envola vers le sud de la France avec Kate Moss pour assister au quarante-huitième festival de Cannes.

Parfois surnommée le « Hollywood de la Côte d'Azur », la ville de Cannes attirait depuis des années un grand nombre de stars américaines, préparées à faire la promotion de leurs prochains films mais ravies de laisser les Palmes aux Européens. La donne avait changé dans les années 90, des films américains tels *Pulp Fiction* de Quentin Tarantino et *Barton Fink* des frères Coen s'octroyant la très convoitée Palme d'Or. Deux films avec Depp étaient projetés à Cannes cette année-là, *Ed Wood* de Tim Burton, et son autre opus en noir et blanc, le western mystique *Dead Man* de Jim Jarmusch.

L'ex-étudiant en cinéma Jim Jarmusch se fit connaître grâce à *Stranger Than Paradise* (1984), étrange long-métrage à petit budget tourné en noir et blanc avec John Lurie. Son style minimaliste mais branché ne tarda pas à valoir au jeune Jarmusch l'étiquette de réalisateur culte, ainsi qu'une base de fans sans cesse croissante qui lui restera fidèle, de *Down By Law* (1986), où John Lurie faisait équipe avec Tom Waits et le comique italien Roberto Benigni dans les rôles de trois détenus en fuite, à *Mystery Train* (1989), film en couleurs racontant plusieurs histoires autour d'un trio d'étrangers séjournant dans un motel américain, sans oublier *Night on Earth* (1992), où Winona Ryder jouait le rôle d'un chauffeur de taxi new-yorkais.

Passant des vacances en France avec Kate Moss avant de s'acquitter de son devoir en assistant aux projections et aux conférences de presse cannoises, Depp profita au maximum de son voyage en Europe : un timing idéal, avec la sortie d'*Ed Wood* et de *Don Juan De Marco* dans les salles européennes prévue pour le mois de mai 1995. Il était devenu presque impossible d'entrer chez un marchand de journaux ou d'allumer la télévision sans tomber sur le visage rayonnant de Johnny Depp en couverture des magazines ou sur des interviews de l'acteur embrumé dans la fumée de ses cigarettes. Bien qu'il ait affirmé détester la presse en raison des mensonges écrits à son sujet ou de l'appropriation d'une part de lui-même à des fins mercantiles, Depp, comme toutes les stars hollywoodiennes, était ravi d'utiliser les médias quand il avait un film à vendre.

Si *Ed Wood* et *Don Juan De Marco* furent plébiscités, *Dead Man* reçut un accueil plutôt mitigé à Cannes. Vers la fin du festival, pendant la projection du film, un spectateur français ne put s'empêcher de faire connaître sa critique personnelle à la salle en hurlant : « Jiiiiim, c'est de la merde ! » Jim Jarmusch, faisant partie de ces réalisateurs indépendants et dissidents qui dégoulinent d'intégrité, était un collaborateur idéal pour Depp. *Dead Man* est un western hypnotique, lent et parfois surprenant qui ressemble plus au *Septième Sceau* d'Ingmar Bergman qu'à tout autre film d'action hollywoodien. Depp y joue le rôle de William Blake, un comptable itinérant dont le visage livide rappelle Buster Keaton, et qui se retrouve dans la petite ville perdue de Machine. Pour Jim Jarmusch, « *Dead Man* raconte le voyage réel et spirituel d'un jeune homme en terre inconnue. William Blake fait route vers les confins de l'Ouest américain pendant la seconde moitié du dix-neuvième siècle. Perdu et gravement blessé, il rencontre Nobody, un Amérindien très étrange et rejeté par les siens, qui l'identifie d'emblée à son homonyme défunt, le poète anglais William Blake. Avec l'aide de Nobody, Blake traverse des situations tantôt comiques, tantôt violentes. Contrairement à sa nature, les circonstances transforment Blake en un hors-la-loi

traqué, en un tueur dont l'existence physique file lentement entre ses doigts. Propulsé dans un monde cruel et chaotique, il ouvre les yeux sur la fragilité qui définit le royaume des vivants. Comme s'il se retrouvait de l'autre côté du miroir pour émerger dans un univers qui lui était inconnu. »

Personnage au grand cœur, le William Blake de Depp prend plaisir à la galanterie et tombe ainsi dans le lit d'une jeune femme mystérieuse, avant de rencontrer son fiancé, interprété par Gabriel Byrne.

Pendant le tournage de *Dead Man* dans le Nevada, Depp séjourna au Mackay Mansion, un manoir victorien de trois étages dont on disait qu'il était hanté par une petite fille vêtue d'une robe de fête en soie ornée d'un gros nœud bleu. Depp s'intéressait aux fantômes et aux « apparitions » ; il avait déjà plusieurs fois régalé les journalistes de ses expériences et de ses visions. « Quand j'étais petit, dit-il, je faisais des rêves qui n'en étaient pas vraiment. J'étais éveillé mais je ne pouvais ni bouger ni parler. Et un visage apparaissait devant mes yeux. Quelqu'un m'a dit que c'était l'esprit d'un défunt très proche qui n'avait pas eu l'occasion d'exprimer tout ce qu'il avait à dire avant de mourir. Et moi j'y crois. » Il avait même séjourné à Paris dans la chambre d'hôtel où mourut Oscar Wilde. « Je n'ai pas vu Oscar. J'ai vraiment dormi dans son lit de mort. Je ne suis pas sûr qu'il était dans la même chambre, mais il y avait tous ses meubles. Et j'avais un peu peur que son fantôme vienne me violer à quatre heures du matin ! »

Tracey Jacobs, l'agent de Depp, le regarda faire avec Jim Jarmusch pour *Dead Man* exactement la même chose qu'avec Tim Burton sur *Ed Wood*. En attendant que la situation se résolve avec Columbia concernant la production d'*Ed Wood*, Depp s'était vu proposer sept autres films, autant de rôles qu'il avait déclinés pour travailler avec Burton. « Il était très fidèle à Tim et, pendant six mois, il a refusé tous les films qu'on lui a proposés, raconte Tracey Jacobs. Il a fait exactement la même chose avec *Dead Man*. » Pendant combien de temps encore Depp pourrait-il continuer à n'être qu'à moitié « bankable » à Hollywood tout en refusant de suivre les règles du jeu du film d'action à succès ? On demanda à Tracey Jacobs si elle était déçue de le voir refuser toutes ces propositions. « Non ! répondit-elle catégoriquement. Est-ce que j'ai envie de le voir dans un film qui rapporterait cent millions de dollars de recettes ? Oui, évidemment, je ne suis pas stupide ! Il a envie de tourner dans un film grand public. Il faut juste attendre le bon moment et le bon projet, c'est tout. J'espère qu'il sera disponible quand on lui proposera à nouveau ce genre de rôles. »

Les lieux choisis pour le tournage de *Dead Man*, à Sedona dans l'Arizona et à Virginia City dans le Nevada, mirent Johnny Depp à rude épreuve. Le climat, marqué par des vents violents et des journées très sèches, s'avéra un véritable problème. « On

---

La romance entre Johnny Depp et Kate Moss n'allait pas tarder à s'effondrer, cette dernière accordant la priorité à sa carrière au détriment des désirs de paternité de l'acteur.

ne voyait pas plus loin que ça, dit Depp en plaçant la main devant son front. On ne pouvait pas voir la caméra, on ne distinguait personne. En fait, ça n'était pas désagréable de se retrouver dans le brouillard. » Il n'y a rien que Depp n'aime autant que d'être coupé de son réalisateur : cela lui permet de faire les choses à sa façon, de prendre plaisir à suivre sa propre vision du film et le personnage qu'il incarne sans avoir à subir trop d'interférences. Face à un auteur tel que Jim Jarmusch, pourtant son ami, cette distance était importante pour l'acteur. « C'est vraiment l'une des personnes les plus précises et les plus concentrées avec lesquelles j'aie jamais travaillé, raconta Jarmusch. Toute l'équipe l'admire pour ça. Vous savez, je ne le connaissais pas vraiment sous cet angle-là. Je suis plutôt habitué à le voir s'endormir sur le canapé devant une télé qui reste allumée toute la nuit. Mais quelque part, ça colle. Il est plein de paradoxes. »

Jarmusch, qui connaissait Depp depuis cinq ans, avait écrit le rôle du personnage principal spécialement pour lui. « Ce que j'adore chez lui en tant qu'acteur, c'est sa subtilité et ce physique très intéressant qu'il ne met pourtant jamais en avant ; il a des yeux fabuleux dont il se sert à merveille. Je ne me suis pas rendu compte de sa précision avant d'avoir travaillé avec lui ; aucun de ses gestes ne sonne faux, et il n'en fait jamais des tonnes. »

Tourner dans un western fut une grande aventure pour Johnny Depp, notamment parce qu'il donnait la réplique à Robert Mitchum, l'un des acteurs du genre le plus célèbre d'Amérique. Mitchum avait fait un bref retour au cinéma en 1991 dans *Les Nerfs à vif* de Martin Scorsese, remake du thriller éponyme de 1962 inspiré du roman *Un monstre à abattre* de John D. MacDonald, dans lequel il avait également joué. Depp fut très impressionné par le cow-boy vieillissant : « Il mesure plus de deux mètres et il est en pleine forme », raconta Depp, qui n'avait pas oublié les mots « Love » et « Hate » tatoués sur les doigts de Mitchum dans *La Nuit du chasseur*. « Il les porte encore dans son cœur. L'amour et la haine. C'est un vrai dur. »

Son rôle dans *Dead Man* força Johnny Depp à faire le point sur sa carrière. Malgré ses récents succès, l'acteur commençait à se rendre compte qu'il ne pourrait pas se réfugier plus longtemps dans des rôles d'excentriques, et que face à la grosse machine hollywoodienne, il allait devoir accepter des rôles plus commerciaux. Mais cette perspective ne l'inquiétait plus autant qu'à ses débuts ; son image de marginal commençait à lasser. « J'espère que c'est le dernier innocent que j'incarne, dit Depp de *Dead Man*. Une fois de plus, je joue le rôle d'un jeune type naïf qui essaie de remettre sa vie sur les rails. Il fait beaucoup d'efforts pour aller mieux, et il finit par mourir à petit feu. Il sait qu'il est en train de mourir, mais ça reste malgré tout une belle histoire. »

Dans Dead Man, *Deep incarne William Black.*

Grâce à la beauté saisissante des images en noir et blanc qu'on doit au directeur de la photographie Robby Muller, qui travaillait régulièrement avec le réalisateur allemand Wim Wenders, *Dead Man* est un western épique, envoûtant, bien rythmé et lorgnant du côté de l'existentialisme, avec une touche de *Mort à l'arrivée* (1950), un classique du film noir, pour faire bonne mesure. À Cannes, les critiques se montrèrent plus cléments que le spectateur français qui avait hurlé dans le public, mais on peut clairement affirmer que *Dead Man* n'était pas un film particulièrement facile. « Jarmusch transforme ce qui semble être une nouvelle intrigante en un film de plus de deux heures, éreintant et pénible à regarder, dont l'humour cohabite avec une sorte de philosophie visuelle solennelle », écrivit Derek Malcolm dans *The Guardian*.

Depp repartit de Cannes bredouille, aucun de ses deux films en compétition n'ayant remporté de prix. Il était néanmoins très heureux d'apprendre qu'Emir Kusturica avait gagné la Palme d'Or pour *Underground*. La visite de Depp au festival de Cannes et la promotion des films dans lesquels il avait joué furent bouclées juste avant que l'acteur puisse prendre le temps de fêter son trente-deuxième anniversaire, le 9 juin 1995. Il s'était temporairement absenté du tournage de *Meurtre en suspens* de John Badham pour venir à Cannes. *Meurtre en suspens* devait s'avérer l'une des rares concessions de Depp aux sirènes hollywoodiennes, l'acteur y incarnant un personnage plutôt sérieux qui était alors son rôle le moins éloigné d'un héros de film d'action à la Keanu Reeves ou à la Bruce Willis. Il avait passé toute sa carrière à éviter ce genre d'emploi, mais ne put pas résister plus longtemps à la pression.

Coécrit par Ebbe Roe Smith et Patrick Duncan, *Meurtre en suspens* est un remake à gros budget de *L'Homme qui en savait trop*. Alfred Hitchcock avait tourné la version originale non pas une, mais deux fois : d'abord en 1934 avec Leslie Banks et Peter Lorre, puis en 1956, dans son propre remake en couleurs avec James Stewart et Doris Day. Dans le scénario original, une jeune fille est kidnappée pour empêcher ses parents de révéler ce qu'ils ont appris au sujet d'un complot d'assassinat politique. Dans *Meurtre en suspens*, l'histoire est légèrement modifiée : Depp est un jeune comptable contraint d'abattre une femme politique pour sauver la vie de sa fille. Ce fut le seul film de Johnny Depp susceptible de suivre les précédentes réalisations de Badham au-delà de la barre des cent millions de dollars de recettes brutes (comme *La Fièvre du samedi soir* et *Tonnerre de feu*), transformant cet acteur bizarre, franc-tireur et introverti en héros de film d'action à fort potentiel de rentabilité.

Depp incarne Gene Watson, un modeste comptable approché par M. Smith (Christopher Walken), un homme à l'allure de haut fonctionnaire, dans la gare Union Station de Los Angeles. Avant de comprendre ce qui lui arrive, on lui ordonne de tuer une personne qu'il ne verra pas avant quatre-vingts minutes de film. S'il échoue, sa fille mourra. Alors que le personnage de Depp relève le défi, ce film inhabituel se déroule en temps réel sous les yeux des spectateurs, un concept astucieux qui lui promettait de très bons scores lors de sa sortie américaine en novembre 1995.

Ce rôle attira Depp pour des raisons très claires. Gene Watson n'était pas encore l'un de ses habituels personnages de marginaux, mais le dilemme du comptable aux bonnes manières aurait donné à n'importe quel acteur dramatique un fabuleux os à ronger. Ce personnage faisait aussi écho au désir sans cesse croissant de Depp de fonder une famille, ce qui générait d'ailleurs des tensions dans sa relation avec Kate Moss, très orientée sur sa carrière, tout comme Winona Ryder.

« Gene passe d'un extrême à l'autre, d'une émotion à la suivante en une fraction de seconde, dit Depp. Pour jouer ce rôle, je me suis inspiré de ce qui m'était accessible, et la famille compte beaucoup à mes yeux. J'ai des nièces et des neveux que j'aime par-dessus tout. S'il devait leur arriver quelque chose, ça me rendrait dingue et je ferais n'importe quoi pour les sauver. »

John Badham se montra fort avisé de faire travailler Johnny Depp avec l'extraordinaire acteur de genre qu'est Christopher Walken, car l'idée de cette collaboration donna une excuse de plus à Depp pour céder à la tentation du film d'action du Hollywood contemporain. La nature ironique de *Meurtre en suspens* aurait aussi suffi à convaincre Depp de signer.

Afin de saisir tout le réalisme de la situation, Badham fut presque obligé de tourner son film comme un documentaire, ce qui plaça l'acteur devant de nouveaux défis. « On a tourné beaucoup de scènes avec deux ou trois caméras. Ça réduisait le nombre de prises nécessaires tout en préservant la fraîcheur et la spontanéité de mon jeu, dit Depp. On n'était pas contraints par le cadre et on avait l'impression de pouvoir se déplacer où on voulait. » Le tournage durant du 2 avril au 19 juin 1995, Depp passa la plupart de son temps au Westin Bonaventure Hotel en plein cœur de Los Angeles, principal plateau de tournage situé non loin de Union Station, la gare où le film commence.

D'après Badham, Depp n'était pas toujours au sommet de sa forme quand il arrivait sur le plateau. « Johnny débarquait à sept heures du matin, on commençait à préparer une scène et j'avais parfois l'impression qu'il ne tenait debout qu'au prix d'un grand effort, raconta-t-il au magazine *Premiere* à propos de sa star à 4,5 millions de dollars. Il était là, l'air un peu crevé, mais toujours très concentré. » Badham ne chercha pas à savoir ce que Depp faisait de ses nuits dans sa ville d'adoption de L.A. « Pourquoi poser une question aussi évidente ? J'ai tout de suite compris que même s'il ne dormait jamais, il serait toujours à son top. » Gloria Reuben (de la série *Urgences*), qui partage l'affiche de *Meurtre en suspens* avec Depp, n'accordait pas d'importance au style de vie de son partenaire à l'écran. « C'est un Gémeaux, un être sensible, un peu timide et très drôle. S'il a envie de démolir ma chambre d'hôtel, ça ne me pose aucun problème... »

En dépit d'une narration en temps réel et d'un nouveau Depp en héros de film d'action, *Meurtre en suspens* ne combla pas les espoirs de la production et fut accueilli par des critiques mitigées. *Entertainment Weekly* considéra le film comme « une tentative de Depp pour s'imposer dans le domaine des films d'action grand public. » Mais dans *The Chicago Sun-Times*, Roger Ebert ne vit pas du tout en *Meurtre en suspens* un film d'action de Johnny Depp : « Il n'y a aucun danger que Depp se transforme du jour au lendemain en héros de film d'action ; s'ils ont choisi Depp et non Stallone, il y a une raison à cela. Il utilise son intelligence pour trouver un moyen de sauver sa fille sans avoir à tuer le gouverneur. Et ses efforts s'avèrent ingénieux. » Bien que le film lui paraisse « trop tiré par les cheveux », Ebert estima néanmoins la narration en temps réel efficace. « C'est une curieuse sensation que de regarder l'heure à l'écran pour savoir combien de temps le film va encore durer. »

Edward Guthman du *San Francisco Chronicle* trouva également la technique narrative intéressante, « une réminiscence des cauchemars paranoïaques qu'affectionnait Hitchcock, particulièrement dans *La Mort aux trousses*. » Malgré tout, *Meurtre en suspens* fut un échec commercial aux États-Unis et semblait destiné à sortir directement en vidéo sur les marchés étrangers.

Contre toute attente, Johnny Depp eut à nouveau la chance de travailler avec Marlon Brando ; il était aux anges de retrouver son héros du cinéma aussi vite après *Don Juan De Marco*. Dans *Divine Rapture*, Depp devait jouer le rôle d'un journaliste enquêtant sur les miracles religieux en Irlande, aux côtés de Debra Winger et de John Hurt, avec qui il avait déjà partagé l'affiche de *Dead Man*. En juillet 1995, il se rendit en Irlande pour tourner les scènes en décors réels avec Brando. Celui-ci, alors âgé de soixante et onze ans, avait été choisi pour interpréter le rôle d'un prêtre.

Divine Rapture était censé être une comédie noire sur les miracles, mais se transforma vite en une sorte de blague hollywoodienne. Debra Winger jouait une femme de pêcheur ressuscitée, tandis que Marlon Brando devait incarner un prêtre de la région impliqué dans des miracles, notamment une pluie de poissons. Chose assez ironique quand on repense à son attitude envers la presse, Johnny Depp devait jouer le rôle d'un journaliste dépêché sur place pour couvrir ces supposés miracles, tandis que l'acteur anglais de genre John Hurt fut recruté pour interpréter un médecin irlandais. Le tournage démarra à la mi-juillet. Il devait être bouclé en huit semaines, sous la pression. « Je suis déjà là depuis deux mois, dit le réalisateur Thom Eberhardt, qui supervisait la pré-production. Il a fait beau la plupart du temps. La pluie est arrivée dès qu'on a commencé à tourner. »

Le premier signe indiquant que *Divine Rapture* n'allait pas se faire fut envoyé par Dieu, à travers l'Église catholique irlandaise. Deux églises du comté de Cork avaient été sélectionnées comme lieux de tournage, mais le clergé local fit tomber ce projet à l'eau en déclarant avec fermeté que « les églises ne sont pas des plateaux de cinéma ». Puis l'évêque de Cloyne interdit l'utilisation des deux églises de Ballycotton, L'Étoile de la mer et L'Immaculée Conception, sous prétexte que le prêtre joué par Brando ridiculisait le catholicisme.

Cette interdiction aurait dû être prise comme un avertissement par toutes les personnes impliquées dans la réalisation de *Divine Rapture*, car le pire était encore à venir. Pourtant, face à l'accueil enthousiaste dont les quatre cent cinquante habitants de Ballycotton gratifièrent l'équipe du film, personne n'aurait pu se douter du tour que prendrait la situation. Pour eux, l'arrivée d'une production hollywoodienne était synonyme de grosses rentrées d'argent. Ils espéraient qu'une partie des 4 millions de dollars du cachet de Marlon Brando serait réinjectée dans l'économie locale...

Brendan Ahern, un peintre en lettres de la région, fut recruté par la production pour servir de doublure à Brando, de dos et de loin. Il démissionna au bout d'une seule journée en découvrant que son salaire hollywoodien ne s'élevait qu'à 35 livres

Johnny Depp sur le tournage de Meurtre en Suspens, *avec le réalisateur John Badham.*

sterling. « Je ne peux pas me permettre de rester dans le cinéma plus longtemps », aurait-il déclaré avant de reprendre son activité de peinture en lettres à 45 livres par jour. Il eut malgré tout l'occasion de serrer la main du vrai Brando. Une fois de plus, personne ne sut interpréter ce mauvais présage. Personne ne devina que *Divine Rapture* était un film condamné. Marlon Brando s'installa dans un manoir de la ville voisine de Shanagarry, son séjour ayant paraît-il coûté plus de 4 000 livres par semaine à la production. À la grande déception des gens de la région, il ne sortit pas beaucoup, malgré un enthousiasme inédit pour tout ce qui était irlandais. « Je n'ai jamais été aussi heureux de toute ma vie, déclara-t-il dès son arrivée à l'aéroport. En sortant de l'avion, j'ai été submergé par une vague d'émotions. Je ne me suis jamais autant senti chez moi qu'ici. J'envisage sérieusement de demander la citoyenneté irlandaise. »

Le tournage était sans cesse repoussé, mais Depp finit par réussir à travailler pendant deux jours, filmé en train de prendre quelques photos et de sauter par-dessus des barrières. Assailli par ses fans, il signa quelques autographes après le tournage, puis disparut dans une limousine en direction de la luxueuse Ballymaloe House où il avait élu domicile. Bien qu'on se soit attendu à voir Kate Moss le rejoindre rapidement, l'agent de Depp déclara que l'acteur avait le mal du pays et que Moo, le pitbull que sa petite amie venait de lui offrir, lui manquait terriblement. Depp avait un ami en ville sur lequel il pouvait compter pour noyer le chagrin causé par la séparation d'avec son chien : Val Kilmer, nouvelle star de *Batman*, dont le mariage orageux avec l'actrice anglaise Joanne Whalley semblait à nouveau s'effondrer après la naissance de leur premier enfant.

Le 17 juillet, après seulement quelques jours de tournage, le projet *Divine Rapture* fut suspendu en raison de « difficultés financières ». Le budget de 16 millions de dollars, une enveloppe plutôt mince au regard des normes hollywoodiennes, n'était pas encore entièrement établi et on doutait que les financiers, la société française Cinefin, soient en mesure de réunir les fonds. Brando avait déjà touché 1 million de dollars, mais le reste de l'équipe et les acteurs, dont Depp, ne furent pas aussi chanceux. « En fait, tout ce qu'on a, dit le réalisateur Thom Eberhardt, c'est un tas de points d'interrogation, et à côté, un tas de producteurs, et c'est là que réside désormais le problème. »

Le projet resta dans l'incertitude pendant encore une semaine, jusqu'au 24 juillet, quand la production fut officiellement annulée. Les chèques de paye remis le vendredi précédent aux acteurs et à l'équipe technique pour couvrir, dans certains cas, des semaines de travail, s'avérèrent sans valeur. En l'espace d'un week-end, Eberhardt vit ses sept ans de travail s'envoler en fumée. Les producteurs firent une déclaration qui condamnait les financiers : « C'est avec un immense regret que nous nous voyons contraints d'arrêter la production de *Divine Rapture*. Malgré l'assurance continue d'un financement, les fonds n'ont jamais été mis à notre disposition. »

« Aux côtés des acteurs et des membres de l'équipe, nous sommes choqués par cette situation et profondément attristés par notre incapacité à poursuivre ce merveilleux projet. Nous tenons à remercier tous les habitants de Ballycotton qui nous ont apporté leur soutien. Nous allons faire tout notre possible pour les dédommager du temps et des efforts qu'ils ont investis dans ce film. »

Les membres de la distribution et de l'équipe de production n'étaient pas les seuls à se retrouver sans un sou. Quand le projet tomba à l'eau, la société de production devait encore de l'argent aux pêcheurs, aux hôteliers et aux restaurateurs. Le Bay View Hotel, où une grande partie des acteurs et de l'équipe technique avait séjourné, attendait qu'on lui règle une vingtaine de chambres. Les hôteliers du coin virent leurs rêves de gloire et de fortune anéantis par l'échec du film. « On espérait que le film allait faire connaître notre région dans le monde entier et que ça allait remplir nos hôtels et nos pensions de famille pour des années », admit l'hôtelier John O'Brien. Même le propriétaire anglais du manoir Shanagarry où résidait Brando ne rentra pas dans ses fonds. « Samedi matin, on m'a remis un chèque dont je devine qu'il ne sera pas honoré, mais on m'a assuré que je serai payé », déclara Adrian Knowles. Brando promit qu'il prendrait à sa charge les coûts du jardinier, du cuisinier et des deux femmes de chambre jusqu'à ce qu'il quitte le manoir, ce qu'il fit à peine quelques jours plus tard, le mardi 25 juillet.

Johnny Depp avait déjà abandonné le navire lors de la suspension du tournage le 17 juillet. Le week-end qu'il passa en France avec Kate Moss devait marquer son départ définitif de *Divine Rapture*. Depp ne revint pas en Irlande et ne fut jamais payé pour les vingt minutes de film qu'il avait tournées.

Barry Navidi, l'un des producteurs, s'attendait à des années de combat juridique entre la production et les financiers. Bien qu'il ait personnellement perdu près d'un million de livres sterling dans ce projet, il était surtout dépité par l'arrêt du tournage : « Ce qui est tragique, c'est qu'on a visionné des rushes plutôt fantastiques, où les stars donnent des performances ahurissantes. »

À la suite de l'échec de *Divine Rapture*, Depp put s'offrir des vacances d'été. Il devait revenir en Grande-Bretagne dès septembre 1995 pour jouer un rôle dans *The Cull*, un film écrit par Donald Cammell, co-réalisateur de *Performance*. *The Cull* racontait l'histoire d'un vétéran de la guerre du Golfe dont la vie est menacée par des agents du gouvernement parce qu'il s'apprête à révéler des informations sur les armes chimiques. Le film devait également être produit par Cinefin, mais la société de production déposa le bilan pour raisons financières après l'échec de *Divine Rapture*. Finalement, le destin du film fut scellé une fois pour toutes quand le scénariste-réalisateur Donald Cammell se tira une balle dans la tête en 1996.

À cette époque, Depp fut approché pour d'autres films, notamment par Francis Ford Coppola qui envisageait de tourner une adaptation cinématographique du roman

Sur la route de Jack Kerouac. Depp avait tellement envie de jouer ce rôle qu'il acheta aux enchères un vieil imperméable autrefois porté par Kerouac pour un prix de 9 000 dollars, une somme supérieure au dédommagement qu'il avait versé au Mark Hotel. On lui proposa aussi le rôle du super héros de la bande dessinée *Speed Racer*.

Depuis longtemps, Johnny Depp envisageait de quitter les États-Unis pour s'installer en France et ne revenir à Hollywood ou à Londres que pour travailler. Paris, qu'il avait souvent visité, était l'une de ses villes préférées. Il ne possédait toujours pas de résidence principale. La maison qu'il louait dans Laurel Canyon à Los Angeles avait été partiellement détruite par le tremblement de terre de 1994 pendant qu'il était à Londres. Les réparations durèrent sept mois et obligèrent Depp à vivre à l'hôtel. Il disait qu'il finirait un jour par avoir séjourné dans tous les hôtels de L.A. Son départ d'Amérique pour une éventuelle installation en Europe était le dernier d'une longue liste de symptômes de ce trauma initial. « Les choses sont différentes à Paris, expliqua Depp pour justifier son attirance pour le mode de vie français. On prête plus attention au travail qu'à la célébrité. » Il n'aurait jamais pu se douter que ces vagues velléités de déménagement en France le mèneraient en fin de compte vers une toute nouvelle vie et un changement d'orientation de carrière spectaculaire avant qu'il n'atteigne ses quarante ans.

Bien qu'il ait parlé de s'installer à Paris, Depp finit par devenir propriétaire à Los Angeles. Il voulait acheter une maison à Hollywood depuis déjà un certain temps, mais il avait des exigences bien particulières. Il ne pouvait pas se contenter de n'importe quelle maison. « J'adorerais racheter l'ancienne maison de Bela Lugosi, dit-il peu de temps après avoir visité les ruines de celle de Harry Houdini. Ou alors celle d'Errol Flynn. Ou celle de Charlie Chaplin. J'ai envie de m'approprier un lieu chargé d'une histoire longue et déprimante. Et j'aime bien l'idée d'une maison avec vue. »

Depp finit par se décider en octobre 1995, lorsqu'il racheta pour 2,3 millions de dollars l'ancien manoir de Bela Lugosi à Los Angeles, surnommé « Le Château ». Résidence d'un Lugosi au faîte de sa gloire pendant les années 30, cette propriété ultra sécurisée de 9 000 mètres carrés trônait sur un terrain de plus d'un hectare, non loin du Sunset Strip d'Hollywood. « Ils ont tourné une partie du *Magicien d'Oz* ici, et je trouve ce genre de petits détails très intéressants, déclara Depp au sujet de son nouvel investissement. J'adore cette maison. Elle possède un design très étrange, une architecture vraiment insolite. On dirait un étrange petit château en plein cœur d'Hollywood, mais je n'y suis quasiment jamais. » Depp pouvait enfin s'approprier « sa part d'histoire déprimante », qu'il ne connaissait que trop bien depuis sa collaboration avec Martin Landau sur *Ed Wood*.

Désormais propriétaire foncier et désireux de fonder une famille, Depp semblait finalement prêt à se caser. Mais sa partenaire Kate Moss, tout aussi concentrée sur sa

carrière, n'avait aucune intention de renoncer à son mode de vie de globe-trotteuse. Leur relation se termina fin 1995. Dans une réplique de sa rupture avec Winona Ryder, la pression imposée par le fait de former un couple de célébrités avait encore eu raison de lui. Tandis que Kate Moss s'envolait vers les podiums de New York, Johnny Depp s'enferma au Viper Room et essaya de noyer son chagrin en s'entourant de bimbos, du moins d'après ce qu'on pouvait lire dans les tabloïds.

« C'est de ma faute si Kate est partie, avoua-t-il finalement. Je peux être très pénible à supporter et me comporter de façon très énervante. Surtout quand je travaille sur un film et que ça ne se passe pas comme prévu. Je n'aurais pas dû ramener mes soucis à la maison. Ou du moins, je n'aurais pas dû continuer à en parler. C'était trop dur pour Kate. »

Son désir croissant de fonder une famille fut la goutte d'eau qui fit déborder le vase. « Je voulais devenir père. Évidemment, c'était le bon moment pour moi. J'ai commencé à en parler avec Kate. Je croyais qu'elle serait enthousiasmée par cette idée, mais j'avais tort. Kate m'a tout de suite dit que, pour elle, les enfants n'étaient pas encore prévus au programme. Ç'a été un vrai choc pour moi. Je n'avais jamais envisagé l'idée qu'elle ne soit pas prête pour ça. Est-ce qu'un jour je trouverai quelqu'un que

En octobre 1995, Johnny Depp finit par racheter l'ancien manoir de Bela Lugosi sur Sunset Boulevard à Los Angeles, pour un montant de 2,3 millions de dollars.

j'aimerai autant que Kate et qui aura envie de me faire un enfant ? La rupture était la seule issue. »

Pour se remettre de cet échec, Depp se réfugia dans le travail, délivrant l'une de ses meilleures performances d'acteur et donnant vie à ses vieux rêves de réalisation. Son envie de fonder une famille ne le quitta pas pour autant. Il la mit simplement en veilleuse quelque temps...

Avec le thriller *Donnie Brasco*, adapté des mémoires rédigées par Joe Pistone en 1989 sur son expérience d'agent du FBI infiltré dans la famille Bonnano de la mafia new-yorkaise, Depp eut à nouveau l'occasion d'incarner un personnage réel. Ce film lui offrait la chance de jouer un rôle d'adulte dans une situation qui exige beaucoup de cran. L'acteur fut d'abord séduit par le scénario dense et extrêmement long de Paul Attanasio. Bien qu'il fasse écho au personnage de jeune flic (infiltré lui aussi) qui avait fait sa gloire dans *21 Jump Street*, Depp restait fasciné par *Donnie Brasco*. Attanasio s'intéressait surtout à l'impact que ce travail d'infiltration en profondeur avait eu sur l'enquêteur et sur sa famille. La performance d'acteur que ce travail impliquait avait duré des années, car Pistone avait pris le temps et le soin de se faire accepter comme un « affranchi », un membre à part entière des familles du crime organisé. Pour Depp, les similitudes entre la mission d'infiltration de Pistone et son propre métier d'acteur étaient évidentes. Toutefois, comme Depp le fit remarquer, quand il se plante, il peut tourner une nouvelle prise. Pistone, lui, n'avait aucun droit à l'erreur et devait chaque jour incarner son personnage à la perfection : une seule gaffe risquait de lui coûter la vie...

Depp commença par faire la connaissance du vrai Pistone. Contrairement à son expérience dans la peau d'Ed Wood, il avait la possibilité de rencontrer l'homme qu'il allait incarner à l'écran. « Le rythme de son élocution est très intéressant, dit Depp. J'ai fait de mon mieux pour le reproduire. Je me suis mis la pression pour y arriver. Je ne faisais que jouer, alors que lui, il a réellement vécu cette histoire. »

Après plusieurs réécritures du scénario, *Donnie Brasco* trouva un réalisateur en la personne de Mike Newell (encore sous le coup du succès inespéré de *Quatre mariages et un enterrement*), un budget de 40 millions de dollars consenti par Columbia Pictures et un planning de tournage prévu entre février et avril 1996. À l'approche du tournage, Depp s'efforçait de rester fidèle à la réalité d'un flic new-yorkais opérant sous couverture comme à celle des membres de gangs criminels infiltrés. « Il s'agit de vraies personnes dans de vraies situations, remarqua Depp après avoir passé du temps à étudier de loin la mafia locale pour étoffer son rôle. Ces types-là sont très forts, ils ont un sens aigu de la famille, de l'honneur et du pouvoir. Simplement, ils sont hors-la-loi. »

Dans le film, Depp se fait passer pour un petit escroc en joaillerie afin de gagner peu à peu la confiance de Lefty Ruggiero (Al Pacino), un mafieux du bas de l'échelle. Tirant parti de l'ambition de Ruggiero afin d'être admis dans son cercle, le personnage

de Depp se retrouve de plus en plus déchiré entre la fidélité qu'il doit à son nouveau mentor, à ses employeurs du FBI et à sa propre famille, qui heureusement n'a pas la moindre idée de ses activités.

Pour Newell, engagé dans le projet après Depp, la star était le seul choix possible pour le rôle, malgré les personnages d'excentriques au cœur tendre qu'il avait incarnés auparavant. « On était un peu inquiets quand on s'est penchés sur sa carrière, admit Newell. Mais Johnny fait partie de ces acteurs qui jouent comme des coureurs de fond. Dans tous ses films, on reste avec lui du début à la fin, impatients de connaître le dénouement. Là, il interprète un homme qui se fait passer pour un autre. Son personnage paraît d'abord très froid, mais son contact prolongé avec Lefty finit par le rendre plus humain, et une transformation s'opère. »

« C'est quelqu'un de très poli, de très gentil sous bien des aspects, dit Newell de Depp. Mais je pense qu'il y a aussi un démon en lui. Sous cet air mélancolique gronde une certaine violence. Il faut une énergie mentale incroyable pour concilier ces deux antagonismes. » Ce fut peut-être ce « démon intérieur » identifié par Newell qui permit à Depp d'exceller comme il le fit dans *Donnie Brasco*. Ce film était très différent des

Pour incarner le rôle-titre de Donnie Brasco, *Depp rencontra Joe Pistone, l'homme dont le film s'inspire. Ce travail de recherche lui permit d'aboutir à l'une de ses prestations les plus matures et les plus réalistes...*

projets auxquels il s'était attaqué jusqu'alors. « Quand j'ai fait *Donnie Brasco*, les gens du métier ont dit : "Il a enfin joué un rôle d'homme." Je n'ai pas vraiment compris ce que ça voulait dire. Pourquoi était-ce un rôle d'homme ? Parce que j'ai démoli deux ou trois mecs ? Parce que j'ai embrassé une fille et fait l'amour ? Je crois que c'est pour ça. J'avoue que ça m'a fasciné. »

Dans *Rolling Stone*, Peter Travers qualifia la performance des acteurs en ces termes : « Pacino et Depp forment un duo de rêve qui se donne la réplique avec une incroyable subtilité et beaucoup d'esprit. Depp, acteur d'une admirable retenue, fait ressortir la finesse ingénieuse de Pacino. L'équilibre délicat du jeu de Depp le classe parmi l'élite des acteurs. » Le film fut salué par la critique mais ne remporta qu'un modeste succès au box-office, accumulant à peine 42 millions de dollars aux États-Unis après sa sortie le 28 février 1997.

« Il s'agit de vraies personnes dans de vraies situations », déclara Depp à propos de son approche réaliste du personnage de Donnie Brasco.

Depuis un certain temps, Depp nourrissait l'ambition de passer à la réalisation, mais n'avait pas encore trouvé ni le temps ni la motivation nécessaires pour s'y mettre sérieusement. Il avait déjà réalisé quelques clips pour des amis, notamment pour John Frusciante, guitariste des Red Hot Chili Peppers, ainsi qu'un film de onze minutes et demie intitulé *Stuff* (1993), longue séquence en travelling à travers une maison pleine d'ordures sur fond de musique rock'n'roll. Il avait également tourné *Banter*, un court-métrage anti-drogue de huit minutes et demie.

Ces expériences s'avérèrent très utiles lors de la préparation de son premier long-métrage, *The Brave*. Avec son frère Dan, Depp adapta un ancien scénario (*Fletch, Fletch Lives*) inspiré du roman *Rafaël, derniers jours* de Gregory McDonald. « Étant donné tout ce que j'ai volé aux réalisateurs avec lesquels j'ai eu la chance de travailler – Tim Burton, John Waters, Emir Kusturica, Lasse Hallström, Jim Jarmusch – je me disais bien qu'un jour, je passerais de l'autre côté de la caméra », dit Depp.

Le choix de *The Brave* était en effet un acte de bravoure en soi, cette histoire ne correspondant pas vraiment aux standards du box-office. « Ça parle d'un jeune Amérindien qui vit en plein désert d'Arizona dans un étrange petit bidonville avec sa femme et leurs enfants, expliqua Depp. Il est en sursis : encore une erreur de sa part et il finira derrière les barreaux. Il n'arrive pas vraiment à faire face à sa famille car il a trop honte de ne pas pouvoir les sortir de la pauvreté. On lui offre l'opportunité de gagner beaucoup d'argent. Et il se met à travailler pour des gens qui réalisent des "snuff movies". »

Outre la réalisation, Depp décida également de jouer dans son film et s'octroya le rôle de Rafaël, la victime du « snuff movie ». « Je suis celui qui est censé mourir. Mais curieusement, il y a de l'espoir dans cette histoire. Mon personnage passe un accord, mais l'argent lui apporte une certaine liberté. Il passe des moments merveilleux avec ses enfants, et le film raconte les dernières semaines de sa vie. »

Le scénario de *The Brave*, qui affichait un triste historique, tournait déjà depuis un moment dans les maisons de production avant que Depp et son frère ne mettent la main dessus. Aziz Ghazal, personnage trouble et aspirant réalisateur, avait développé le projet avant de tuer sa femme et de se suicider fin 1993. Environ un an plus tard, le scénario était de nouveau en développement et se retrouva dans la boîte aux lettres de Depp. « Quand je l'ai lu, je l'ai carrément détesté ! raconte-t-il à propos de sa première rencontre avec *The Brave*. C'était bourré de clichés, une sorte d'allégorie christique sans la moindre goutte d'humour. Le héros, Rafaël, me paraissait un peu débile. Malgré tous ces points faibles, j'ai trouvé l'idée plutôt intéressante. J'ai rencontré les producteurs. On a beaucoup discuté et j'ai fini par leur dire : "Si vous voulez que je joue dans votre film, laissez-moi le réaliser." »

Depp et son frère Dan retravaillèrent le scénario de A à Z, aboutissant à une approche beaucoup plus noire que dans la version initiale. Depp s'engagea non seulement à réaliser le film – une entreprise assez laborieuse en soi – mais également à l'écrire et à jouer dedans. « Il y a dans cette histoire quelque chose qui m'a profondément touché : c'est l'idée du sacrifice. Jusqu'où sommes-nous prêts à aller pour ceux qu'on aime, pour notre famille ? Ce thème me fascine. Si je m'étais contenté de réaliser le film, on n'aurait eu droit qu'à un million de dollars. En jouant le rôle de Rafaël, le budget passait à cinq millions. »

Conscient de l'ampleur du défi qui l'attendait, Depp s'entoura de personnes avec lesquelles il se sentait à l'aise, confiant les postes clés à des professionnels rencontrés sur ses films précédents. Il choisit comme directeur de la photographie Vilko Filac, qu'il avait connu sur *Arizona Dream*, et sélectionna sa scripte parmi l'équipe technique de *Dead Man*. Il réussit à obtenir une apparition de Marlon Brando dans le rôle de McCarthy, l'homme qui passe commande du « snuff movie ». Au générique du film, on retrouve également Frederic Forrest, que l'on avait vu dans les sept premiers épisodes de *21 Jump Street*. Le musicien Iggy Pop, ami de Depp, prit part à la composition de la bande originale et fait même une apparition éclair dans le film.

Les sept semaines de tournage en décors réels débutèrent à l'automne 1996 à Ridgecrest dans le désert de Mojave, où l'équipe reconstitua un bidonville autour d'une décharge à ordures. Elles seraient suivies de dix jours de tournage en studio à Los Angeles. Depp installa ses modestes bureaux de production dans le miteux Hollywood Suites Motel, à l'extrémité ouest d'Hollywood Boulevard. Il trouva le premier jour de tournage particulièrement difficile : il n'était pas habitué à donner des ordres sur un plateau. Il était submergé d'innombrables questions, ainsi que par le fait de devoir faire l'acteur tout en restant très concentré sur les problèmes plus généraux liés à la réalisation. « Le premier jour de tournage, je me suis senti complètement dépassé. J'avais beaucoup de mal à expliquer clairement ce que je voulais. Je n'avais jamais imaginé à quel point il était difficile d'être à la fois acteur et réalisateur d'un film, admet-il. Il faut pouvoir passer d'un extrême à l'autre : quand on est derrière la caméra, on doit être en mesure de tout contrôler jusqu'aux moindres détails. Devant la caméra, il faut au contraire tout oublier, voire perdre tout contrôle de soi. C'est dur de changer constamment de casquette. »

Il y avait un autre problème que Depp n'avait pas prévu au programme : se voir chaque jour dans les plans qu'il venait de tourner, c'est-à-dire les rushes. « Pendant les quinze premiers jours, ce qui m'a le plus perturbé, c'était de me voir dans les rushes. C'était vraiment pénible. Je déteste me voir à l'écran. En tant qu'acteur, je ne vais jamais voir les rushes. Pour *The Brave*, je devais endurer mon image presque tous les soirs ! Pendant deux semaines, ça m'a totalement bloqué et j'étais bien incapable de juger de quoi que ce soit. »

Floyd « Red Crow » Westerman jouait le père de Depp dans le film. « Au début, je me suis dit que Johnny avait eu les yeux plus gros que le ventre. Je n'avais vu qu'un seul type jouer dans le film qu'il réalisait : Kevin Kostner dans *Danse avec les loups*.

J'ai vu Kevin craquer et s'énerver à plusieurs reprises. Mais pas Johnny. Il sait aller au-delà de la colère. En tant qu'acteur, il aime les rôles décalés, un peu *arty*, et il est vraiment comme ça dans la vie. »

Toutes les responsabilités impliquées par *The Brave* usèrent Depp, mais ce fut également une formation de première classe à la réalisation. « Chaque jour, je croyais que j'allais mourir, confia-t-il au magazine *Esquire*. Je tournais et je jouais toute la journée, puis je rentrais à la maison. Je réécrivais certaines scènes, faisais mes devoirs de comédien et mes devoirs de réalisateur. Puis j'allais me coucher, mais même pendant mon sommeil, je rêvais du film. C'était un vrai cauchemar. »

On peut remarquer d'importantes différences entre le scénario et le film. Depp considérait le scénario comme un simple point de départ, dont il fut ravi de dévier dès que de nouvelles idées lui venaient à l'esprit en plein tournage. « Je dirais que 70 % de ce qu'on a filmé n'était pas dans le scénario original. En fait, c'était bien dans le scénario, mais pas développé. Les choses ont vraiment pris forme sur le plateau. »

De façon similaire, la collaboration avec Brando impliquait que le personnage de McCarthy serait bien différent de la version proposée dans le scénario, tout comme l'action du film. Brando, bien qu'il ait accepté d'apparaître gratuitement dans *The Brave*, n'était disponible que pendant deux jours. Ses dialogues devaient donc être personnalisés en fonction des fameuses humeurs de l'acteur. « Il est impossible à diriger, dit Depp à propos de Brando la veille du tournage des scènes de la star. Il est prêt quand il arrive. Je suis très excité à l'idée de retravailler avec lui. J'ai l'impression d'être un étudiant fasciné devant ce grand professeur. » Brando confère une certaine mystique au film sous les traits de McCarthy, mais il y délivre encore l'une de ces performances bizarres et décousues qui caractérisent la fin de sa carrière.

L'engagement total de Depp dans la réalisation de son premier film devait s'accompagner d'autres déconvenues, plus personnelles cette fois-ci. « *The Brave* occupait chaque minute de mon temps et ça peut être difficile à concilier avec une vie privée », dit-il de son tournage accaparant, un exil qu'il s'était imposé lui-même et dont il reconnaît qu'il contribua à sa rupture avec Kate Moss. « Non seulement avec ma copine, mais aussi avec ma famille. Je travaillais entre seize et dix-sept heures par jour. Ma mère vit dans le Kentucky et ma copine était à Londres ou ailleurs, sans la moindre idée de ce que je traversais. Elles n'ont pas compris jusqu'à ce que je leur dise : "Écoutez, voilà ce qui se passe en ce moment pour moi et vous devez m'aider. Vous devez être là." Je sais que je suis devenu dingue simplement en essayant de finir mon film. C'était un truc complètement fou. Non pas que je le regrette. Mais disons que ça n'est pas la décision la plus rationnelle que j'ai prise dans ma vie. J'en suis fier, mais c'était beaucoup plus de travail que ce à quoi je m'attendais. »

The Brave fut mal accueilli lors de sa projection au festival de Cannes en 1997, ce qui signifie sans doute que Depp ne réalisera pas d'autre long-métrage de sitôt, même s'il considère ce film comme le plus personnel qu'il ait tourné. « Je me suis totalement investi dans ce projet, je devais donc y mettre beaucoup plus de moi-même que dans n'importe quel autre film. Il possède un côté très sombre. C'est un sujet vraiment étrange. Je suis fasciné par la façon dont une personne va se comporter lorsqu'elle sait qu'elle va bientôt mourir. J'ai réalisé ce film avec honnêteté, sans fioritures. Évidemment, il y aura toujours des gens qui ne l'aimeront pas ou qui ne comprendront pas l'humour que j'y ai intégré, mais au moins, ce film-là me ressemble vraiment. »

Les mauvaises critiques du film à Cannes peinèrent beaucoup Johnny Depp. « Pour moi, *The Brave* a été une expérience incroyable dans la mesure où le film présentait un beau regard sur la façon dont les choses fonctionnent réellement, dit-il au magazine *Dreamwatch*. Malheureusement, j'ai tourné le film sous la pression car je voulais qu'il soit prêt pour le festival de Cannes. Je ne ferai pas deux fois la même erreur. Si j'avais eu plus de temps pour le montage, le film aurait été différent. Donc là, j'ai commis une grosse erreur. Je suis allé à Cannes après avoir travaillé très dur. Je parlais du film avec passion. Il a été projeté pour le public en ouverture du festival et on a eu droit à une "standing ovation" de dix minutes. J'ai reçu des compliments de la part de gens que j'admire, des réalisateurs comme Emir Kusturica et Bernardo Bertolucci. »

« Le lendemain, j'ai lu les critiques dans la presse, poursuivait Depp. Deux journalistes ont commencé à démolir le film, et les autres ont suivi. Ça ne m'a pas tellement étonné dans la mesure où trop de gens se comportent comme des moutons. J'ai fait ma petite enquête, car je ne comprenais pas comment les deux mille cinq cents personnes de la projection d'ouverture avaient pu apprécier le film alors qu'une quinzaine de critiques s'en prenaient à moi parce que j'avais l'audace de penser que j'avais un cerveau. J'ai appris que le film avait été projeté à huit heures et demie du matin. Ça m'a paru un peu bizarre, car, à Cannes, les gens vont rarement se coucher avant cinq heures du matin. Ils m'ont mangé tout cru. C'était vicieux. J'étais vraiment sous le choc. » Le film ne sortit jamais dans les salles américaines, mais, en 2003, une version remontée selon les désirs de Depp finit par être distribuée en DVD à travers l'Europe. « Certains acteurs ont fait un boulot formidable pour moi et j'ai dû les couper au montage parce que leurs scènes n'apportaient rien au discours du film. Lors de la première phase de montage, j'avais bien vu que certaines scènes étaient superflues, mais je n'avais pas pu me résoudre à les couper car je ne voulais pas froisser les comédiens. »

Même dans sa version remontée, *The Brave* reste un film inégal, mais trahit une grande influence d'Emir Kusturica dans l'illustration de la communauté du bidonville. L'argent de Rafaël permet de construire un terrain de jeu pour les enfants qui finit par profiter à tous. Il organise des fêtes et gâte sa femme et ses enfants. Mais Larry, personnage énigmatique qui symbolise la mort dans le film, n'est jamais bien loin, prompt à utiliser n'importe quelle méthode pour s'assurer que Rafaël assumera bien la part de son contrat faustien. À la fin du film, il est prêt à honorer sa dette. Non sans astuce, Depp reste vague sur l'engagement exact de Rafaël pendant une grande partie du film, et le public ne voit jamais à quel procédé le héros se prête...

Privé d'une sortie en salle aux États-Unis, *The Brave* n'eut jamais la chance de séduire les grands critiques américains qui, loin du bouillon cannois et sans besoin de démolir les efforts bien intentionnés d'un réalisateur néophyte, auraient pu se montrer plus cléments envers le film.

« Il a investi beaucoup d'argent personnel dans son film, dit Patrick Hasburgh, producteur de *21 Jump Street*. C'est une démarche très respectable. Je ne suis pas aussi courageux. »

« La réalisation du film s'est faite dans la douleur, avoua Depp au sujet de *The Brave*. Est-ce que je vais réaliser un autre film ? Oui, j'en suis certain. Je ne pense pas que je jouerai à nouveau dedans si je le réalise, en tout cas pas le rôle principal. Mais ça ne fait aucun doute, je repasserai un jour derrière la caméra. »

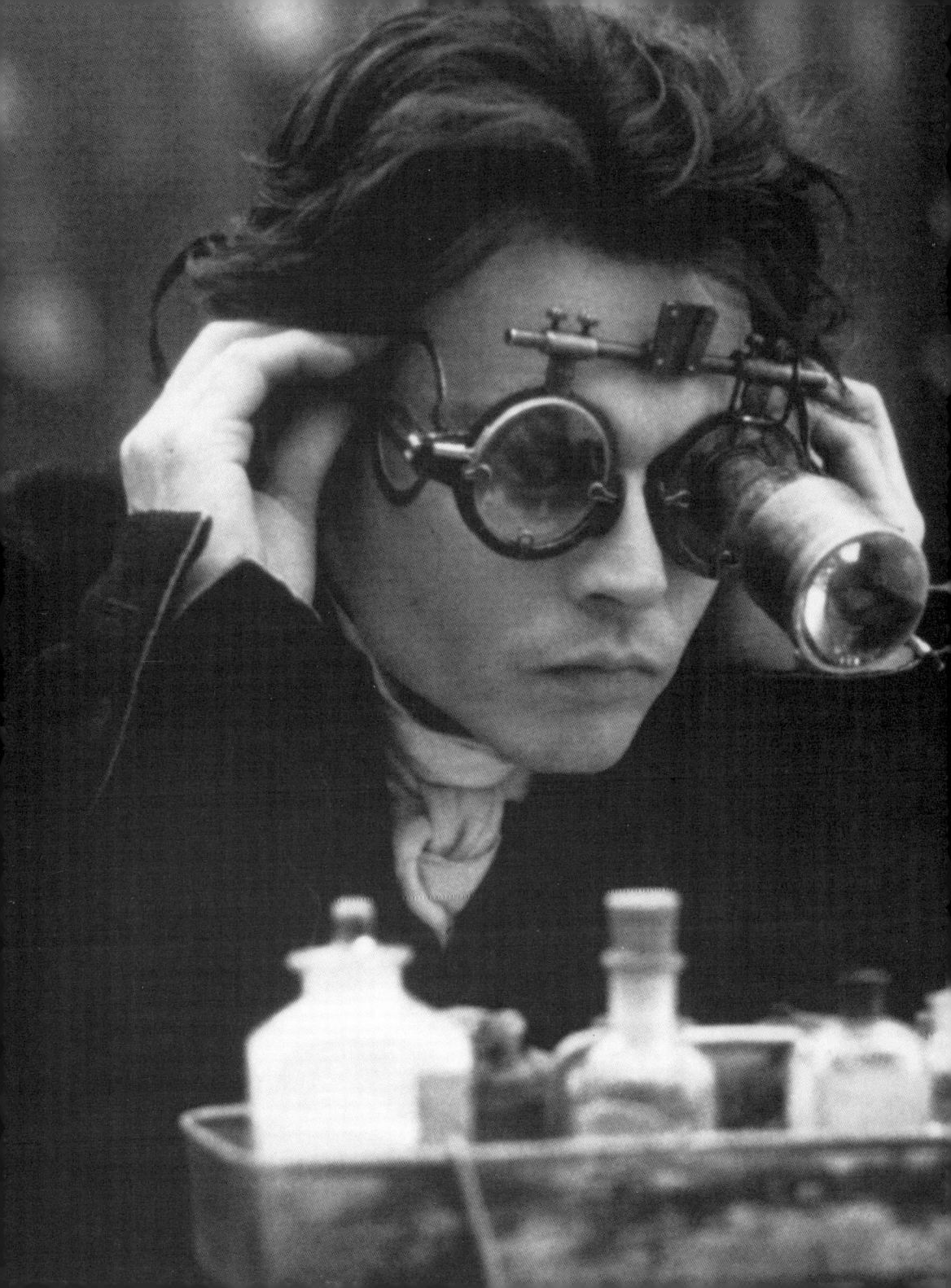

6

EXORCISER LES VIEUX DÉMONS

Les dernières années du vingtième siècle virent Johnny Depp travailler toujours aussi dur, mais connaître également d'importants changements de vie, des changements qui allaient orienter sa carrière dans une nouvelle direction totalement inattendue. Des rendez-vous l'attendaient à Las Vegas, à Paris, dans l'espace intersidéral ainsi que dans l'effrayante ville de Sleepy Hollow, mais c'est un voyage dans la « Ville lumière » qui devait avoir l'impact le plus profond sur la vie et la carrière de Johnny Depp.

Hunter S. Thompson est exactement le genre de personnage susceptible de piquer la curiosité de Johnny Depp. Fondateur de ce qu'on appelle le journalisme « gonzo », un style d'écriture en roue libre induit par la prise de drogues, Thompson travailla pour le magazine *Rolling Stone* au début des années 70. Les articles chroniquant son « trip » (dans tous les sens du terme) à Las Vegas pour couvrir une course de motos furent réunis dans le cultissime *Las Vegas Parano*. Le roman à clés de Thompson était un compte-rendu romancé de ses expériences, avec une touche de fantaisie fonctionnant aux narcotiques. L'auteur se cache derrière le personnage de Raoul Duke qui, suivi par son avocat sans scrupule Oscar Acosta, embarque pour une épique odyssée sous stupéfiants à travers Vegas avant de revenir à Beverly Hills. Son livre servit d'épitaphe à l'hédonisme des années 60.

Cela faisait longtemps qu'Hollywood cherchait à adapter les aventures de Thompson au cinéma. Jack Nicholson, contemporain de l'auteur, fut l'un des premiers à s'y atteler sérieusement, et le projet intéressait également le romancier Larry McMurtry. En 1980, l'échec de *Where The Buffalo Roam*, avec Bill Murray dans le rôle de Duke et Peter Boyle dans celui d'Acosta, mit un terme à toute tentative d'adaptation « fidèle » de *Las Vegas Parano* avant une bonne dizaine d'années. Le réalisateur rebelle Alex Cox (*Repo Man*, *Sid & Nancy*, *Walker*) fut le premier recruté pour la version années 90 de *Las Vegas Parano*. Bien qu'il ait réussi à convaincre Johnny Depp et Benicio Del Toro de rejoindre le casting du film, il abandonna le projet en prétextant une incompatibilité d'humeur avec Thompson. Il s'opposait également à l'implication d'Universal, car il craignait que le grand studio ne transforme son petit film indépendant en une grosse machine hollywoodienne qui aurait trahi l'esprit du livre.

Si Johnny Depp tenait absolument à ce que le film se fasse, c'était pour des raisons purement personnelles. « *Las Vegas Parano* est l'un de mes livres préférés depuis l'adolescence, dit-il. Je l'ai lu quand j'avais dix-sept ans et il m'avait fait mourir de rire. Je l'avais adoré ! Après, j'ai lu la plupart de ce que Hunter avait écrit. Quand j'ai entendu dire qu'il était question d'en faire un film, j'ai sauté sur l'occasion. »

Depp était déjà ami avec Thompson qui, comme Marlon Brando, faisait partie de ses héros. Il avait passé du temps avec lui dans son complexe isolé de Woody Creek, puis l'avait convié à venir faire une lecture au Viper Room, un événement qui eut lieu en septembre 1996 alors que Depp s'apprêtait à se lancer dans la réalisation de *The Brave*. À son tour, Thompson l'invita à la soirée du vingt-cinquième anniversaire de *Las Vegas Parano*, et ne tarda pas à faire savoir que Depp était l'acteur qu'il préférerait voir dans la peau de Raoul Duke, loin devant Keanu Reeves et John Cusack, largement pressentis pour le rôle.

Avec l'abandon de Cox, la star qui rêvait de jouer dans le film se retrouva directement impliquée dans la recherche du remplaçant adéquat. « Tracey Jacobs [l'agent de Depp] et moi avons évoqué certaines personnes [pour le poste de réalisateur] et on s'est dit : "Essayons Gilliam !" Mais ce n'était pas gagné d'avance... » Gilliam n'avait pas très bonne réputation à Hollywood, les films de ce réalisateur dissident – comme *Brazil*, *Les Aventures du baron de Münchausen* et *Fisher King* – se caractérisant souvent par des dépassements de budget et une production échappant à tout contrôle. Pourtant, il aurait été difficile de trouver meilleur réalisateur pour traiter ce type de sujet.

« J'ai rencontré Hunter à l'hôtel Chateau Marmont vers une heure du matin, raconta Gilliam au magazine *Rolling Stone*. Voilà ce qu'il m'a dit : "Vous ne devez pas oublier que nous étions des gens sérieux. J'étais un journaliste sérieux avec un avocat tout aussi sérieux. Et ce livre se déroule en l'espace d'un week-end seulement." » Ce petit « week-end » allait bientôt devenir un film, mais d'abord, Johnny Depp devait devenir Hunter S. Thompson... ou plutôt Raoul Duke. « Raoul Duke, c'est Hunter à 97 %. Je lui ai dit [à Thompson] : "J'ai besoin de passer du temps avec toi, et quand tu ne pourras plus me voir en peinture, tu n'auras qu'à me le dire et je partirai." Je l'ai prévenu que j'allais sans doute être pénible à supporter car j'allais lui poser des tas de questions, enregistrer nos conversations et prendre des notes. Il ne m'a jamais fichu dehors, ce que j'ai beaucoup apprécié. »

« Johnny était incroyable, dit Terry Gilliam. On aurait dit une sorte de vampire. À chaque fois, il revenait [de chez Thompson] chargé de vêtements et d'affaires de Hunter. En fait, il était secrètement en train de lui voler son âme. »

Ces recherches s'avérèrent payantes, mais Depp devait encore subir une certaine transformation physique avant de pouvoir passer devant la caméra de Gilliam. Il fallait notamment qu'il se rase la tête pour ressembler davantage à Thompson. « La première chose que j'ai sentie, c'était le vent sur mon crâne, se rappelle Depp. C'était une sensation très étrange. Même si ma calvitie n'était que temporaire, pendant le tournage de *Las Vegas Parano*, ça me faisait vraiment bizarre. Quand Hunter m'a vu, il a estimé que les coiffeurs n'avaient pas été assez loin et il a voulu finir le boulot lui-même. Je l'ai donc laissé me raser entièrement la tête. Je lui faisais confiance. Sincèrement. » Avec l'aide de Thompson, Depp réussit à faire vivre le Raoul Duke du livre sur grand écran.

Le relooking de Depp n'était pas le seul requis pour ce film. « Ce sont deux romantiques qui ne savent plus sur quel pied danser, déclara Benicio Del Toro à propos des

Dans Las Vegas Parano, *le réalisateur Terry Gilliam eut l'impression que Johnny Depp était « une sorte de vampire » qui aurait volé l'âme de Hunter S. Thompson.*

personnages principaux. Ils sont assez paranoïaques, solitaires et soupe au lait. » Décrit dans le livre comme un obèse aux proportions impressionnantes, le svelte Benicio dut prendre entre seize et dix-huit kilos pour habiter la réalité physique d'Acosta. Il se laissa aussi pousser les cheveux et prit le temps de cultiver une étonnante moustache. « La transformation physique de Benicio était incroyable, dit Depp d'un ton approbateur. Il s'est totalement investi dans son rôle, il a tout donné et ça a marché. Il était particulièrement fier de son gros ventre, qui lui donnait l'air d'une sorte de bouddha portoricain. »

Avec un scénario que Gilliam revendiqua avoir coécrit avec Tony Grisoni en seulement huit jours (bien que la Screenwriter's Guild l'ait crédité aux précédents adaptateurs Alex Cox et à son coscénariste Tod Davies), la production dotée d'un budget relativement bas de 18,5 millions de dollars se lança dans un tournage de cinquante jours entre Los Angeles, Las Vegas et le désert du Nevada.

À l'instar des deux vedettes, la ville de Las Vegas dut être considérablement relookée pour le film. La capitale mondiale du jeu avait beaucoup changé depuis 1971, date de sortie du livre et contexte temporel du film. La production s'aventura également dans le désert du Nevada pour recréer le Mint 400, la course de motos en plein désert, ainsi que pour tourner les longues séquences du voyage anarchique de Duke et d'Acosta à travers les étendues arides de la Californie et du Nevada. Les acteurs travaillèrent en permanence sous des chaleurs accablantes, ce qui rappela à Depp les mauvais souvenirs de *The Brave*. Après le tournage en décors réels, l'équipe éreintée de *Las Vegas Parano* revint à Los Angeles pour plusieurs semaines de tournage à l'intérieur et à l'extérieur de la ville, ainsi que pour des scènes d'intérieur réalisées dans des décors très élaborés construits dans les Warner Hollywood Studios.

Lors de la fête de fin de tournage, toute l'équipe du film avait l'impression d'avoir participé à quelque chose de vraiment spécial. « L'expérience que j'ai vécue sur ce film n'a pas de prix, déclara Johnny Depp. En me lançant dans ce projet, je savais que ça serait notre seule et unique chance de faire les choses bien. Je pense que toute l'équipe a ressenti la même chose que moi. Chaque journée ressemblait à une étrange célébration. On s'est énormément amusés, mais on en a aussi beaucoup bavé. On a eu la totale : Las Vegas et la parano. »

Le réalisateur Terry Gilliam ressortit du projet fort d'une nouvelle admiration pour son acteur principal : « À mes yeux, Johnny Depp est le meilleur acteur de sa génération. Il peut tout faire, ses capacités sont illimitées. Je n'arrive pas à comprendre pourquoi les critiques semblent toujours aussi surpris par Johnny. On dirait qu'ils ne prêtent pas vraiment attention à ce qu'il fait. Ils ne voient pas à quel point il est doué. Il ne triche pas en vous balançant tout un tas d'émotions bon marché. Il ne cherche pas à vous mettre à l'aise : pour lui, ça reviendrait à se tirer une balle dans le pied. »

Bien qu'on ait dit que ce livre était impossible à adapter au cinéma, Depp plongea la tête la première dans Las Vegas Parano, *comme il l'avait fait pour tous ses films...*

L'adaptation de *Las Vegas Parano* par Terry Gilliam ne fit pas l'unanimité. Elle ne ressemble pas tout à fait aux films caractéristiques de Gilliam, mais on ne peut pas dire non plus qu'elle soit très fidèle au livre. Les critiques furent donc très largement négatives. Dans *The Chicago Sun-Times*, Roger Ebert rédigea un article cinglant : « Un film informe, horriblement raté, sans trajectoire ni but. Johnny Depp était un acteur talentueux et inventif. Ici, il incarne un personnage sans nuances, un homme qui ne varie qu'en fonction de son degré de défonce. Il joue un Duke déguisé sous d'étranges chapeaux et de grosses lunettes de soleil avec son sempiternel porte-cigarette. Non pas que Depp ne ressemble pas au jeune Thompson, mais il ne parvient pas à communiquer le génie que cache sa folie. » Le public se montra aussi dédaigneux que les journalistes et évita le film de Gilliam. *Las Vegas Parano* rapporta à peine plus de 10,5 millions de dollars au box-office américain, et représenta donc un très mauvais retour sur investissement.

Réalisé pendant que Johnny Depp travaillait sur *Las Vegas Parano*, *I Love L.A.* fait figure d'ovni dans la filmographie éclectique de l'acteur. Dans ce récit de tribulations hollywoodiennes, il semble que ses apparitions dans son propre rôle soient nées d'une rencontre de hasard avec le cinéaste Mika Kaurismäki au festival de Cannes. Depp admirait beaucoup les longs-métrages de Mika et Aki Kaurismäki, réalisateurs finlandais de films décalés à l'humour souvent noir. Kaurismäki, qui s'apprêtait à tourner *I Love L.A.*, proposa à Depp une petite apparition dans son film, où il devait également retrouver Vincent Gallo, son partenaire dans *Arizona Dream*. Depp sauta sur l'occasion, et l'on raconte qu'en guise de contrat, il se serait contenté de manger une serviette en papier pour sceller leur accord !

Cette comédie romantique, issue d'une coproduction anglo-franco-germano-finlandaise, était l'adaptation d'un roman autobiographique de Richard Rayner racontant une série de mésaventures à Hollywood. En vacances dans le nord de l'Angleterre, Barbara (Vinessa Shaw), aspirante actrice à Los Angeles, fait halte dans un village où elle rencontre un croque-mort, Richard (David Tennant), qui ne tarde pas à tomber fou amoureux d'elle. S'envolant pour la Californie, Richard débarque dans le restaurant japonais où Barbara travaille comme serveuse, et ils commencent à sortir ensemble. Ce faisant, Richard découvre Hollywood en rencontrant divers escrocs et agents.

C'est là qu'apparaît Johnny Depp, à la fois comme une transposition imaginaire de lui-même et comme sa version bien réelle en chair et en os. L'une des sources d'inspiration de Richard à Hollywood est une affiche de *Dead Man* où l'on peut voir Johnny Depp. À divers moments du film, l'image de Depp prend vie en silence, tout comme sa photo sur un immense panneau publicitaire. Plus tard, on le retrouve assis sur un banc dans un cimetière, vêtu d'un costume marin, en train de parler avec Richard. Enfin, Depp joue son propre rôle en apparaissant à une projection. Quand Richard le remercie de l'avoir tant inspiré, le véritable Depp lui fait l'affront de lui dire qu'ils ne se sont, en fait, jamais rencontrés auparavant.

Dans le roman d'origine, que Rayner adapta lui-même pour le scénario du film, l'acteur hollywoodien qui inspire Richard est Jack Nicholson, mais Kaurismäki tenait à rendre l'histoire plus moderne. « Pour moi, Johnny Depp représente ce qui se fait de mieux à Hollywood, dit le réalisateur pour expliquer ce que Depp apporta au film. Il garde les pieds sur terre et prend ses décisions tout seul, mais il reste une grande star. Il ne demande pas à ses agents de gérer sa vie. »

I Love L.A. fut le premier film que le réalisateur finlandais tourna aux États-Unis, bien que son financement ne soit pas américain. « On a principalement tourné à Los Angeles, mais ce n'était pas un film américain, dit Kaurismäki. C'était une coproduction européenne à petit budget. Je n'ai pas vraiment aimé travailler à L.A. C'est la capitale du cinéma, mais c'est l'endroit le plus compliqué qui soit pour tourner... C'est fou. » Rien d'étonnant à ce que Kaurismäki et Depp se soient si bien entendus...

La comédie légère *I Love L.A.* fut présentée dans plusieurs festivals de cinéma, notamment au Festival du Film de Toronto en 1998. Le film sortit en septembre 1999 sur les écrans canadiens et britanniques, ainsi que dans la Finlande natale de Kaurismäki. Comme *The Brave* de Johnny Depp, le film ne sortit jamais en salle aux États-Unis, mais fut distribué en vidéo en Allemagne. Bien que rares et très espacées, les critiques furent assez mauvaises. Dans *Sight and Sound*, Melanie McGrath conclut ainsi son article : « Les références aux réalisateurs Jim Jarmusch et Andreï Tarkovski semblent prétentieuses, tout comme les apparitions de Johnny Depp, d'Anouk Aimée et des Leningrad Cowboys, qui ne rendent le tout que d'autant plus désespérant. » *I Love L.A.* était donc plus ou moins destiné à finir en note de bas de page dans la filmographie sans cesse croissante et toujours plus diversifiée de Johnny Depp...

Vers la fin des années 90, Depp réussit à évoquer certains de ses centres d'intérêt en contribuant à plusieurs documentaires. On le vit dans *The Source* (sorti en vidéo en 1999), documentaire sur les écrivains beat qui présentait une pléiade d'interviews avec de grands personnages. Au milieu d'images d'archives d'Allen Ginsberg, de Jack Kerouac, de Neal Cassady et de William S. Burroughs, le réalisateur monta des séquences replaçant les écrivains beat dans le contexte de leur époque. Racontant comment ces auteurs se sont rebellés contre le conformisme américain des années 50, le documentaire réussit à trouver des moyens innovants pour explorer leurs opinions sur la vie et l'écriture, le tout épicé de scènes où Johnny Depp, John Turturro et Dennis Hopper incarnent respectivement Kerouac, Ginsberg et Burroughs dans des monologues face caméra. *The Source* prête une attention toute particulière à l'influence des écrivains de la Beat Generation. Des interviews avec de grandes figures telles Ken Jersey, Jerry Garcia et Philip Glass, combinées à des extraits de concerts de Bob Dylan et des images d'archives des années 60, expliquent comment la sensibilité de ces auteurs a influencé la société. Le réalisateur Chuck Workman avait déjà chroniqué la vie d'Andy Warhol dans *Superstar* (1990). Depp trouva également le temps de jouer au narrateur dans trois épisodes de la série documentaire *Top Secret* de la chaîne Discovery Channel, qui parlaient de la National Security Agency (NSA) aux États-Unis, de Scotland Yard en Grande-Bretagne et du Mossad en Israël. Dans les années qui suivront, il participera à d'autres documentaires, notamment *Charlie Chaplin : sa vie, son œuvre*, mais aussi *Breakfast with Hunter* et *In Bad Taste*.

À l'issue de la production de *The Brave*, Depp était convaincu qu'il avait vraiment besoin de jouer dans un film « commercial », tant pour renflouer son compte en banque que pour rétablir sa crédibilité à Hollywood. Il s'engagea dans *Intrusion* uniquement parce qu'il pensait que ce film marcherait fort et qu'il lui permettrait d'être moins obsédé par ses débuts de réalisateur.

Toutefois, le projet *Intrusion* attira aussi Depp car il reposait sur une idée solide : la question de l'identité. Comment être sûr que ceux que nous aimons sont bien ceux dont nous sommes tombés amoureux ? Comment peut-on être certain de sa propre identité ? Lors d'une mission spatiale, l'astronaute Spencer Armacost (Johnny Depp) perd connaissance pendant deux minutes. De retour sur Terre auprès de sa femme Jillian (Charlize Theron), il semble évident que quelque chose ne tourne pas rond. Enceinte de jumeaux et sujette à d'affreux cauchemars, Jillian commence à croire que celui qui est revenu de l'espace n'est pas son mari. Du moins pas son mari tel qu'elle le connaissait. Se trouve-t-elle au centre d'un complot ou est-elle seulement aux prises d'une paranoïa totalement incontrôlable ?

« Je voulais écrire une histoire qui donnerait au public l'impression d'avancer vers un dénouement tragique, dit le scénariste-réalisateur Rand Ravich (scénariste de *Candyman 2*, sorti en 1995). Les spectateurs pénètrent dans la terreur de Jillian, qui sent que quelque chose de surnaturel est en train de prendre le contrôle de sa vie et de sa grossesse. Et la personne qu'elle aime le plus au monde se trouve justement à l'origine de ces phénomènes. » Ravich n'eut aucun mal à choisir son acteur principal. « D'après moi, Johnny Depp est le meilleur acteur de sa génération. J'ai senti qu'il pouvait apporter un élément indispensable au rôle de Spencer : la vérité. » Le producteur exécutif Mark Johnson était aussi conscient des qualités que l'acteur principal pressenti pouvait offrir au rôle : « La beauté classique et typiquement américaine de Depp, combinée au mystère que dégage son regard, a fonctionné à merveille pour ce personnage. Depp confère à Spencer cette impression de menace sous-jacente, cette imprévisibilité, ce sentiment qu'on ne sait jamais vraiment qui est cet homme et quelles sont ses véritables intentions. »

Bien qu'il ait recherché un projet plus commercial, le rôle qu'on lui proposa dans *Intrusion* séduisit Depp pour des raisons évidentes, en particulier parce qu'on lui offrait

la possibilité d'incarner un méchant. « J'ai pris beaucoup de plaisir à jouer ce rôle de péquenaud, ce héros typiquement américain qui tourne mal, dit Depp. Je n'étais pas intéressé par l'idée qu'un "être" ait pris possession de son corps. Peu importe ce qui lui est arrivé dans l'espace, ça lui a permis de révéler son vrai visage. Il a l'image d'un Américain typique, avec ses dents blanchies et ses cheveux décolorés par le soleil, mais c'est quelqu'un d'immonde. On a envie de l'aimer, et tandis qu'il se révèle lentement mais sûrement, on se rend compte à un certain moment que c'est impossible. J'ai détesté ce type, ça c'est sûr. »

Charlize Theron était ravie de travailler avec Johnny Depp et de donner la réplique au personnage superficiel qu'il incarnait non sans profondeur : « Spencer Armacost est un homme qui réussit à vivre ses rêves en tant qu'astronaute, un métier qui fascine les

*« J'ai pris beaucoup de plaisir à jouer ce héros typiquement américain qui tourne mal », dit Depp au sujet d'*Intrusion, *thriller surnaturel plutôt mal accueilli.*

gens car il conduit à expérimenter l'inconnu. Mais cet homme devient un vrai cauchemar, ce qui va à l'encontre de la première impression qu'on se fait de lui. Johnny est si talentueux qu'il arrive à rendre tout ça à l'écran. C'est un vrai bonheur que de le voir à l'œuvre. »

Bien que les performances des acteurs d'*Intrusion* semblent un peu machinales – Charlize Theron porte le film tandis que Depp le traverse en somnambule dans un style sans doute approprié à son personnage de possédé – le film se distingue surtout par son esthétique. Grâce au directeur de la photographie Allen Daviau (*E.T.*, *L'Empire du soleil*, *Bugsy*, *La Couleur pourpre*) et au chef décorateur Jan Roelfs (*Orlando*, *Bienvenue à Gattaca*), l'esthétique du film fait beaucoup pour mettre en valeur son étrangeté. Le film étant tourné en décors réels entre New York et Los Angeles, la production s'installa dans de nombreux sites célèbres, notamment Staten Island, le parc de Washington Square, Wall Street et le City Hall sur la Côte Est, et Greystone Mansion, le centre civique de Santa Monica et l'immeuble Unocal du centre de Los Angeles sur la Côte Ouest. Le tournage dura quatre mois, de janvier à avril 1998.

Le critique Roger Ebert eut la dent aussi dure avec Depp dans *Intrusion*, sorti le 27 août 1999 aux États-Unis, qu'il l'avait eue pour l'acteur dans *Las Vegas Parano*. « Johnny Depp campe un rôle ingrat, dans la peau d'un homme qui passe la plupart du film à faire de la rétention d'informations et à se draper dans un inquiétant mystère, écrivit-il dans *The Chicago Sun-Times*. Le début du film est fascinant, mais sa chute décevante. » Dans *Sight and Sound*, le journaliste Ken Hollings remarqua des similitudes entre les cheveux blonds coupés court de Charlize Theron et le look de Mia Farrow dans *Rosemary's Baby*, le thriller satanique de Polanski : « Depp propose une étude acide et déroutante du "bon gars" qui tourne mal. Son badinage sexuel devient brutalement urgent ; sa bravoure face au danger ; une morne indifférence aux souffrances des autres. Comble de l'ironie de sa performance, Armacost conserve sa virilité bien après avoir perdu toute once d'humanité. Polanski approuverait sans aucun doute. »

Une fois de plus, après l'échec de *Las Vegas Parano*, *Intrusion* fit un score décevant au box-office, rapportant à peine plus de 10,5 millions de dollars. Si Depp s'était attendu à un succès commercial, ses espoirs durent être anéantis par la médiocre performance du film. Mais il est fort probable que cela ne lui ait fait ni chaud ni froid...

En 1998, Johnny Depp réalisa l'un de ses plus vieux rêves en s'installant à Paris. « Je suis venu ici pour tourner un film, j'ai rencontré une fille, acheté une maison et fait un bébé », dit l'acteur au sujet des événements inattendus qui s'enchaînèrent après la fin du tournage de *La Neuvième Porte* de Roman Polanski. En fait, un tout nouveau chapitre de sa vie venait de commencer.

« C'est du Polanski tout craché », dit Depp du film qui l'amena à Paris, une adaptation du roman *Le Club Dumas* d'Arturo Perez-Reverte. « Une sorte de mélange entre

« Il m'a convaincu que l'âge n'avait pas autant d'importance que ça », dit le réalisateur Roman Polanski à propos de Johnny Depp, qui dans La Neuvième Porte joua le rôle de Dean Corso, un personnage bien plus âgé dans le livre.

Rosemary's Baby et *Chinatown*. C'est un thriller surnaturel, où j'incarne encore un personnage pas vraiment sympathique, une machine avide d'argent. »

Depp joue le cynique Dean Corso, chercheur de livres rares engagé par Boris Balkan (Frank Langella), un érudit féru de satanisme, pour retrouver les deux derniers exemplaires des *Neuf Portes du royaume des ombres*, un texte du dix-septième siècle agrémenté d'illustrations mystérieuses censément fournies par Lucifer en personne. Les recherches de Corso l'entraînent dans un périple à travers toute l'Europe, poursuivi par une fille bizarre (Emmanuelle Seigner, la femme de Polanski) qui le protège comme son ange gardien. Une mort étrange inspirée par les illustrations morbides du livre semble venir frapper tous ceux qui entrent en contact avec l'ouvrage, à l'exception de Corso...

Depp eut vent du film dès 1997 lorsqu'il rencontra Roman Polanski au festival de Cannes, où il était en compétition avec *The Brave*. Fan de la filmographie prestigieuse de Polanski, il fut intrigué par le scénario que le réalisateur était en train d'écrire. Ce dernier proposa à Depp de le lui envoyer dès qu'il serait terminé.

La vie privée et professionnelle de Roman Polanski fut marquée par des tragédies qui alimentent encore nos cauchemars. Fuyant la persécution nazie en Pologne, il partit aux États-Unis pour poursuivre sa carrière de réalisateur. Des succès critiques et populaires tels que *Rosemary's Baby* et *Chinatown* firent sa réputation. Le meurtre de sa première femme, Sharon Tate (qui joua dans son film *Le Bal des vampires*), par le gang du tueur en série Charles Manson, valut à Polanski une fâcheuse notoriété, aggravée par son retour en Europe à la fin des années 70, fuyant sa condamnation pour le viol d'une mineure dans la résidence de Jack Nicholson. Exilé en France, Polanski recommença à tourner des films. Il continua à travailler avec les plus grands talents d'Hollywood (Harrison Ford dans *Frantic*, Sigourney Weaver dans *La Jeune Fille et la Mort*) et remporta même un Oscar en 2003 pour *Le Pianiste*, film qu'il réalisa après *La Neuvième Porte*.

Au départ, Corso étant censé avoir une quarantaine d'années, Polanski hésitait beaucoup à confier ce rôle à Depp. Alors âgé de trente-cinq ans, l'acteur était résolu à se battre pour ce rôle en mettant en avant sa personnalité. « Il m'a convaincu que l'âge n'avait pas autant d'importance que ça, se souvient Polanski. J'ai fini par comprendre que les gens tels que Corso avaient tendance à mûrir plus vite que les autres. Son caractère et sa réputation se sont forgés vers la trentaine. »

L'été 1998 vit Depp parcourir l'Europe entière pour ce film tourné en décors réels près de Paris au château de Ferrières et aux studios Épinay, à Sintra au Portugal et à Tolède en Espagne. Depp et Polanski nouèrent une relation de travail plutôt détendue et inspirée par un respect mutuel. « Johnny est très facile à vivre une fois sur le plateau, remarqua Polanski. En revanche, j'ai toujours du mal à le faire sortir de sa loge, où il passe son temps à lire, à discuter au téléphone et à boire. »

Polanski eut l'impression que sa propre expérience des deux côtés de la caméra l'avait aidé à se rapprocher de son acteur principal. « Il n'y a pas de secret : le fait que j'ai été acteur aide beaucoup, car je comprends leurs problèmes. Souvent, les réalisateurs qui ont commencé comme comédiens réussissent à obtenir de bons résultats de leurs acteurs. En tant que réalisateur, on doit essayer d'exploiter tout le potentiel des gens, de les inspirer. Je crois que j'ai réussi à rendre mon équipe heureuse, à donner aux acteurs la sensation qu'ils participaient à quelque chose d'intéressant. »

C'était justement le critère que Depp appliquait à tous ses films, celui qu'il avait toujours recherché : « quelque chose d'intéressant ». Il retrouva cet élément dans *La Neuvième Porte* et voulut en faire encore plus pour garantir le succès de ce film au budget moyen de 30 millions de dollars. « C'est extraordinaire, mais Johnny réussit à imposer son propre rythme au personnage avec une grande spontanéité, dit le réalisateur. Chez lui, ça paraît naturel et on n'a jamais l'impression que ça lui demande des efforts. C'est presque fascinant, parce qu'en plateau, il fait les choses comme si de rien n'était, ce qui ne l'empêche en rien de rester extrêmement précis. Il s'est montré vraiment brillant, car le Corso que vous voyez à l'écran est exactement celui que j'avais à l'esprit avant d'engager Johnny. »

Darius Khondji, l'un des plus grands directeurs de la photographie au monde, plébiscité pour son travail sur *Se7en* et *La Cité des enfants perdus*, imprima sa patte talentueuse à *La Neuvième Porte* et influença considérablement l'esthétique du film. De même, la direction artistique avisée de Dean Tavoularis, chef décorateur oscarisé, permit de donner vie à des décors tels que la bibliothèque de Liana (Lena Olin) et l'antre de Balkan (Frank Langella). « On pourrait presque sentir l'odeur des livres, dit Polanski. La plupart des décors ont été entièrement construits aux studios Épinay, mais ils paraissent incroyablement réels. » Même les scènes de rues censées se dérouler aux États-Unis, notamment celles où l'on peut admirer l'horizon de Manhattan, furent tournées à Paris.

Polanski travailla avec quatre équipes d'effets spéciaux différentes pour réaliser les deux cents plans fantastiques du film. « Il y en a certains que vous ne remarquerez même pas car ils sont parfaitement intégrés au film », déclara le cinéaste lors de la post-production.

Depp eut toutefois d'autres défis à relever : « On a tourné un gros plan où je devais embrasser Emmanuelle, et Polanski [son mari] se trouvait derrière la caméra, à une distance d'exactement dix centimètres. Je le regardais en me demandant : "Est-ce que tout ça va finir en ménage à trois ?" [rires] Je m'apprêtais à embrasser Emmanuelle et je croyais que ça allait se transformer en baiser de groupe ! Puis Polanski m'a dit : "Ne t'inquiète pas Johnny, tu ne fais rien de mal. C'est du cinéma, ça ne compte pas." »

Dans l'ensemble, Depp trouva sa collaboration avec Polanski assez difficile, le réalisateur insistant pour diriger sa performance dans la peau de Corso de façon beaucoup plus ciblée que ce que l'acteur avait connu sur la plupart de ses précédents films. « Ça n'a pas été facile, avoua Depp. Roman reste très campé sur ses positions. On n'a pas vraiment la possibilité de discuter ou de collaborer avec lui. Il était vraiment un peu trop rigide à mon goût. »

Bien que *La Neuvième Porte* lui ait plutôt plu et qu'il ait mis le doigt sur les similitudes de sa structure avec les films noirs de Humphrey Bogart, Roger Ebert, le critique du *Chicago Sun-Times*, trouva que Johnny Depp y donnait « une performance convaincante qui manque néanmoins de direction », tandis que dans *The San Francisco Chronicle*, Bob Graham souligna que Depp était « la meilleure raison de voir ce nouveau thriller satanique de Polanski. Il campe un escroc érudit qui se comporte comme un détective de film noir lorsqu'il découvre que le livre risque d'invoquer le diable. Aujourd'hui, plus personne ne sous-estime Depp en tant qu'acteur. Il dégage une chaleur qui éclipse ses partenaires à l'écran. Depp fait de Corso un anti-héros, un voyou qui fume, qui boit, qui dupe les crédules et opère toujours en marge de la légalité. »

La Neuvième Porte remporta plus de succès au box-office américain que les deux précédents films de Depp, totalisant un peu plus de 18,5 millions de dollars de recettes. On ne peut donc pas parler là d'un triomphe en salle, mais le film bénéficia de la fidélité des fans de Polanski, ce qui lui permit aussi de bien marcher lors de sa sortie en vidéo et en DVD.

« L'Europe lui va comme un gant, dit Roman Polanski, le réalisateur qui fit venir Johnny Depp à Paris. Il n'a pas l'air d'un expatrié. On dirait qu'il a toujours vécu ici. Il est vraiment très à l'aise. »

Depp s'était rendu en Europe pour jouer ce que Polanski considérait comme « le rôle le plus mature de sa carrière », sans se douter qu'il s'apprêtait à devenir un personnage tout aussi mûr dans sa vie privée. En laissant l'Amérique et l'échec de sa relation avec Kate Moss derrière lui, il s'attendait à passer quelques mois à Paris et dans sa région avant de revenir aux États-Unis pour poursuivre sa carrière hollywoodienne si atypique. Mais ses plans furent bouleversés quand, à l'issue d'une dure journée de travail avec Polanski sur *La Neuvième Porte*, il rencontra Vanessa Paradis.

« J'ai voulu travailler avec Roman [Polanski] car il a réalisé des films absolument parfaits, dit Depp en repensant aux raisons qui le firent venir à Paris à l'été 1998. Mais il y avait autre chose qui m'attirait vers cette ville, et aujourd'hui je sais que c'était mon destin. Paris m'appelait pour une raison qui m'échappait à l'époque. Cette ville, et la Parisienne que j'y ai rencontrée, m'ont offert la seule bonne raison de faire une pause, mon unique raison de vivre : ma fille, mon bébé. »

Lolita de la variété et actrice reconnue Vanessa Paradis est une star en France. Quasiment inconnue aux États-Unis, elle avait bénéficié en 1997 d'une gloire éphémère en Grande-Bretagne grâce à son tube *Joe le Taxi*. En 1991, elle était revenue sur le devant de la scène en jouant « l'oiseau dans sa cage dorée » pour une campagne publicitaire de Chanel. Plus tard, elle était sortie avec la rock star Lenny Kravitz, qui produisit l'un de ses albums.

Un soir de juin 1998, Johnny Depp la croisa avec un groupe d'amis au bar de l'hôtel Costes, où il dînait avec Polanski et d'autres membres de l'équipe de *La Neuvième Porte*. L'acteur ne savait pas que Vanessa avait auditionné pour un rôle dans le film qu'il était en train de tourner et qu'elle n'avait pas été retenue. Apparemment trop timide pour s'en charger lui-même, Depp persuada l'un de ses convives de faire venir Vanessa à leur table. « C'est lui qui l'a remarquée en premier, se souvient Alain Grasset, biographe de la chanteuse. Ils ont échangé des regards en secret. Lorsqu'il l'a invitée à sa table, il lui a fait une place et elle n'a pas hésité une seule seconde à venir s'y asseoir. » Des heures plus tard, alors que tous les convives étaient partis, Johnny et Vanessa discutaient encore. À mesure que la nuit avançait, Depp se souvint enfin qu'il devait arriver très tôt en plateau le lendemain matin et le duo se sépara sur une simple bise.

Néanmoins, à en croire Vanessa Paradis, le début de leur relation fut un peu plus complexe que ce que la presse en a souvent dit. « Johnny ne m'a pas draguée dans le bar de cet hôtel. On se connaissait déjà depuis longtemps, dit-elle en suggérant que la relation de l'acteur avec Kate Moss n'était pas encore tout à fait terminée lors de leur première rencontre. On s'était déjà souvent croisés, mais toujours en compagnie d'autres personnes. Je n'ai aucune envie que, plus tard, notre fille lise les tabloïds et s'imagine qu'elle n'était pas désirée. Elle n'était pas prévue au programme dans la mesure où on ne s'est pas dit : "Faisons un enfant maintenant." On voulait tous les deux en avoir. Faire un bébé, c'est bien plus beau que d'enregistrer un album ou de tourner dans un film. »

Depp évoqua les débuts de leur histoire dans le magazine français *Studio*. « À l'époque, je tournais dans *La Neuvième Porte*. On se voyait tous les jours, tous les soirs. On ne pouvait pas rester loin l'un de l'autre très longtemps. C'était impossible de nous séparer... » Dès la fin du mois de juin, Johnny loua un appartement à Montmartre pour se rapprocher de Vanessa.

Moins de trois mois plus tard, Vanessa Paradis était enceinte et Johnny Depp voyait enfin son vieux rêve de père de famille devenir réalité. Cette grossesse était inattendue, mais le couple croyait en son avenir. Ils vécurent dans la maison des parents de Vanessa en Seine-et-Marne pendant ses mois de grossesse. Mais aux yeux de certains journalistes, leur union ne semblait pas aussi solide que ce que le couple affirmait. En janvier 1999, pendant le tournage de *Sleepy Hollow*, Depp fut repéré à Londres en train de dîner avec Kate Moss. Elle était sortie d'une cure de désintoxication un mois plus tôt, et les tabloïds anglais furent évidemment prompts à évoquer un triangle amoureux entre l'acteur, le mannequin et la chanteuse. De plus, Depp fut également « surpris » dans un club londonien en compagnie de Christina Ricci, dix-huit ans, qui après une apparition dans *Las Vegas Parano* avait retrouvé l'acteur sur le tournage de *Sleepy Hollow*, et devait à nouveau partager avec lui l'affiche de *The Man Who Cried*, drame se déroulant à Paris pendant la Seconde Guerre mondiale. De son côté, Christina Ricci était plutôt ravie de voir la presse la lier à Johnny Depp : « Ça m'a fait très plaisir. C'était génial : mon tout premier article dans la presse à scandales ! Quitte à ce qu'on parle de moi dans les tabloïds, autant que ce soit avec Johnny Depp. »

Une fois de plus, cet événement servit à remettre en question l'engagement de Johnny Depp auprès de Vanessa Paradis et de leur futur enfant. Quand on lui demanda s'il avait l'impression qu'elle lui avait mis le couteau sous la gorge, Depp se montra très clair avec les journalistes : « Il n'y a rien de plus faux, asséna-t-il avec fermeté. Personne ne m'a forcé à faire quoi que ce soit. Il est impossible de devenir père parce qu'on s'y sent obligé. Je ne ferais jamais ça à celle que j'aime, ni à mon enfant. Je serais incapable de vivre dans le mensonge. »

Depp et Paradis, Depp et Paris... Ils semblaient avoir été faits l'un pour l'autre. En s'installant dans la capitale française, l'acteur se sentit bien plus détendu qu'il ne l'avait jamais été à Los Angeles, ou même à Londres.

Au début, les lois françaises sur la protection de la vie privée préservèrent le couple des indiscrétions de la presse. Depp appréciait beaucoup la culture parisienne, qui privilégie le littéraire au visuel, le profond au futile. Autant d'aspects en cohérence avec sa carrière, de son statut de beau gosse de série télé à celui d'artiste d'un cinéma intello. « Vous savez, à Paris, les gens s'en fichent, dit Depp. Les Européens apprécient l'art pour ce qu'il est. Ici, les films parlent des gens. En Amérique, il faut toujours qu'il y ait des tueurs venus de Mars. En France, personne ne s'intéresse à moi. Tout le monde se fout de savoir que je m'appelle Johnny Depp et que je travaille dans le cinéma. »

Alors qu'il faisait de la France sa nouvelle patrie d'adoption, les Français furent ravis de s'approprier Johnny Depp. En avril 1999, après le tournage de *Sleepy Hollow*, Depp revint à Paris pour recevoir un César d'honneur récompensant sa carrière et sa contribution au cinéma. Roman Polanski se chargea de le présenter, tandis que l'acteur ne put rien faire d'autre que de murmurer un timide « wahou, merci ».

« Ça m'a vraiment fait tout drôle, dit-il au sujet de son César. J'en suis vraiment resté bouche bée. C'est le genre d'honneur qu'on vous rend quand vous êtes prêt à mourir, une sorte de récompense pour l'œuvre de toute une vie. Je me suis dit qu'il y avait peut-être quelqu'un quelque part qui savait des choses que j'ignorais. Par exemple, qu'on allait me remettre ce prix et qu'après, ça serait fini pour moi. Mais ça m'a vraiment touché, même si je ne suis pas fan de ce genre de cérémonies. En fait, je comprends à quoi ça sert, mais je trouve trop bizarre le côté compétitif des remises de prix. J'ai eu l'impression que je devais accepter ce César, et qu'après, j'allais mourir d'une crise cardiaque. »

Sleepy Hollow : la légende du cavalier sans tête, adaptation du classique américain *La Légende du Val Dormant*, roman fantastique de Washington Irving, vit le jour grâce au magicien des effets spéciaux Kevin Yagher. Après avoir travaillé sur divers films au fil des années (dont une tentative de réalisation avortée pour donner une suite à *Hellraiser*), Yagher cherchait à développer une nouvelle adaptation du roman d'Irving dans le style des films fantastiques des années 50 et 60 de la Hammer, société de production britannique. Andrew Kevin Walker, scénariste de *Se7en*, avait écrit une adaptation macabre et violente qui s'éloignait largement du récit original. Tim Burton rejoignit le projet sur le tard, alors que après *Ed Wood*, il avait enchaîné avec *Mars Attacks !* et passé des années à tenter, en vain, de produire la suite des *Superman*. Quand son projet de *Superman Reborn* s'effondra pour de bon, Burton se mit en quête d'une nouvelle idée et s'intéressa au scénario de Walker. Si un film était fait pour Tim Burton, c'était bien *Sleepy Hollow*.

« J'aimais cette opposition entre le personnage sans tête et celui qui, justement, ne vit que dans sa tête », déclara Burton. Bien que le réalisateur ait ressenti le besoin de travailler encore le scénario, le réécrivant lui-même et avec l'aide de Tom Stoppard, il savait pertinemment à qui confier le rôle d'Ichabod Crane, ce limier new-yorkais qui, dès 1799, cherche à appliquer aux enquêtes criminelles les méthodes scientifiques de la police médico-légale. Il proposa donc le rôle à Johnny Depp. « Jouer Ichabod a été un vrai challenge. On a grandi avec ce personnage, on le connaît par cœur. Évidemment, j'y ai intégré tout ce qu'il y a dans le livre. Mais la Paramount ne voulait pas que je porte un faux nez, ni de grandes oreilles. Tim et moi, on a grandi avec la même vision, la même obsession pour ces choses qui semblent parfaitement normales mais qui en fait, quand on y regarde de plus près, sont totalement absurdes. »

Burton et Depp sont tous deux des hommes peu bavards qui répondent mieux aux stimuli visuels qu'aux mots, mais ils réussirent néanmoins à communiquer à leur façon. « C'est agréable de travailler avec Johnny, car il lui suffit de quelques mots pour comprendre, dit Burton. Comme s'il y avait une connexion invisible entre nous. »

De novembre 1998 à avril 1999, soit deux mois après que Vanessa Paradis fut tombée enceinte et jusqu'aux quelques semaines précédant la naissance de leur fille, Johnny Depp tourna *Sleepy Hollow* à Londres et dans la campagne environnante. Burton et l'équipe du film avaient entièrement reconstitué un village du dix-huitième siècle, leur « Val Dormant », à environ une heure de route de la capitale britannique. Le site de tournage comprenait des maisons construites de toutes pièces, des boutiques, une auberge, un pub et un pont couvert avec sa girouette : autant de faux décors adéquatement « vieillis » pour l'occasion.

C'est là qu'est envoyé le délicat Ichabod Crane, incarné par Depp, pour enquêter sur une série de meurtres par décapitation. Avec une distribution composée d'immenses acteurs de genre britanniques pour jouer les notables de la ville – Christopher

Lee, Michael Gambon, Ian McDairmid et l'Américain de service Jeffrey Jones – Burton comptait bien imprimer sa patte inimitable sur cette histoire du folklore américain si souvent racontée. « On voulait vraiment faire revivre l'esprit des vieux films d'horreur de la Hammer, de ceux de Vincent Price, de l'œuvre de Roger Corman, dit Burton. Dans ces films, les héros sont toujours un peu détachés, ambigus, absorbés par leur travail. Ils sont là, mais on ne sait presque rien d'eux. Et Johnny est parfait pour ça ; à l'écran, il irradie comme un acteur de film muet. C'est à peine s'il a besoin de parler. Ce genre de choses, ça ne se fabrique pas. »

Depp était d'accord avec son réalisateur : « D'une certaine manière, c'est un hommage à tous les films de Dracula, aux productions fantastiques de la Hammer dans les années 60. On n'accepterait pas ce style de jeu dans un film actuel. C'est peut-être un peu exagéré, difficile à expliquer... J'ai essayé de marcher sur le fil du rasoir. Tim est

Après Edward aux mains d'argent *et* Ed Wood, Sleepy Hollow *fut le troisième film que Johnny Depp tourna avec le réalisateur Tim Burton.*

particulièrement impressionnant : il vous fait des suggestions et il plante ses petites graines. On n'a plus qu'à s'en servir. »

Les retrouvailles de Johnny Depp avec Tim Burton sur un troisième film contrastaient beaucoup avec son travail pour Roman Polanski. « Burton me laisse carte blanche pour inventer mon personnage de A à Z », dit-il. Pour se préparer, Depp s'intéressa au travail de Peter Cushing et de Christopher Lee dans une variété de films d'épouvante produits par la Hammer. Le retour à un jeu d'acteur plus ancien, qu'il s'agisse des films muets pour *Edward aux mains d'argent* et *Benny & Joon*, ou de l'approche propre à la Hammer pour *Sleepy Hollow*, est une méthode de travail qui semble plaire à Depp. « Johnny sait mieux que quiconque à quel point les apparences sont trompeuses, déclara Burton au sujet des impénétrables performances de son acteur principal. Il nous fait voir le monde à partir d'une autre perspective. Et bien que ce soit le troisième film que nous tournons ensemble, on n'est jamais tombés dans le "revenons au plan A ou B". Il explore chaque aspect du rôle lui-même, un exercice dans lequel il excelle particulièrement. »

D'après le magazine *Rolling Stone,* dans *Sleepy Hollow* « Johnny Depp est au sommet de sa sincérité et de son comique, laissant filtrer l'enfant apeuré derrière le farouche défenseur de la raison scientifique. » Dans *The San Francisco Chronicle*, Mick LaSalle préféra aller à contre-courant des critiques : « Depp tressaille, cligne des yeux, renifle, fait la moue et manque de simplicité, écrivit-il dans un billet d'humeur contre le film. Parfois, un acteur doit opter pour le second degré afin de ne pas sombrer avec le navire, et c'est ce que Depp a réussi à faire. »

Les résultats de *Sleepy Hollow : la légende du cavalier sans tête* au box-office américain parlent d'eux-mêmes. Après toute une série de déceptions, Depp fut heureux d'apprendre que l'insolite film à sensations de Tim Burton avait réalisé un bénéfice de plus de 101 millions de dollars aux États-Unis lors de sa sortie le 19 novembre 1999, ainsi que 105 millions supplémentaires à l'international. Cet authentique blockbuster rafla également plusieurs prix, notamment un pour Depp : celui de meilleur acteur dans un film d'horreur des Blockbuster Entertainment Awards. Il fut également nommé aux Golden Satellite Awards dans la catégorie « meilleur acteur dans une comédie/comédie musicale », ainsi qu'au titre de meilleur acteur des Academy of Science Fiction, Fantasy, and Horror Films Awards. En fait, *Sleepy Hollow* s'imposa comme le premier véritable succès commercial de Johnny Depp.

Pendant le tournage de *Sleepy Hollow*, l'acteur connut de nouveaux démêlés avec la presse et se retrouva dans une cellule de la police londonienne, offrant aux médias une suite idéale à l'histoire du mauvais garçon qui avait démoli une chambre du Mark Hotel. En fait, il dînait à Londres avec Vanessa Paradis quand il se rendit compte que le restaurant était assiégé par les paparazzi. « Ils voulaient une photo de moi avec ma copine enceinte, se souvient Depp à propos de cet incident. Ça m'a mis en colère,

qu'ils soient capables de nous voler une chose aussi sacrée pour vendre plus de papier. » Depp expliqua aux photographes qu'à titre exceptionnel, il voulait qu'on le laisse dîner tranquillement avec Vanessa Paradis. « Et ils m'ont répondu : "Non, on va vous attendre ici" », raconta Depp au magazine *Premiere*.

C'en était trop pour Depp, qui se saisit d'une planche de bois à proximité (d'après lui une sorte de cale-porte) et en menaça les photographes après avoir tapé sur les doigts de l'un d'entre eux. Puis il les mit au défi de le prendre en photo. D'après *Premiere*, il leur aurait dit : « "Allez-y, prenez votre photo. Le premier qui ose faire crépiter son flash, je lui colle ça en travers de la figure." Ils étaient six. Aucun n'a pris de photo. La beauté, la poésie de la peur dans les yeux de ces sales tronches d'asticots, ça valait vraiment le coup. » L'un des photographes réussit néanmoins à appeler la police, qui ne tarda pas à arriver sur place pour embarquer Depp les menottes aux

Depp donna vie au très sérieux Ichabod Crane de Sleepy Hollow *quelques semaines avant que son existence prenne un tout nouveau tournant avec la naissance de sa fille, Lily-Rose Depp.*

poings et offrir ainsi aux paparazzi le genre de photos qui se vendent très facilement aux tabloïds. Pourtant, Depp resta imperturbable : « Ça ne me dérangeait pas d'aller en prison pour quoi, cinq ou six heures ? Vraiment, ça en valait la peine. » La police le relâcha au bout de quelques heures sans retenir aucune charge contre lui.

Tout en ressentant une certaine compassion pour l'acteur, Roman Polanski reconnut dans son comportement un mécanisme de réaction particulier qu'il espérait que Depp puisse un jour dépasser. « Il réagit viscéralement, et c'est exactement ce qu'ils attendent. En se comportant comme un adolescent, il tombe dans leur panneau. Il devrait se défaire de cette mauvaise habitude. »

De retour à Paris vers la fin du printemps 1999, Johnny Depp dut se faire à l'idée de mûrir en hâte pour être prêt à la naissance de sa fille. Il fit de son mieux pour se préparer à cet événement et acheta même une montre, un objet qu'on avait rarement vu à son poignet, afin de chronométrer les contractions de Vanessa quand le grand jour arriverait. « Mais quand les contractions ont commencé, je me suis senti bien inutile, admet-il. J'ai passé mon temps à bidouiller ces satanés boutons [sur la montre]. Donner la vie, c'est quelque chose de très puissant. L'homme a beau rentrer dans la salle d'accouchement pour regarder sa femme à l'œuvre, ça n'y change rien. Je n'ai jamais rien vu d'aussi fort qu'une femme qui donne la vie. »

Le soir du 27 mai 1999, à 20 h 35, la vie de Johnny Depp changea radicalement avec la naissance de Lily-Rose Melody Depp, la fille que lui donna Vanessa Paradis. Cet instant devait avoir un profond impact sur l'acteur. « J'ai l'impression d'avoir passé trente-six ans dans le brouillard. À la seconde où elle est née, ce brouillard s'est dissipé. Vanessa est la plus belle femme du monde et ma fille est la plus belle créature qui ait jamais existé. Aujourd'hui, je m'inquiète de ce qui se passera d'ici quarante ou cinquante ans. J'ai l'impression qu'avant, je ne vivais pas vraiment. Ce bébé m'a donné la vie. »

Où Depp avait-il été chercher un tel prénom pour sa fille ? Il s'avéra que Lily-Rose « était le seul nom de fille qu'on ait trouvé, confia Depp dans l'émission *Charlie Rose*. On adorait tous les deux le prénom "Lily", et il me semble que c'est la mère de Vanessa qui a proposé "Rose". Ma mère s'appelle Betty-Sue et on voulait un prénom qui sonne un peu de la même manière, qui rappelle le sud des États-Unis. D'où "Lily-Rose". Quant à son deuxième prénom, Melody, il vient d'une chanson de Serge Gainsbourg intitulée *Melody Nelson*. »

Vanessa Paradis persuada Johnny Depp, fumeur invétéré tout au long de sa vie, de réduire sérieusement sa consommation quotidienne de trente cigarettes, voire de s'arrêter complètement de fumer. Alors que le couple s'installait dans une apparente normalité domestique, Depp laissa tomber ses anciennes habitudes, à savoir la drogue, la boisson et les fêtes. Il faisait de l'apprentissage du français une priorité. Vanessa Paradis parlait un anglais parfait et il se rendit compte que leur fille serait bilingue, donc capable de parler de lui en sa présence sans qu'il n'y comprenne rien. Et il était bien décidé à ne pas laisser se produire une chose pareille !

Depp quitta l'appartement montmartrois qu'il louait pour en acheter un autre d'un million de dollars à Paris, ainsi qu'une propriété de deux millions de dollars à seulement quarante minutes de Saint-Tropez, dans le village de Saint-Aygulf. C'est également à cette époque qu'il racheta le Man Ray, un restaurant près des Champs-Élysées dont il est copropriétaire avec quelques amis, dont Sean Penn et Bono. Malgré son bonheur, ses problèmes avec la presse restaient toujours aussi présents dans son esprit. « Je suis papa d'une petite fille, j'ai une famille et je veux être normal, c'est tout. Et je n'ai pas envie qu'on me considère comme une bête de foire. Quand certains essaient de me transformer en animal de zoo, je sens la colère monter en moi. J'ai simplement horreur de ça. »

Le réalisateur Terry Gilliam, toujours en contact avec l'acteur depuis *Las Vegas Parano* dans l'espoir qu'il accepterait un rôle dans son projet d'adaptation de *Don Quichotte*, remarqua un changement en lui. « Il est pathétique, dit Gilliam en plaisantant. Complètement gâteux, comme si sa fille était le premier enfant sur Terre. "Elle a les fesses irritées, oh mon Dieu !" Il perd toute repartie et toute finesse quand il est avec elle ; elle en a fait un vrai chamallow. »

Son père ne souhaitant pas revenir aux États-Unis dans un avenir proche, il semblait certain que Lily-Rose grandirait en France. « Avant, je pensais qu'il était encore possible d'élever des enfants dans l'Amérique profonde, dit Depp. Dans le Colorado ou ailleurs. Mais en fait, non. Pas quand des abrutis rentrent dans les écoles pour tirer sur les enfants. Ce pays est totalement hors de contrôle, il est en train d'imploser. Aujourd'hui, je déteste Los Angeles. Cette ville est une machine, elle est incapable de vous inspirer. C'est justement ce que j'adore à Paris : tout y est poésie. »

En délaissant Los Angeles, on aurait pu penser que Depp prenait sa retraite. Bien qu'il n'ait aucune intention d'abandonner son métier d'acteur, il avait très envie de se tenir à distance du « business » : « Je suis heureux d'avoir déménagé. Je me félicite d'avoir pris la décision de ne plus lire les magazines, de ne plus voir autant de films qu'avant, de ne plus savoir qui est qui, qu'il s'agisse de producteurs ou de comédiens. » Après le tournage de *Sleepy Hollow*, Johnny Depp revint pourtant à Hollywood pour se livrer à une forme de reconnaissance professionnelle absolument inattendue : son étoile sur le Hollywood Walk of Fame. « J'ai trouvé ça marrant, admet-il. Il y a là-dedans quelque chose de pervers et d'absurde qui me plaît bien. Cette ville n'a jamais vraiment accusé réception de ma présence... J'ai passé quinze ou seize années à me battre à Hollywood, et, du jour au lendemain, j'ai droit à mon étoile sur Hollywood Boulevard ! Beaucoup de gens m'ont dit : "Et pourquoi tu ferais ça ?", et la seule réponse que j'ai trouvée, c'était : "Mais pourquoi pas ?" C'est un peu comme être

Autrefois outsider à Hollywood, Depp reçut la distinction suprême de la ville du cinéma avec sa propre étoile sur le Walk of Fame, qu'il inaugura avec Vanessa Paradis.

invité à la Maison-Blanche. Peu importe si vous êtes radicalement opposé au président en place, vous y allez uniquement pour voir ce qui s'y passe. De plus, je dois admettre que je me suis senti honoré dans la mesure où c'est l'une des plus anciennes traditions hollywoodiennes, cette étoile sur le Walk of Fame, et quelque part, ça m'a touché. L'image qui m'est tout de suite venue à l'esprit, c'était en fait d'imaginer ma fille, dans quarante, soixante ou soixante-dix ans, en train de descendre cette rue et de se dire : "Oh, voilà l'étoile de Papa." Donc ça n'est pas si désagréable. Même si au début, cette offre m'a un peu stupéfié. »

Bien qu'il ait été décrit trop souvent dans la presse comme la star anti-Hollywood, Depp prit un malin plaisir à s'envoler pour L.A. avec Vanessa Paradis, à y retrouver sa mère et son beau-père et à se prêter au jeu des mondanités et des relations publiques. Il est difficile de savoir s'il se décida sur les conseils de son agent pour redorer son image, ou si la naissance de sa fille, alliée à son exil volontaire en France, avaient quelque peu radouci son attitude envers l'industrie du cinéma. Toujours est-il que Depp fit le voyage, et qu'il sourit même devant les caméras...

7

LOIN D'HOLLYWOOD

À l'aube du vingt et unième siècle, Johnny Depp, trente-six ans, profitait d'une nouvelle vie inattendue en France. La vie commune avec Vanessa Paradis devint littéralement un paradis pour la star autrefois perturbée. Leur relation connut aussi ses problèmes. Il y eut des disputes et des séparations : « On s'est disputés. C'était ma faute, évidemment, mais on s'est réconciliés. On n'a pas le choix, car aujourd'hui nous sommes parents », confia Depp au magazine *Avantgarde*.

Depp restait convaincu que la naissance de sa fille Lily-Rose lui avait apporté un nouveau but dans la vie : « Ce bébé m'a donné la vie. Chaque matin, je regarde ce magnifique petit ange fascinant de pureté se réveiller et me sourire, et il n'y a rien de plus beau au monde. Elle m'offre la possibilité de faire de nouvelles découvertes chaque jour. Elle me permet d'aimer, très profondément. Elle est ma seule raison de me lever le matin, ma seule et unique raison de respirer. »

Malgré sa dévotion envers sa fille et sa compagne, Johnny Depp avait d'autres bonnes raisons de se lever le matin. Depuis le succès commercial de *Sleepy Hollow*, il était encore plus demandé qu'avant. Mais ce n'était pas évident de poursuivre une carrière d'acteur de cinéma depuis Paris. Depp mettait au point une nouvelle façon d'envisager sa carrière, une approche qui lui permettrait de ne revenir que très rarement à Los Angeles. Il était désormais beaucoup plus attiré par les films tournés près de Paris ou de Londres. Il fit quelques apparitions à la télévision britannique, notamment dans les séries comiques *The Fast Show* (en décembre 2000) et *The Vicar of Dibley*. Cela amusa le public anglais, un peu dérouté de voir une grande star hollywoodienne « se compromettre » dans de modestes séries télé, même si l'une de ces apparitions permit de soutenir un événement caritatif au profit d'une grande cause.

Dans l'immédiat, afin de résoudre ce dilemme professionnel, Depp accepta de petits rôles dans des films indépendants ou à petit budget. S'ils étaient tournés aux États-Unis, au moins n'avait-il pas à quitter son foyer aussi longtemps que s'il avait accepté le rôle principal. S'ils étaient tournés en Europe, c'était encore mieux. C'est ainsi que l'étrange Johnny Depp accepta trois rôles secondaires, dans *Avant la nuit*, *The Man Who Cried* et *Le Chocolat*, autant de personnages à des années-lumière de l'Ichabod Crane de *Sleepy Hollow*.

Julian Schnabel, artiste new-yorkais reconverti à la réalisation, s'était fait connaître sur la scène du cinéma indépendant en 1996 grâce à *Basquiat*, biographie romancée du peintre Jean-Michel Basquiat. Depp, qui avait adoré ce film, avait contacté le réalisateur pour le lui faire savoir. Schnabel s'attela à un nouveau projet, l'adaptation cinématographique de la vie chaotique de Reinaldo Arenas, écrivain cubain exilé aux États-Unis. « Quand il a débarqué [dans ma vie], il a dit beaucoup de choses qui m'ont profondément touché. Je ne saurais vous donner une explication logique sur les raisons qui me poussaient à raconter cette histoire... »

Avant la nuit s'inspire donc des mémoires de cet écrivain cubain peu connu. Auteur acclamé et maintes fois récompensé dans sa jeunesse, Arenas fut persécuté, jeté en prison et finalement banni de son propre pays en raison de son homosexualité, mais aussi parce qu'il avait été publié à l'étranger sans la permission officielle de Cuba. Atteint du sida, Arenas se suicida en 1990. Ses mémoires, *Avant la nuit*, furent publiées à titre posthume trois ans plus tard. Ce récit captivant sur un sujet très intéressant avait tout pour devenir un film important et émouvant.

En engageant Johnny Depp dans le double rôle mineur du scandaleux travesti Bon Bon et du refoulé et répressif lieutenant Victor, Schnabel s'inspira d'un élément récurrent dans l'œuvre d'Arenas. « Dans les livres de Reinaldo, un même personnage peut en être deux ou trois autres à la fois ; par exemple, un protagoniste peut être à la fois un homme et une femme, expliqua le réalisateur. J'aime à croire que Reinaldo aurait aussi pu imaginer le lieutenant Victor et Bon Bon comme une seule et même personne, que les services secrets cubains puissent aller aussi loin pour déstabiliser leurs prisonniers. Le fait que Bon Bon/lieutenant Victor incarne la vision que se fait Reinaldo de la beauté et de sa destruction est typique de l'œuvre de l'écrivain. Le seul vrai corps de Reinaldo, c'est celui que forment ses œuvres : il transformait tout ce qu'il touchait en littérature. »

L'interprétation du lieutenant Victor par Depp est beaucoup plus travaillée que ce qu'on pourrait croire face à la brièveté de son apparition dans ce rôle. « Je voulais exprimer à quel point une personne peut changer une fois qu'elle porte un uniforme, dit Depp. Beaucoup de gens deviennent des symboles de pouvoir. On en trouve par exemple parmi les vigiles des hôtels ou des grands magasins. En général, ce sont des types lambda plutôt sympathiques, mais dès qu'ils enfilent leur uniforme, ils commencent à abuser de leur pouvoir et se mettent à brutaliser les plus faibles. Je voulais incarner quelqu'un d'effrayant, qui se sent puissant en portant l'uniforme. » De même,

le travestissement de Depp était aussi un uniforme qui conférait plus de puissance au personnage de Bon Bon. « C'est justement ça, être acteur : se glisser dans la peau d'un personnage, dit-il. Je me suis vraiment éclaté, mais les talons hauts, c'était l'enfer. »

Depp apporta son soutien au projet de Schnabel, ravi de prêter son pouvoir cinématographique à ce petit film tant qu'on le traiterait comme un acteur parmi d'autres. La véritable vedette du film était le comédien espagnol Javier Bardem (Arenas). Johnny Depp, aux côtés de Sean Penn, son partenaire en affaires dans le restaurant Man Ray, prêtèrent leurs noms au film à travers des apparitions brèves mais néanmoins chargées. Penn est particulièrement méconnaissable sous les traits de Cuco Sanchez, un étrange paysan qui rencontre Arenas adolescent. Les réalisateurs Hector Babenco (*Le Baiser de la femme-araignée*) et Jerzy Skolimowski (*Le Cri du sorcier*), que l'on avait vus dans *I Love L.A.* avec Depp, firent également de petites apparitions dans le film.

Quant à Javier Bardem, il se réjouissait d'être soutenu par Johnny Depp. Il n'était pas inquiet à l'idée qu'un grand nom d'Hollywood puisse éclipser ses propres efforts. « Johnny a fait un boulot incroyable, dit Bardem. Il s'est montré très généreux, son aide m'a été précieuse. Il est vraiment rentré dans le personnage de Bon Bon, et cette

Travesti en Bon Bon dans Avant la nuit, *Depp fit tourner plus d'une tête !*

autre scène où il joue le lieutenant Victor restera gravée à jamais dans ma mémoire. Je l'admire énormément. »

Bardem fut tout aussi séduit par Depp en travesti : « La première fois que j'ai vu Bon Bon sur le plateau, je n'ai pas compris que c'était Johnny. Je regardais cette fille maquillée comme une voiture volée avec son gros derrière, et je me suis dit : "Wahou, je me la ferais volontiers !" Je n'ai pas changé d'avis quand j'ai su que c'était Johnny. Il est vraiment bel homme ; qui refuserait de lui faire l'amour ? Je connais pas mal de filles qui tueraient pour avoir les fesses de Bon Bon. »

Avant la nuit fut tourné au Mexique en soixante jours à la fin de l'année 1999, principalement à Veracruz et à Merida, bien que Depp n'y ait passé que très peu de temps. On dit d'ailleurs qu'il travailla gratuitement sur ce film. La reconstitution d'une copie convaincante du Cuba historique nécessita beaucoup d'efforts, un décor dont Schnabel s'assura de l'exactitude grâce à la contribution de nombreux exilés cubains. Le film, sorti en décembre 2000, remporta un succès critique retentissant, les journalistes envisageant la prestation de Depp comme une partie de l'ensemble et non pas comme une apparition grandiose. Toutefois, la plupart des critiques étaient accompagnées d'une photo de lui dans ses deux rôles. *Variety* remarqua le côté insolite des performances de Depp : « Dans la séquence la plus drôle du film, Johnny Depp fait une ou deux apparitions, brèves mais mémorables, dans le rôle de Bon Bon, un travesti au glamour de caniveau, très doué pour la contrebande par voie rectale, qui réussit ainsi à faire sortir de prison des chapitres entiers du livre de Reinaldo. » *Avant la nuit* rapporta à peine plus de quatre millions de dollars de recettes aux États-Unis, un résultat cependant tout à fait honorable pour un film indépendant à petit budget. Si celui-ci présentait peu d'intérêt aux yeux du grand public, il en avait beaucoup pour ceux qui apprécient Johnny Depp.

The Man Who Cried était exactement le genre de film que Johnny Depp recherchait. Il s'intégrait parfaitement à sa nouvelle vie parisienne. Dans ce drame de guerre de Sally Potter, il joue le second rôle néanmoins important de Cesar, un Gitan dresseur de chevaux, aux côtés de l'actrice principale Christina Ricci. Le film devait être tourné à Paris à l'automne 1999. Le nouveau mode de vie de Depp semblait fonctionner. « J'ai quitté les États-Unis et je n'ai passé que deux semaines dans ma maison de Los Angeles, dit-il. Je travaillais sur le long-métrage de Sally Potter à Paris, et j'ai dû partir au Mexique pour jouer un petit rôle dans le film d'un ami [*Avant la nuit*]. J'ai d'abord fait escale à L.A. et comme j'avais voyagé avec Harry Dean Stanton, on est allés manger au restaurant. Au bout d'une heure, un type s'est pointé avec son scénario. Puis un autre a fait de même cinq minutes plus tard. Cette ville est un véritable asile de fous. À Paris, les gens ne sont pas si obsédés. C'est merveilleux de vivre dans un endroit où l'on permet à la culture d'exister, où les gens respectent l'histoire et la vie, l'art et l'architecture, et tout le reste. »

Dans *The Man Who Cried*, Johnny Depp retrouva Christina Ricci pour la troisième fois après *Las Vegas Parano* et *Sleepy Hollow*. L'actrice interprétait le rôle principal, une Juive en exil élevée à Berlin qui tombe amoureuse de Cesar le Gitan juste au moment où les nazis arrivent à Paris. Contrainte à la fuite, elle laisse son amour derrière elle pour retrouver son père là où elle s'y attend le moins, c'est-à-dire à Hollywood.

La première rencontre entre Christina Ricci et Johnny Depp avait eu lieu sur le tournage du film *Les Deux Sirènes*, dans lequel jouait Winona Ryder, petite amie de l'acteur à l'époque. Christina Ricci n'avait que neuf ans. « J'étais complètement sous le charme. Il a été vraiment adorable avec moi, se souvient la comédienne. C'est un vrai bonheur de travailler avec lui, car c'est l'une des personnes les plus gentilles que j'aie jamais rencontrées. Il est passionné et sincère. C'est à la fois un acteur incroyable et quelqu'un de très humain. Mais j'étais un peu intimidée de jouer avec lui, parce que je l'avais connu quand j'étais petite et que je l'admirais depuis très longtemps. C'était étrange et gênant de le retrouver à l'écran dans le rôle de mon amoureux. »

Depp était impatient de retravailler avec elle, car il avait beaucoup apprécié sa performance dans *Sleepy Hollow*. « Christina est l'une des rares actrices capable de faire

Depp vit en The Man Who Cried *une chance de jouer dans un film d'art et d'essai sans devoir assumer le premier rôle et porter toute l'histoire sur ses épaules.*

des choix aussi courageux, non seulement dans les films qu'elle décide de tourner, mais aussi dans le travail qu'elle fait », confie Depp.

Dans *Sleepy Hollow*, et encore plus dans *The Man Who Cried*, Johnny Depp et Christina Ricci durent jouer les amoureux. « La première chose qui m'est venue à l'esprit, c'était "Oh mon Dieu, je la connais depuis qu'elle a neuf ans et maintenant je dois l'embrasser et lui faire l'amour devant la caméra !" » se souvient Depp.

« Dans ce film, c'était bizarre, confie Christina Ricci au magazine *Movieline*. On devait coucher ensemble dans presque toutes nos scènes, et ces scènes étaient assez crues ! La première fois qu'on a essayé de faire les choses sérieusement, on a tous les deux éclaté de rire en se disant : "C'est ridicule !" » D'une manière ou d'une autre, le duo réussit à tourner ses scènes d'amour, bien que leurs retrouvailles dans des rôles sexuellement provocants à l'écran ne firent rien – une fois de plus – pour atténuer les spéculations infondées de la presse qui leur prêtait aussi une relation à la ville.

Depp voyait en *The Man Who Cried* un nouveau projet artistique auquel il pourrait prendre part sans avoir à porter tout le film sur ses épaules, et il fut séduit par le fait qu'il devait être tourné à Paris, sa nouvelle ville d'adoption. « Sally Potter, qui avait fait *Orlando*, était la réalisatrice du film. C'est une femme très intéressante, brillante, fine et profondément humaine, dit Depp. L'histoire raconte ce qu'ont dû subir les Juifs et les Gitans sous l'Occupation. Personne n'en parle jamais, donc je trouvais que c'était l'occasion rêvée de faire passer le message. »

Le résultat est une œuvre cinématographique fort attrayante qui raconte une histoire simple de façon magique. Depp n'a pas beaucoup de dialogues, mais on le voit plusieurs fois monter à cheval et coucher avec Christina Ricci.

Sorti le 25 mai 2001 aux États-Unis, *The Man Who Cried* se retrouva en compétition avec de grosses machines hollywoodiennes telles *Lara Croft : Tomb Raider*, *Le Retour de la Momie* et *Rollerball*. Le film fit moins d'un million de dollars de recettes… Parallèlement, la réaction des critiques fut assez mitigée. « Voilà un film incroyablement ambitieux », dit Roger Ebert dans *The Chicago Sun-Times*, tandis que Mick LaSalle, journaliste au *San Francisco Chronicle*, mit le doigt sur ce qui d'après lui était le problème du film : « Christina Ricci et Johnny Depp sont ennuyeux. Scène après scène, ils ouvrent grand les yeux et font semblant d'éprouver de profonds sentiments tout en gardant l'air impassible… »

Pendant un certain temps, Johnny Depp conserva un souvenir concret du tournage de *The Man Who Cried* : les deux dents en or qu'il avait dû se faire poser pour son rôle de gitan. « Le type qui m'a fait ça les a appliquées directement sur mes vraies dents, raconta Depp au sujet de sa dentition tape-à-l'œil. Comme on m'a prévenu que les enlever ne serait pas une partie de plaisir, je pense que je vais les garder encore un peu. Il y a toujours des choses que j'ai envie de remettre au lendemain, et mon rendez-vous chez le dentiste en fait partie. »

Plus tard, alors qu'il affichait toujours son sourire doré, l'acteur se justifia de nouveau par la peur du dentiste, mais peut-être avait-il fini par s'y habituer. « J'ai une peur panique du dentiste, car pour retirer des dents en or, la procédure est encore plus effrayante : le dentiste doit les poncer. Et je ne suis pas un grand fan des dentistes ! »

Après avoir passé Noël en famille dans le sud de la France, Depp se remit au travail dès février 2000 et revint aux États-Unis accompagné de sa femme et de leur fille. « Le fait qu'elles soient venues avec moi n'interfère en rien sur mon travail, sauf quand je suis physiquement sur le plateau. C'est ça le plus difficile, parce que ça m'oblige à me séparer d'elles. J'ai essayé de rester à distance d'Hollywood le plus longtemps possible, de me tenir à l'écart de cet esprit de compétition. Tout ce que je veux, c'est faire mon travail du mieux possible, passer du temps avec ma famille, boire du vin et fumer des cigarettes. C'est tout ce qui compte pour moi. »

Pourtant, Depp savait encore saisir les bonnes opportunités. Quand le réalisateur Ted Demme (neveu de Jonathan Demme, réalisateur oscarisé pour *Le Silence des agneaux*) lui proposa le rôle de George Jung dans son film *Blow*, Depp sauta sur cette occasion d'incarner un personnage qui symbolisait si bien le rêve américain et l'impossibilité de le réaliser. Inspiré par une histoire vraie ayant pour sujet l'essor de la consommation de cocaïne aux États-Unis sur une période de plus de trente ans, et portant notamment sur la « Columbian connection » de Pablo Escobar, *Blow* dut être considérablement simplifié pour être adapté à l'écran. Pour Demme, couvrir trente ans d'histoire contemporaine était une tâche déjà assez ardue pour éviter d'aller se perdre dans les petits détails. De nombreux éléments furent donc modifiés pour le film, en particulier le rôle joué par Hollywood...

« Pour le rôle de George Jung, nous savions que la clé du succès dépendrait de la subtilité et de l'intelligence qu'un acteur pourrait y déployer. Nous avions besoin de quelqu'un qui soit capable d'en faire autre chose qu'un simple trafiquant de drogue, et c'est exactement ce que Johnny a fait. Il intègre toujours quelque chose de cérébral à ses rôles et leur fait prendre des directions inattendues », déclara le producteur Joel Stillerman.

« Je trouvais l'histoire de George Jung absolument hallucinante, continua Ted Demme. C'est l'histoire d'un rêve américain qui a terriblement mal tourné, celle d'un petit provincial qui a investi tout son talent et tous ses rêves dans le trafic de cocaïne. Comme beaucoup d'Américains, il voulait contrôler son propre destin, vivre selon ses propres règles, et il a trouvé un moyen d'y parvenir et de s'enrichir. La plupart des gens peuvent comprendre ce que recherchait George, à qui personne n'a jamais expliqué ce qu'il devait et ne devait pas faire, ni ses parents, ni les hommes politiques, ni la justice. »

Quant à Depp, il savait qu'en acceptant d'incarner un personnage bien vivant, il aurait beaucoup de recherches à faire, comme ce fut le cas avec Hunter S. Thompson

et Joe Pistone. Afin de s'inspirer de son expérience d'initié sur l'existence imprévisible d'un dealer de drogue, il rencontra plusieurs fois le vrai George Jung, en prison jusqu'en 2014. Jung n'avait jamais entendu parler de Depp et interrogea d'autres prisonniers pour savoir si cet acteur-là serait à la hauteur. Le lendemain, Jung appela Demme et lui dit : « Bon, ce Johnny Depp, les gars disent qu'il est bien. » Depp se souvient de sa propre réaction : « Ça m'a fait très plaisir. C'était sympa d'apprendre que j'étais apprécié en prison ! » Au fil de ses discussions avec Jung, Depp devint de plus en plus fasciné par sa manière de penser, qui faisait largement écho à la sienne. « Il se considérait vraiment comme un pirate des temps modernes. Il ne faisait pas confiance au système, à la politique, à la justice ni aux patrons. Il voulait juste profiter à fond de la vie. Il n'avait aucune envie de finir comme tout le monde avec un job ennuyeux à mourir. Il avait une vraie vision de la liberté. Il cherchait simplement à faire ce qui lui plaisait et à vivre intensément. Mais ça s'est retourné contre lui, et il a tout perdu, même ceux qu'il aimait. »

L'expérience de Jung rappela à Depp le chemin qu'il avait suivi pour obtenir ce que d'aucuns considèrent comme le rêve américain, à savoir gloire et fortune. « Ça m'a rappelé mes débuts en tant qu'acteur, car quand j'ai démarré, ce n'était pas du tout ce à quoi je rêvais, avança Depp. J'ai commencé à gagner plus d'argent que je n'en avais jamais vu de toute ma vie. Une chose en entraînant une autre, je me suis retrouvé en pleine ascension et rien ne pouvait arrêter la machine. C'est ce qui est arrivé à George. Il s'est contenté d'aller vers ce qui ressemblait – à première vue – à un avenir prometteur. »

En George Jung, Johnny Depp avait encore trouvé l'un de ces rôles de « naïfs en terre étrangère » qui caractérisent sa carrière. Conscient qu'il allait apporter sa propre touche au personnage, il savait aussi qu'il devait incarner une vraie personne dans une version de sa vraie vie. « Je me sens profondément responsable envers George Jung parce qu'il vit dans une cellule de prison, sans possibilité d'obtenir sa liberté conditionnelle avant très longtemps. Je n'ai pourtant pas passé tant de temps que ça avec lui, mais un jour, j'ai senti que le personnage était en place. C'est un moment très excitant, quand on se rend compte qu'on pense, qu'on bouge et qu'on parle comme quelqu'un d'autre. »

« Il a vraiment reproduit le langage corporel de Jung, il a même commencé à étrangement lui ressembler physiquement, raconte la productrice exécutive Georgia Kacandes. Il y a un changement très subtil qui s'opère en Johnny, entre la jeunesse de George et le moment où le stress commence à le ronger de l'intérieur. Son corps

---

En incarnant George Jung dans Blow, *Depp illustra la vie de château que le trafiquant de drogue avait pu s'offrir, mais aussi la vie de misère qui finit par causer sa perte...*

s'effondre sur lui-même et c'est fascinant. Johnny donne vie à son rôle sans maquillage ni costumes. Tout se passe dans sa tête. »

L'acteur partageait l'affiche du film avec Penelope Cruz : « Elle joue le rôle de Mirtha, cette ravissante amazone que George aimerait bien dompter, même s'il sait qu'il ne peut pas. En tant qu'actrice, elle m'a profondément impressionné », déclara Depp. De son côté, Penelope Cruz fut tout aussi éblouie par son partenaire. « Johnny est l'une des personnes les plus originales que j'aie jamais rencontrées. Il possède un charisme magique et il n'a jamais besoin de forcer le trait. Je ne sais pas si cette qualité est innée ou s'il faut la travailler, mais c'est quelque chose de rarissime. »

Outre Penelope Cruz, Ted Demme confia les autres rôles principaux à un casting d'acteurs internationaux, notamment à la comédienne allemande Franke Potente, à l'Espagnol Jordi Molla et à l'acteur typiquement américain Paul Reubens. Dans le

« Je me sens profondément responsable envers George Jung », admit Depp, qui incarnait à nouveau un personnage réel à l'écran.

film, les parents de George Jung sont interprétés par Ray Liotta et l'Australienne Rachel Griffiths, qui pourtant ont presque le même âge que Johnny Depp : Ray Liotta a six ans de plus que lui, tandis que Rachel Griffiths est de cinq ans sa cadette. On recourut au maquillage et aux costumes pour créer l'illusion que ces personnages vieillissaient au cours de la période de trente ans couverte par le film.

Blow fut tourné en décors réels dans le sud de la Californie et au Mexique entre les mois de février et de mai 2000. L'inventivité du chef décorateur Michael Hannan permit de reconstituer une dizaine de décors à travers plusieurs décennies différentes, notamment les États du Massachusetts, de Floride, de Californie, de New York et de l'Illinois, sans oublier le Mexique et la Colombie.

Sorti le 6 avril 2001, *Blow* fut salué par une critique presque unanime. Dans *The Wall Street Journal*, Joe Morgenstern considéra la prestation de Depp comme un peu trop parfaite : « Il est la source d'énergie du film, mais aussi l'emblème de son problème fondamental. George étant incarné par un acteur au charme si naturel, rien ne semble pouvoir salir cet homme peu aimable et peu respectable... » Les critiques se montrèrent très partagées quant au personnage. « Depuis l'histoire des Corleone, on a rarement vu un film illustrant de façon aussi poignante et compatissante la misérable existence d'un criminel », écrivit Lou Lumenick dans *The New York Post*, tandis que dans *The Washington Post*, Stephen Hunter déclara qu'il était « impossible de transformer la vie d'une souris en épopée cinématographique ». Roger Ebert se montra également circonspect dans *The Chicago Sun-Times* : « Johnny Depp est un acteur fiable et polyvalent qui ne choisit quasiment que des projets intéressants. Mais avec George Jung, il s'est trompé. Malgré ses succès éclatants et son échec pathétique, il n'est jamais devenu quelqu'un d'assez intéressant pour qu'on fasse un film sur lui. »

Blow engrangea près de 53 millions de dollars au box-office américain, une très bonne performance pour un film au budget relativement modeste et dont Johnny Depp était presque le seul argument commercial.

Pour Depp, l'aventure *Blow* se conclut sur une bien triste note quand le dimanche 13 janvier 2002, Ted Demme, alors âgé de trente-huit ans, succomba contre toute attente à une crise cardiaque. Il mourut à Los Angeles, à l'issue d'un match de baseball réservé aux célébrités. L'autopsie et les tests toxicologiques ne donnant pas de résultats certains, on déclara que le décès était dû à des « causes naturelles », même si beaucoup pensaient que les drogues que Demme avait consommées par le passé avaient affaibli son cœur. Depp assista aux funérailles à Los Angeles, qualifiant Demme de « compagnon tombé au combat » et se déclarant « dévasté » par cette mort subite, en particulier parce qu'ils avaient presque le même âge.

Au début du vingt et unième siècle, la rumeur disait que Johnny Depp était en lice pour différents rôles, notamment celui du poète écossais Robbie Burns dans une biographie cinématographique baptisée *Clarinda*, d'après le nom de l'ex-femme d'un avocat de Glasgow qui avait inspiré à Burns son poème *Ae Fond Kiss*. Le fait que Depp soit pressenti pour le rôle suscita une grande polémique. La plupart des gens pensaient qu'Ewan McGregor, vedette de *Star Wars* et de *Trainspotting*, le décrocherait sans difficulté, mais le producteur James Corso préféra confier le rôle à Depp, pensant qu'il ferait venir plus de monde dans les salles. Mais ce film au budget de 28 millions de livres sterling ne vit jamais le jour, sabordé par une révélation : l'escroc repris de justice Eric Rowan travaillait pour Alloway Productions, la société qui devait produire le projet.

Était-ce le fait que *Le Chocolat* soit tourné en France et que Depp se soit vu offrir un second rôle important qui lui donna envie de jouer dans ce film ? Était-ce l'occasion de retravailler avec Lasse Hallström, le réalisateur de *Gilbert Grape* ? Ou celle de retrouver Lena Olin, épouse d'Hallström et partenaire de Depp à l'écran dans *La Neuvième Porte* ? Ou encore simplement la possibilité de jouer de la guitare dans un film, un événement inédit pour cet acteur fan de musique ? « C'est la première fois que je joue réellement de la musique dans un film. Dans *Cry Baby*, j'avais fait semblant de gratter ma guitare. Cette fois-ci, c'est vraiment moi qui en joue. J'ai ressorti de vieux disques de blues, j'ai beaucoup travaillé et j'ai adoré ça », dit Depp. Dans *Le Chocolat*, son personnage de Roux, un Gitan à l'accent irlandais, n'apparaît à l'écran que moins de vingt minutes au cours des deux heures de film, bien qu'il ait une profonde influence sur l'histoire.

Fable inspirée du roman de Joanne Harris, *Le Chocolat* raconte l'histoire de la mystérieuse Vianne (Juliette Binoche), qui ouvre une confiserie en plein Carême dans un village dont la communauté bien soudée est portée vers la bigoterie. Les chocolats de Vianne, qui est considérée comme une étrangère démoniaque, ne tardent pas à avoir des effets impressionnants sur les villageois, qui deviennent de moins en moins inhibés et beaucoup plus libres qu'avant...

Une fois de plus, l'« éveil politique » de Depp, qui avait commencé avec *The Brave*, transparut de façon évidente dans les choix qu'il opéra en s'attaquant au personnage de Roux dans *Le Chocolat* : « Avec le réalisateur, on a vite décidé que Roux devait être un Gitan, un esprit libre qui aurait voyagé dans le monde entier avec sa guitare. Je suis fasciné par la culture tsigane depuis que j'ai appris qu'elle avait de nombreuses affinités avec l'histoire des Indiens d'Amérique. » Ce rôle faisait également écho à la vie que Depp avait menée avant son installation à Paris : « Roux est un vagabond qui se déplace sans cesse. Il ne prend jamais racine. Ça ne l'intéresse pas de rester longtemps au même endroit. »

Si ce rôle de bohémien nomade séduisit Depp, c'est aussi parce qu'il lui rappelait son enfance : « Je crois que mes choix professionnels ne sont pas étrangers à la façon dont j'ai grandi, admit-il. Quand j'étais petit, ma famille n'arrêtait pas de bouger de ville en ville et je me souviens à quel point c'était un problème à l'école. Je ne m'y suis jamais senti intégré et c'était dur à supporter. »

Depp dut avouer qu'il n'avait jamais vu le précédent film qu'il avait tourné avec Hallström : « Je n'ai jamais vu *Gilbert Grape*. J'avais trente ans quand j'ai tourné ce film. Et c'était une année difficile, même si aujourd'hui je me rends compte que, d'une certaine manière, toutes les années sont dures. C'était vraiment une très sale période pour moi, tant sur le plan personnel que psychologique. Et quand Lasse est venu me voir pour me dire qu'il voulait tourner *Le Chocolat*, ça m'a beaucoup surpris. On s'était bien entendus sur *Gilbert Grape*, mais ça n'avait pas toujours été facile non plus. J'étais très étonné qu'il ait envie de refaire quelque chose avec moi, car je croyais qu'il me prenait pour un horrible lunatique qui passe son temps à broyer du noir... Mais j'étais enchanté à l'idée de retravailler avec lui, peut-être pour me racheter, parce que ce type est vraiment magique. »

Le Chocolat intéressa principalement Depp parce qu'il lui offrait l'occasion de travailler avec Hallström. « Lasse est une sorte de magicien, dit Depp au magazine *Dreamwatch*. Humainement, c'est quelqu'un de très pur, et parfois d'enfantin. Sur un plateau, on retrouve sa signature partout, dans tout ce qu'il fait en tant que réalisateur. Quand vous regardez ses films, vous découvrez une grande partie de ce qu'il est vraiment. »

L'un des problèmes que Depp rencontra pendant le tournage du film consistait à devoir manger des tonnes de chocolat. Ce que d'aucuns considéreraient comme un avantage en nature finit par dégoûter l'acteur. « J'ai mangé bien plus de chocolats que ce que j'aurais voulu. Si le plan avait duré trois secondes de plus, j'aurais probablement tout vomi », confia-t-il. « La plupart des chocolats étaient couverts de poussière, car on a tourné pendant des semaines et personne n'a jamais pensé à les nettoyer, ajouta Hallström. On avait aussi des chocolats à moitié composés de plastique, mais ça ne se voyait pas vraiment. Les gens continuaient donc à les mâcher, et on s'est retrouvés avec de grosses marques de dents sur les faux chocolats. »

Bien qu'il campe un amoureux dans le film, Depp eut l'impression qu'il n'était pas l'acteur idéal pour ce rôle : « Il y a des tas d'acteurs qui sont plus doués que moi au jeu des allers-retours amoureux et je leur souhaite bien du courage. *Le Chocolat* était agréable à faire, mais je ne suis pas certain d'y paraître sous mon meilleur jour. Je pourrais mourir d'ennui si je devais constamment faire ce genre de choses. Pour moi, l'intérêt d'un film tel que *From Hell*, c'est justement son côté sombre, car j'ai toujours été passionné par le comportement humain. »

Quant à Juliette Binoche, la star du film, elle sut gratter le vernis de l'attitude de Depp pour le percer à jour et découvrir le bohémien qui se cachait en lui. « Un Gitan a toujours besoin de sa famille, et je pense que sa famille, ce sont les gens avec lesquels il travaille, comme Lasse [Hallström] et Tim Burton. Quand je lui ai demandé pourquoi il travaillait autant, il m'a répondu : "Parce que je dois m'occuper l'esprit." »

Le tournage du film, dans la campagne française et aux Shepperton Studios près de Londres, fut bouclé en juillet 2000, à peu près à l'époque où Depp commençait à

travailler sur *From Hell*. « Juliette Binoche règne sur le film en déesse sage et sereine... [C'est] le genre de film qui s'apprécie comme une fable de haute volée, dont les valeurs sont issues des contes de fées pour enfants tout en introduisant des thèmes d'adultes », écrivit Roger Ebert dans *The Chicago Sun-Times*. Dans le magazine *Rolling Stone*, Peter Travers ne tarit pas d'éloges sur *Le Chocolat* : « Le charmant Johnny Depp débarque dans le rôle de Roux, un Gitan irlandais qui séduit Vianne. *Le Chocolat* est peut-être léger, mais ne sous-estimez pas la finesse experte d'Hallström. *Le Chocolat* est un délice. »

Sorti sur les écrans américains le 15 décembre 2000, *Le Chocolat* rapporta plus de 71,5 millions de dollars de recettes, et grâce à la gestion avisée de son distributeur Miramax, le film décrocha cinq nominations aux Oscars, dont celles de meilleur film, de meilleure actrice pour Juliette Binoche et de meilleure actrice dans un second rôle pour Judi Dench.

Pendant le tournage du film d'Hallström et juste avant celui de *From Hell*, Johnny Depp se vit proposer, comme à son habitude, un certain nombre de projets qui ne

---

Impressionnée par la filmographie de l'acteur, Juliette Binoche était ravie de jouer avec Johnny Depp – et son physique n'était pas non plus pour lui déplaire...

devaient pas aboutir. Il fut notamment approché pour un rôle de mafieux (en écho à *Donnie Brasco*) dans le projet *Nailed Right In* du réalisateur Griffin Dunne. Il fut également pressenti pour le rôle de Chuck Barris, cet ancien animateur de jeu télévisé reconverti en tueur à gages pour la CIA, dans *Confessions d'un homme dangereux*, rôle qui fut finalement confié à Sam Rockwell dans le film réalisé par George Clooney. Il était également question d'un rôle dans *Ocean's Eleven*, probablement celui qui revint à Brad Pitt. Par ailleurs, l'acteur envisageait de retravailler pour la quatrième fois avec Tim Burton sur l'adaptation du roman culte *Geek Love* dont la Warner avait acquis les droits, un projet dont ils avaient déjà parlé bien des années auparavant.

Adapté du roman en bande dessinée d'Alan Moore et d'Eddie Campbell, *From Hell* fut considéré par beaucoup comme un *Sleepy Hollow 2*, mais pour Johnny Depp, le film allait encore plus loin. Ce roman illustré s'inspirait de presque toutes les spéculations qui entouraient les meurtres commis par Jack l'Éventreur à Whitechapel dans les années 1880, pour aboutir à une réflexion profonde et savante sur le crime et l'ère moderne. L'immense succès remporté par cette bande dessinée lors de sa publication signifiait que les droits d'adaptation cinématographique d'un sujet aussi célèbre seraient rapidement cédés. Pendant des années, le projet resta coincé dans l'« enfer du développement » hollywoodien, passant entre les mains de Disney puis de New Line pour atterrir finalement entre celles de la Fox. On murmura que Jude Law aurait décliné les trois millions de dollars qu'on lui proposait pour le rôle, et que Brad Pitt dut également le refuser à cause d'un problème d'emploi du temps. Finalement, les réalisateurs Allen et Albert Hughes (*Menace II Society*) rencontrèrent Johnny Depp et découvrirent que Jack l'Éventreur faisait partie des nombreuses obsessions de l'acteur.

« J'ai toujours été attiré par le côté sombre des choses, surtout quand j'étais jeune, confessa Depp à propos de l'intérêt qu'il vouait depuis toujours au cas Jack l'Éventreur. Je dois avoir au moins vingt-cinq livres sur cette affaire, sans doute plus. Il y a tellement de théories qui s'affrontent, et chacune d'entre elles peut être la bonne. Le mystère reste entier. J'ai toujours pensé que ça ferait un très bon film, du moins si on apportait le plus grand soin à sa réalisation. »

Il ne fallut pas longtemps pour convaincre Depp de signer, et la grande attention que les frères Hughes portaient aux petits détails rassura beaucoup cet acteur si méticuleux. « Allen et Albert sont passionnés par leur sujet et ont fait plus de recherches que presque tous les autres réalisateurs avec lesquels j'ai travaillé, dit-il. Je connais cette histoire par cœur, je sais quelles questions poser, et eux, ils ont les réponses. »

Depp dut commencer par se forger l'accent anglais requis pour le rôle, un exercice qui donnait du fil à retordre à nombre de ses contemporains, notamment Keanu Reeves et Brad Pitt. Pour son personnage, Depp choisit l'accent cockney de l'est de Londres afin de « mettre en évidence autant que possible le côté "classe ouvrière" d'Abberline. En fait, il venait du Dorset mais cet accent-là paraissait trop bizarre,

comme une sorte de mélange entre Keith Richards, Pete Townshend et Bruce Robinson (*Withnail et moi*). » Lors d'une visite à Londres, Depp marcha sur les traces de Jack l'Éventreur dans l'East End en compagnie de Donald Rumbelow, ex-policier expert en la matière. Ils bouclèrent leur excursion par une halte au Ten Bells Pub, où l'une des victimes du tueur en série aimait venir boire un verre.

L'acteur était également fasciné par l'éventualité d'une conspiration dans l'affaire irrésolue de Jack l'Éventreur. Le roman illustré *From Hell* remonte cette piste jusqu'aux portes du Palais de Buckingham. « Que la monarchie britannique ait été impliquée ou non dans les meurtres de Jack l'Éventreur, cela n'atténue en rien le pouvoir des accusations portées contre la classe dominante, déclara le coscénariste Rafael Yglesias. Le fait que les autorités refusent même d'envisager la possibilité que le suspect puisse être

Passionné par la mythologie qui entoure l'affaire Jack l'Éventreur, Depp sauta sur l'occasion de jouer dans From Hell, *une nouvelle version du mystère réalisée par les frères Hughes.*

riche en dit déjà très long sur l'ère victorienne. À cette époque, les maux de la société étaient exclusivement imputés aux pauvres et aux classes inférieures. »

Depp dota le personnage de Frederick Abberline d'une psychologie bien particulière qui rendait d'autant plus pertinente sa mission : faire en sorte que Mary Kelly (Heather Graham) ne soit pas la prochaine victime de l'Éventreur. « La vie n'a rien épargné à Abberline. Il a perdu sa femme et son enfant, et il s'accroche à l'automédication pour tenir le coup. Abberline m'a plu car ce n'est pas un policier comme les autres. Il doit à la fois travailler sur cette affaire et faire face à ses propres démons, c'est-à-dire son addiction à la drogue. Il cherche à fuir ses propres peurs. »

Le tournage de *From Hell* eut lieu à Prague entre juin et septembre 2000. L'équipe de production dut non seulement reconstituer une parfaite réplique du Londres victorien près de la capitale tchèque, mais également faire face à des extrêmes de température et à un temps exécrable. D'un pic à 37 °C, température la plus élevée enregistrée à Prague depuis cent trente-neuf ans, à une chute à – 1° en plein mois de juillet, ce climat détraqué suscitait bien des inquiétudes. « Les gens d'ici disent qu'ils n'ont jamais vu ça. S'il avait fait aussi froid à Londres, Jack l'Éventreur ne serait même pas sorti de chez lui », se plaignit Thomas M. Hammel, le producteur exécutif.

Prague n'offrait aucun site susceptible de ressembler au Whitechapel des années 1880. Londres non plus, le quartier étant devenu méconnaissable. Le chef décorateur oscarisé Martin Childs reconstruisit tout Whitechapel au milieu d'un champ situé juste à l'extérieur de Prague, près du petit village d'Orech. « Le décor revêt une importance cruciale dans ce genre de film, car il fait partie intégrante de l'histoire », dit Childs. Cent soixante-dix charpentiers travaillèrent d'arrache-pied pendant douze semaines pour bâtir cet impressionnant décor. Les principaux édifices de Whitechapel qu'on voit dans le film incluent le Ten Bells Pub, Commercial Street et Christ Church, ainsi que d'autres sites où furent retrouvées les victimes de Jack l'Éventreur. Ils furent reconstitués de façon à leur donner exactement la même apparence qu'en 1888. Depp était très impressionné : « La première fois que je me suis promené dans ces rues, j'étais sous le choc. C'était incroyable. Les frères Hughes sont des obsédés du détail, jusqu'à la position des corps, l'emplacement des cailloux et des fenêtres brisées. Martin [Childs] a fait un boulot formidable. »

Depp travailla avec cinq actrices, celles qui jouaient le rôle des victimes du tueur en série : Heather Graham (Mary Kelly), Lesley Sharp (Kate Eddowes), Susan Lynch (Liz Stride), Katrin Cartlidge (Dark Annie Chapman) et Annabelle Apsion (Polly). Le casting incluait également Robbie Coltrane dans le rôle du sergent Godley, qui garde un œil sur l'enquête d'Abberline, et Ian Holm dans la peau de Sir William Gull, chirurgien de la reine suspecté d'être l'Éventreur, qui remplaça Nigel Hawthorne quand celui-ci tomba malade. La production fit réaliser des moules du corps des actrices et recourut à des effets spéciaux complexes pour reproduire les cadavres des

Depp dut assumer la promotion de From Hell *juste après les événements du 11 septembre, une période pourtant peu propice aux déplacements en avion.*

victimes soumises aux bons soins du tueur. Ces faux cadavres étaient si réalistes que certaines actrices refusèrent même de regarder les versions mutilées de leurs propres corps.

Pour les frères Hughes, le style et l'esthétique du film étaient très importants, de la reconstitution de Whitechapel jusqu'aux costumes en passant par d'impressionnants effets spéciaux servant à recréer la silhouette de Londres, à saisir les visions d'Abberline et les crimes presque invisibles de Jack l'Éventreur.

Autant d'attentions qui s'avérèrent payantes, car le film fit presque l'unanimité auprès des critiques. Dans *The New York Post*, Lou Lumenick vit en *From Hell* « un classique instantané... un thriller poignant et élégant... le film de tueur en série du meilleur goût et le mieux interprété qu'on ait jamais tourné. » Mais dans *The Dallas Morning News*, Chris Vognar considéra le film comme inclassable : « Mélange parfois maladroit entre film d'art et d'essai et thriller d'épouvante, *From Hell* trouve son équilibre entre son intelligence et son côté glauque. » Dans *The Philadelphia Inquirer*, Steven Rea se montra moins impressionné, trouvant le film « à peu près aussi convaincant qu'une visite dans le château hanté d'un parc d'attractions. »

Dès sa sortie le 19 octobre 2001, *From Hell* s'octroya la première place du box-office et rapporta onze millions de dollars en une seule journée. Le film ne sortait pas au moment idéal, puisqu'il débarqua sur les écrans un mois après les attentats terroristes du 11 septembre 2001. Sa performance fut donc particulièrement étonnante, car de nombreux critiques et analystes avaient décrété que les Américains n'auraient pas envie de voir de films violents alors que dans leur propre pays la réalité venait tragiquement de dépasser la fiction.

Après les attaques de Ben Laden contre les États-Unis, Depp n'était pas enchanté à l'idée de devoir prendre l'avion, mais fit néanmoins les quatorze heures de vol qui séparent Paris de Los Angeles pour assurer la promotion du film. « C'est déjà assez difficile de devoir parler de cinéma avec tout ce qui se passe en ce moment, dit-il. Dans l'immédiat, je compte revenir en France pour être auprès des deux femmes de ma vie, mais après, je ne sais pas. Je ne peux pas dire que l'idée de mettre ma fille de deux ans et demi et ma compagne dans un avion me mette particulièrement à l'aise. » Quand on lui demanda si le public pouvait apprécier *From Hell* en dépit de la situation mondiale du moment, Depp répondit : « Le cinéma sert à s'évader, et si les gens ont envie d'oublier la réalité pendant deux heures, pourquoi pas ? » *From Hell* accumula plus de 31 millions de dollars de recettes au box-office américain et valut à Depp une nomination de meilleur acteur aux Academy of Science Fiction, Fantasy and Horror Films Awards.

En septembre 2000, lors du deuxième jour de tournage de *L'homme qui tua Don Quichotte*, réalisé par Terry Gilliam, tout semblait se dérouler à merveille. La phase de pré-production avait débuté en juin, et, malgré les problèmes habituels liés aux contrats des acteurs, au fait de travailler avec des chevaux, à un petit budget inconfortable et à la durée réduite des répétitions, les choses prenaient joliment forme. Après tout, cela faisait dix ans que Gilliam travaillait sur diverses versions du projet. Le tournage avait enfin démarré et les deux stars du film, le Français Jean Rochefort et Johnny Depp, se donnaient la réplique devant les caméras à Las Bardenas, dans le désert du nord de l'Espagne...

Puis la pluie arriva. « Ce n'était pas que de la pluie, se souvient Johnny. C'étaient d'énormes grêlons qui me tombaient sur la tête et qui remplissaient de glace les poches de mon manteau. J'avais déjà vu des pluies torrentielles, mais jamais rien de tel. C'était épique. »

Tandis que les acteurs et les membres de l'équipe technique restaient assis dans leurs voitures et leurs camions à regarder l'inondation emporter les décors, les accessoires et les caméras sur son passage, certains furent soulagés. Certes, la malédiction de Don Quichotte avait encore frappé, mais les choses ne pouvant pas empirer, le tournage du reste du film serait un jeu d'enfant. Malheureusement, le mauvais temps ne fut que le premier d'une terrible série de problèmes qui devaient submerger la production et conduire à l'annulation du projet après seulement deux semaines de tournage.

Depp jouait le rôle de Toby Grosini, génie de la publicité qui se retrouve transporté au dix-septième siècle et pris dans les aventures magiques de Don Quichotte. Son personnage fonctionnait essentiellement comme celui de Sancho Pança dans le livre. « Quand j'ai lu le scénario, je suis resté sans voix, dit Depp. Ça revenait à lire un roman vraiment bien écrit. Je suis tout de suite rentré dedans. C'est l'un des scénarios les plus brillants que j'aie jamais lus. D'un humour ravageur, et profondément poétique. C'est une très, très belle histoire. »

Gilliam était obsédé par Don Quichotte. Il avait écrit un scénario qui avait bien failli être produit en 1999, avant que le projet ne s'effondre à la suite du retrait de l'un de ses financiers. Puis il en rédigea une autre version, cette fois-ci avec Tony Grisoni, coscénariste de *Las Vegas Parano*. En tentant d'adapter à l'écran les aventures du *Don Quichotte* de Cervantès – ce faux chevalier toujours en joute contre les moulins à vent avec l'aide de son serviteur Sancho Pança – d'autres réalisateurs avaient échoué avant Gilliam, et non des moindres : Orson Welles par exemple, réalisateur de *Citizen Kane*, de *La Splendeur des Amberson* et de *La Soif du mal*. Tous ceux qui travaillaient sur le film de Gilliam étaient au courant de la malédiction qui pesait sur les adaptations de *Don Quichotte*, mais aussi des difficultés qu'avait rencontrées Gilliam sur ses films *Les Aventures du baron de Münchausen* et *Brazil*. « C'était presque comme si un étrange nuage noir planait au-dessus de nos têtes », se rappelle Depp.

Jean Rochefort, l'acteur principal alors âgé de soixante-dix ans, tomba malade. Il revint en France après seulement six jours de tournage pour passer des examens chez son médecin et ne put pas retourner sur le plateau. Les intempéries et les avions F16 qui effectuaient des exercices de bombardement sur le terrain d'entraînement militaire utilisé pour le film étaient désormais le cadet des soucis de la production. Depp se souvient que c'est le départ de Jean Rochefort qui finit par sceller le triste sort du projet. Aux problèmes financiers s'ajoutèrent d'une part le non aboutissement de la plainte déposée auprès de la compagnie qui assurait le matériel technique, d'autre part le retard pris à cause du mauvais temps, et une équipe d'investisseurs et de producteurs angoissés. Gilliam jeta l'éponge et repartit pour Londres. « Je crois que j'ai été l'un des derniers à partir », affirma un Depp démoralisé.

La star était d'autant plus déprimée que ce film devait lui offrir l'occasion de jouer avec Vanessa Paradis. « Ç'aurait été notre premier film ensemble. On était enthousiasmés à l'idée de travailler tous les deux. Même si ça nous faisait un peu peur aussi, de devoir nous "mentir" à l'écran. C'était un peu bizarre, mais je m'étais dit qu'on s'y habituerait dès les premiers jours de tournage. » Finalement, Vanessa Paradis ne tourna aucune scène avant l'abandon du projet, à l'exception de quelques essais de maquillage, de coiffure et de costumes.

Un film devait toutefois émerger de cette débâcle, mais ce n'était pas *L'homme qui tua Don Quichotte*. Terry Gilliam avait convié Keith Fulton et Louis Pepe, deux réalisateurs de documentaires (qui avaient déjà signé *The Hamster Factor*, sorte de making-of de *L'Armée des douze singes*, autre film de Gilliam), à venir filmer les coulisses du tournage. C'est ainsi que Fulton et Pepe réalisèrent *Lost In La Mancha*, un documentaire de quatre-vingt-treize minutes relatant le combat infernal livré par Gilliam pour sauver son projet.

« Terry était tellement excité, il débordait d'enthousiasme, il rigolait en permanence, se souvient Depp. C'est un homme maladivement passionné, curieux et très cultivé. Il était aux anges, littéralement... Mais jour après jour, on l'a vu s'assombrir. C'était dur de le voir dans cet état-là ; il avait l'air abattu, et Terry ne se laisse pourtant pas abattre facilement. C'est trop triste, car ce film aurait été le "Best of Terry Gilliam". Son projet, je le sentais vraiment bien. J'avais l'impression d'avoir trouvé un personnage très drôle et très intéressant, et Terry était d'accord là-dessus. »

Lors de l'arrêt du tournage de *L'homme qui tua Don Quichotte*, tous les avoirs de la production, y compris le scénario, se retrouvèrent entre les mains de la compagnie d'assurances. Gilliam était pourtant bien décidé à racheter son scénario pour remonter son projet, avec Johnny Depp à bord. « Difficile de dire exactement pourquoi Johnny est aussi extraordinaire, explique Gilliam. Mais techniquement, il est époustouflant. C'est un acteur absolument brillant, doué du genre de technique qu'on n'acquiert qu'en passant dix ans à la RADA [Royal Academy of Dramatic Arts], alors qu'il est entièrement autodidacte. Quand on travaille avec un acteur aussi talentueux, on n'a plus envie de faire jouer qui que ce soit d'autre. Pour moi, c'était comme retravailler avec l'équipe des *Monty Python* : il est aussi rapide, aussi drôle et aussi inventif. »

D'ici à ce que le film trouve de nouveaux producteurs, il est probable que Depp soit assez vieux pour jouer le rôle de Don Quichotte lui-même, mais peu importe le temps que ça prendra, l'acteur compte bien y participer. « Si Terry relance son projet, je suis partant, dit-il avec un certain enthousiasme. S'il va au bout de son rêve, je tiens à en faire partie. Je pense que ce sera un film formidable. On peut arriver à faire un film beau et drôle, typique de Terry Gilliam. J'adorerais y prendre part, quel que soit le poste qu'on me confie... »

8

Dans la cour des grands

Après l'effondrement du projet *L'homme qui tua Don Quichotte*, Johnny Depp voulut passer du temps en famille. Depuis *Donnie Brasco* en 1995, il avait quasiment enchaîné tournage sur tournage, et fut donc ravi de déserter un peu les plateaux pour profiter de sa compagne et de leur fille. Comme Vanessa Paradis l'explique : « Avoir un enfant fait de vous une personne meilleure dans la mesure où ça vous oblige à devenir moins égoïste. Vous n'avez plus de temps pour vous, car vous le consacrez à votre enfant, qui le mérite amplement. On a envie de tout donner à ses enfants, mais en retour, ils vous apprennent tout autant de choses, comme être vrai, innocent et heureux. » D'après la chanteuse, Depp en découvrit tout autant qu'elle : « Johnny est le meilleur des pères. Il est aussi merveilleux en tant qu'homme qu'en tant que papa. »

Depp avait désormais l'occasion d'être père à plein temps. Après leurs vacances de Noël en l'an 2000, le couple décida que 2001 serait une année relativement calme pour eux. L'année précédente, l'acteur s'était impliqué dans le travail de sa compagne : il avait composé certains des morceaux de son nouvel album et même joué sur quelques titres. Il réalisa également les clips des chansons « Pourtant » et « Que fait la vie ? » de l'album *Bliss* (sorti en Europe en octobre 2000), écrit par Vanessa Paradis. Elle y faisait référence à sa vie avec Johnny Depp et leur fille Lily-Rose, dont les fans attentifs auront sans doute reconnu les voix sur au moins l'un des titres...

Même retiré en France, ce pays aux lois si strictes sur la protection de la vie privée, Depp restait encore soumis à l'inopportune attention de la presse. « Ici, les tabloïds sont vraiment féroces, dit Depp de la presse française. Les lois françaises ont beau être contraignantes, les journaux ne se gênent pas pour les enfreindre. J'ai eu un problème avec *Voici*, un magazine vraiment débile qui a publié une photo de Lily-Rose, un cliché pris de très loin au téléobjectif, et ça m'a mis totalement hors de moi. On peut les traîner devant les tribunaux ; je l'ai fait une ou deux fois, Vanessa aussi, et on a toujours gagné. Mais cette fois-ci, je ne pouvais pas me contenter de porter plainte. »

Depp voulut régler le problème lui-même, cédant une fois de plus à ce que Polanski considérait comme son « comportement d'adolescent » : « J'avais simplement envie de démolir tous ceux qui étaient responsables de près ou de loin, admit Depp. Je voulais bousiller le type qui avait pris cette photo. Je l'ai retrouvé, je lui ai donné quelques conseils sur comment faire pour rester en bonne santé, et il m'a écouté. C'est tout simplement inacceptable. Ils peuvent me faire tout ce qu'ils veulent, et la plupart des journaux à scandales s'en sont donné à cœur joie, mais qu'on ne touche pas à mon enfant, à mon petit bébé pur et innocent. Elle n'a jamais demandé à être mêlée à tout ça. »

Comme d'habitude, début 2001, Depp se vit proposer plusieurs rôles dont la plupart devaient tomber à l'eau, soit parce qu'il n'était pas assez motivé pour s'y engager, soit parce que les producteurs décidaient d'orienter leurs projets dans une autre direction. On lui offrit notamment un rôle avec Jennifer Love Hewitt dans un remake d'une comédie des années 40, *Ève a commencé*. Doté d'un budget de quarante millions de dollars, ce film racontait l'histoire d'un fils (Johnny Depp) demandant à une jeune femme de se faire passer pour sa fiancée afin de faire plaisir à son père mourant. Ses projets se voient complètement bouleversés quand son père se remet miraculeusement de sa maladie. Albert Finney était pressenti pour jouer le rôle du père. À ce jour, le projet n'a toujours pas été produit. On disait aussi que Depp était en lice pour jouer le rôle-titre d'une biographie cinématographique sur le poète Lord Byron, rôle que Jude Law avait décliné. De même, ce projet ne devait pas aboutir.

Le magazine *Variety* annonça que Depp avait donné son accord pour incarner le poète et dramaturge Christopher Marlowe dans un nouveau film britannique au budget de treize millions de livres sterling produit par Natural Nylon, société de production allemande fondée par Jude Law, son épouse Sadie Frost, Jonny Lee Miller et Sean Pertwee. Le film devait être réalisé par John Maybury (*Love Is The Devil*) et se concentrer sur la relation de Marlowe avec Shakespeare (joué par Jude Law). Depuis, la société Natural Nylon a fermé ses portes, et Jude Law s'est séparé de Sadie Frost. Inutile de préciser que le film n'est pas près de se faire...

Finalement, le seul long-métrage sur lequel travailla Johnny Depp en 2001 vint s'ajouter à sa longue liste de petites apparitions éclair dans les films de ses amis. Le réalisateur Robert Rodriguez envisageait de tourner *Il était une fois au Mexique : Desperado 2*, troisième opus du cycle *El Mariachi*. Rodriguez avait lancé sa carrière cinématographique avec son film d'action à très petit budget *El Mariachi* et sa suite *Desperado*, mieux « léchée » grâce à un financement plus important et à la présence d'Antonio Banderas et de Salma Hayek. Après un détour par le cinéma pour enfants avec la série des *Spy Kids*, Rodriguez décida de boucler sa trilogie, inspirée du cycle des *Mad Max* et des westerns spaghetti de Sergio Leone.

Dans le film, on retrouve les mêmes personnages et les mêmes acteurs que dans l'édition précédente, cette fois mis en scène dans une nouvelle situation plus épique encore. On y découvre également quelques protagonistes inédits, notamment celui joué par Depp. Hanté et marqué par de nombreuses tragédies, El Mariachi (Antonio Banderas) s'est retiré du monde pour mener une existence solitaire. Sands (Johnny Depp), un agent corrompu de la CIA, sort le héros reclus de sa retraite en lui demandant d'empêcher l'assassinat du président du Mexique, un complot fomenté par Barrillo (Willem Dafoe), un petit baron de la drogue. Mais El Mariachi a une autre raison d'accepter cette mission : il a soif de vengeance.

« Le scénario est un mélange des nombreuses histoires que me racontait mon oncle, agent du FBI, affirma Rodriguez. Certaines sont vraies, d'autres ont été romancées. Il y a aussi des flashbacks conçus à l'attention du public. Un peu comme si c'était le quatrième chapitre de l'histoire, sauf que le troisième n'existe pas vraiment. Les flashback vers ce film "fantôme" présentent des scènes que les spectateurs n'ont pas vues dans les précédentes aventures d'Antonio et de Salma, ce qui confère encore plus de souffle au film. »

Depp vit un beau défi à relever dans le rôle de l'amoral agent Sands. « On m'offrait la possibilité d'incarner un type légèrement à contre-emploi par rapport à ce qu'on pourrait attendre d'un agent de la CIA. Ce personnage n'avait rien d'un cliché, je n'avais encore rien vu de tel au cinéma. Sands n'a aucun scrupule à tuer ses semblables. Je n'ai jamais joué ce genre de personnage : un vrai sale type jusqu'au bout des ongles. »

Rodriguez savait que Depp faisait partie des rares stars capables d'accepter le rôle d'un corrompu sans foi ni loi. « Le personnage de Johnny est très difficile, et j'avais besoin d'un acteur qui ait envie d'incarner un méchant, beaucoup de comédiens étant refroidis à l'idée de paraître détestable à l'écran », dit Rodriguez, sans doute en pensant aux rôles de Depp dans *Avant la nuit* et l'inachevé *L'homme qui tua Don Quichotte*. « Cela ne dérangeait pas Johnny, du moment que son personnage restait intéressant. Ce qui est drôle, c'est qu'il est tellement adorable que Sands finit par paraître sympathique, peu importe à quel point on essay de le rendre cruel. Il est presque impossible de détester un personnage joué par Johnny Depp, aussi pourri soit-il, et Sands est vraiment pourri jusqu'à l'os. C'était d'ailleurs mon personnage préféré dans le scénario, et le premier que j'ai commencé à développer pour ce film. C'est lui qui orchestre tout le complot d'assassinat et qui le voit lentement s'effondrer sous ses yeux. Quand Johnny m'a dit oui, il a hissé son personnage à un tout autre niveau. »

Malgré l'éloignement de sa famille, Depp eut beaucoup de plaisir à tourner dans ce film. Le temps qu'il avait passé avec sa fille et Vanessa pendant les six premiers mois de l'année l'avait bien préparé à son départ pour le tournage, qui dura de mai à juin 2001. « C'était absolument fabuleux, s'enthousiasma l'acteur. Rodriguez est un type génial, vraiment très drôle. On a tourné en haute définition, un vrai petit miracle numérique ! C'était incroyable ! On n'entendait jamais le mot "Coupez !", on continuait à jouer la scène jusqu'à ce qu'il nous dise : "On la refait." Comme les images sont enregistrées sur une cassette qui dure soixante-quinze minutes, on peut vraiment se lâcher. » Fasciné par les innovations techniques de Rodriguez face à la rapidité de la réalisation et de la post-production en numérique, Depp en conclut que le réalisateur avait une très belle carrière devant lui. « Rodriguez est quelqu'un de surprenant et de très intéressant. On risque d'entendre parler de lui pendant encore très longtemps. »

Depp découvrit également l'art de la repartie de Rodriguez, ainsi que le lyrisme de son univers. « Les films d'action de Robert intègrent beaucoup d'humour tout en rendant hommage au genre, notamment aux westerns classiques de Sergio Leone, dit-il. Je trouve très beau et poétique le fait que dépourvu de ses yeux, Sands devienne un tireur aveugle, conscient qu'il va mourir mais néanmoins contraint de se défendre. Robert a décidé de remettre le sort de Sands entre les mains d'un jeune garçon innocent, qui s'avère être son seul ami et la seule personne que Sands a envie de sauver. »

D'après Rodriguez, l'amitié entre Sands et ce jeune garçon joue également avec les sentiments du public. « Johnny incarne un personnage détestable et déclenche chez les spectateurs des émotions contradictoires qui font qu'en fin de compte le public est de son côté. C'était intéressant de voir ce personnage au comportement impardonnable finir par se racheter une conduite. » Ce type de rôle devait rapidement devenir une spécialité de Johnny Depp.

Grâce aux caméras numériques haute définition, le tournage d'*Il était une fois au Mexique : Desperado 2* se déroula à un rythme très soutenu, ce qui plut beaucoup à Depp. Seulement sept semaines de tournage pour ce genre de films ? C'était une chose dont on n'avait presque jamais entendu parler. Rodriguez assuma lui-même plusieurs postes dans les coulisses, notamment ceux de directeur de la photographie, chef décorateur, monteur et compositeur de la bande originale. Le film fut tourné en décors réels au Mexique, dans la ville coloniale de San Miguel de Allende. Depp avait déjà travaillé dans ce pays, Mexico ayant servi de Cuba reconstitué dans *Avant la nuit*. Le tournage impliquait de nombreuses cascades et scènes d'action, bien que cela ne concerne pas beaucoup le personnage de Depp, plutôt abonné aux fusillades. Shannon Shea et Jake Garber, maquilleurs spécialisés en effets spéciaux, durent créer un faux bras pour l'agent Sands à partir d'un simple dessin que Depp leur avait faxé depuis Paris. Tout au long du tournage, ce troisième bras devint un sujet de plaisanterie, peut-être en référence à certaines activités de Gene Wilder dans le *Frankenstein Junior* de Mel Brooks, exactement le genre de film que Depp citait parmi ses sources d'inspiration quand il cherchait à justifier certains de ses choix d'acteur.

Quand Depp débarqua sur le plateau, il avait déjà développé quelques idées pour son personnage. « Il m'a dit : "J'imagine ce mec dans de ridicules chemises de touriste" », se souvient Rodriguez, qui admet ne pas avoir su alors à quoi s'attendre avec

Depp. Il déclina d'autres suggestions de l'acteur, par exemple le fait que son personnage se promène en permanence avec une biographie de Judy Garland sous le bras. « J'avais décidé que Sands était secrètement passionné par Broadway, dit Depp. C'est pour ça que j'avais pris avec moi toutes mes perruques et mes fausses moustaches. » L'astuce de la fausse moustache n'apparaît pas dans la version finale du film, mais on peut la retrouver dans les scènes coupées et le making-of présentés sur le DVD.

Mais l'acteur put tout de même apporter sa contribution au film par un autre biais. Son rôle dans *Le Chocolat* et sa collaboration à l'album de Vanessa Paradis lui avaient redonné confiance en ses talents de musicien, alors que depuis des années sa carrière au cinéma avait largement pris le pas sur P., le groupe dans lequel il jouait. « Pour son personnage, Johnny a lui-même composé un thème que j'utilise dans le film. Je l'ai orchestré dans de nouvelles versions qu'on entend dès que Sands apparaît à l'écran. »

À la fin du tournage et lors de la sortie du film quelque temps plus tard, Depp fut surpris d'apprendre qu'on le voyait beaucoup à l'écran. « Je pensais avoir fait une simple apparition dans ce film. Mais quelqu'un est allé le voir – je ne sais plus si c'est

*Comme il n'avait tourné que pendant neuf jours, Depp fut surpris en découvrant que son personnage d'agent corrompu de la CIA occupait une place aussi importante dans la version finale d'*Il était une fois au Mexique : Desperado 2.

mon agent ou ma sœur – et m'a dit : "On te voit du début à la fin du film !" Je n'en avais pas la moindre idée, surtout que je n'avais tourné que pendant neuf jours. » Il est clair que Robert Rodriguez sut tirer le meilleur parti des neuf jours de travail de Depp.

En fait, Depp apprécia tellement la rapidité de ce tournage qu'il demanda au réalisateur s'il pouvait en faire un peu plus. « Il n'avait jamais tourné toutes les scènes d'un rôle en seulement huit ou neuf jours, et à la fin, il m'a dit : "Dis-moi mon pote, il n'y a pas autre chose que je pourrais faire ? Qui joue le rôle du prêtre ?" Je lui ai répondu que je ne le savais pas encore. "Et si je prenais une voix à la Marlon Brando et que je me déguisais en quelqu'un d'autre ? Est-ce que je peux jouer le prêtre avant de partir ?" Voilà pourquoi il y a une scène dans un confessionnal, où Johnny Depp n'était pas censé apparaître au début... »

Lors de sa sortie américaine le 12 septembre 2003, soit deux mois après *Pirates des Caraïbes*, *Il était une fois au Mexique : Desperado 2* bénéficia sans aucun doute de l'effet Jack Sparrow. Les critiques avaient tellement adoré la performance de Depp dans *Pirates des Caraïbes* que le film de Rodriguez profita d'un accueil inattendu. Toutefois, certains journalistes ne furent pas vraiment convaincus par le dernier épisode du cycle *El Mariachi*. « Il manque à ce film une histoire cohérente, voire ne serait-ce qu'une seule idée intéressante », écrivit A. O. Scott dans *The New York Times*. « La trame est si complexe qu'il faudrait presque réserver un autocar pour en faire le tour », commenta Wesley Morris dans *The Boston Globe*. Mais les acteurs, et en particulier Depp, furent encensés par la critique. « En volant la vedette à tous les films dans lesquels il joue, Depp est en train de devenir le plus grand détrousseur du show business », s'emballa Ann Hornaday dans *The Washington Post*. De même, dans *The Toronto Star*, Geoff Pevere conclut son article en ces termes : « Pour la seconde fois cette année, Depp transforme un film moribond en film regardable de par sa simple présence. »

Dès sa sortie, *Desperado 2* fit le meilleur score de la semaine, engrangeant directement 24 millions de dollars au box-office américain et reclassant le *Pirates des Caraïbes* de Depp au cinquième rang des recettes hebdomadaires en salle, avec seulement 4,6 millions de dollars. Cela dit, ce film s'apprêtait à franchir la barre des 300 millions de dollars de recettes cumulées, un chiffre que *Desperado 2* n'atteindrait jamais, enregistrant finalement un peu plus de 56 millions de dollars de recettes aux États-Unis et 26,8 millions supplémentaires à l'international. Il valut également à Depp une nomination aux Golden Satellite Awards en tant que meilleur second rôle masculin dans une comédie ou une comédie musicale.

Dans Il était une fois au Mexique, *le film de Robert Rodriguez, Depp réussit à crever l'écran dans chacune de ses scènes.*

Vivant en France et se faisant plus discret au cinéma pour jouer au bon père de famille, Johnny Depp trouvait néanmoins le temps de gérer ses intérêts à Los Angeles, notamment dans le tristement célèbre Viper Room. Il avait confié la gestion quotidienne du club à son ami d'enfance Sal Jenco, mais l'acteur avait affirmé qu'il se chargerait personnellement de tous ceux qui y seraient surpris en train de se droguer. Malgré quelques problèmes avec la faune qui fréquentait son club, Depp continuait d'investir. Outre ses parts dans le Man Ray, il décida d'ouvrir un bar branché en plein cœur de Londres : The Column, né d'une association avec Lee Chapman, ancienne star du football anglais. Depp envisageait également d'ouvrir un autre Man Ray dans la capitale britannique.

C'est à cette époque que sa fille Lily-Rose exprima le désir de devenir actrice, ce qui n'enchanta ni son père ni sa mère, laquelle ne fut pas vraiment emballée à l'idée de voir sa fille marcher sur ses traces dans le monde du spectacle. Mais Vanessa Paradis reconnut qu'elle ne pouvait pas y faire grand-chose, si ce n'était d'aimer et de conseiller Lily-Rose. « On ne peut pas dire "non" à un enfant. Ou plus exactement, on peut lui dire : "Ne mets pas ta main sur le feu car tu vas te brûler." Et c'est justement ce que je fais en ce moment, car elle veut tout toucher. Mais quand il s'agit des grandes décisions de la vie, on ne peut pas dire : "Ne tombe pas amoureuse de ce garçon car il va te faire souffrir." On ne peut rien interdire à quelqu'un ; on peut seulement être là pour l'aider. Donc je risque d'avoir très peur pour elle, de me faire beaucoup de souci, mais je serai toujours là pour elle quand elle aura besoin de moi. »

L'acteur finit par perdre le rôle de Johnny Blaze dans l'adaptation de la bande dessinée *Ghost Rider*, projet auquel il était associé depuis un certain temps, au profit de son vieux copain Nicolas Cage. Il saisit cette occasion pour lui avouer une faute passée et se la faire pardonner. En octobre 2001, Cage reçut le prix de l'American Cinematheque Gala Tribute à Beverly Hills et Depp lui adressa ses félicitations sur une cassette vidéo car il ne pouvait pas assister en personne à la cérémonie. Cette bande comprenait une confession qu'il aurait dû faire depuis longtemps, à l'époque où les deux jeunes acteurs en herbe avaient été brièvement colocataires : un jour, affamé et sans un sou, Depp avait fouillé les affaires de Cage et trouvé quelques billets mexicains, qu'il avait échangés contre des dollars américains pour s'acheter à manger. Après avoir gardé ce coupable secret pendant des années, Depp sollicita le pardon de Cage. On ne sait pas comment Nicolas Cage accueillit cette révélation.

Début 2002, la mort soudaine de Ted Demme secoua beaucoup Johnny Depp, en partie parce qu'il avait presque le même âge que le réalisateur de *Blow*. Mais le mois de février 2002 fut porteur de bonnes nouvelles pour la famille Depp : elle n'allait pas tarder à s'agrandir. Des rumeurs sur la nouvelle grossesse de Vanessa Paradis circulaient déjà depuis un moment et ne purent plus être démenties après que l'actrice eut finalement décliné le rôle d'une prostituée dans le film *Nathalie Rihout* d'Anne Fontaine, qui devait être tourné l'été suivant. De son côté, Depp évita de remplir son agenda avant la naissance de son deuxième enfant, prévue pour l'été 2002. « Je n'ai aucun projet avant la rentrée de septembre. J'ai choisi de me reposer et de prendre soin de Vanessa et de Lily-Rose. »

« Bien sûr que j'ai envie de faire plein de petites sœurs et de petits frères à Lily-Rose, des tas même ! dit Vanessa Paradis de sa famille. J'ai une vie que je n'aurais même pas osé imaginer en rêve. J'aurais cru trop en demander. »

Il ne s'écoula pas beaucoup de temps entre l'annonce officielle de la grossesse et le grand jour. Le 9 avril 2002, Johnny Depp et Vanessa Paradis célébrèrent la naissance de Jack John Christopher Depp III, trois kilos, dans un hôpital de Neuilly. Après s'être fait tatouer le nom de sa fille au-dessus du cœur, Depp en ajouta un autre sur son bras droit : un oiseau en plein vol simplement souligné du mot « Jack ».

Depp décrivit ainsi une journée typique de sa vie de famille : « C'est que du bonheur ! Le matin, je me lève pour faire chauffer le biberon de Jack et préparer le petit déjeuner de Lily-Rose et Vanessa. Puis on va se promener dans la campagne, car on habite au milieu de nulle part. Après, on rentre à la maison pour faire de la peinture, jouer dans le bac à sable ou faire de la balançoire. Et quand vient le soir, je bois du vin, du café, et je vais me coucher. Voilà comment se passent mes journées, et j'adore ça. » Cette nouvelle vie lui avait apporté un équilibre qui lui faisait cruellement défaut auparavant. « Je me sens mieux par rapport à tout, admit-il. Pendant des années, j'étais perturbé par toutes sortes de choses : vivre, grandir, ne pas savoir faire la différence entre le bien et le mal. Aujourd'hui, je vais mieux car Vanessa et mes enfants m'ont appris que la seule chose qui compte dans la vie, c'est d'être un bon parent. Je ne peux pas dire que mon côté sombre a complètement disparu. Il est toujours là, mais je n'ai jamais été aussi près de la lumière qu'en ce moment. »

Depp s'était sérieusement préparé à être père à nouveau en faisant en sorte de ne pas travailler pendant la plus grande partie de l'année 2002. « Je ne travaille pas depuis un bon moment, dit-il. Je n'ai rien fait depuis que j'ai tourné dans *Il était une fois au Mexique* en juin 2001. Avant ça, j'étais sur le projet *Don Quichotte*. Et encore avant, j'ai tourné *From Hell*. Donc je suis au chômage depuis pas mal de temps. Et ça n'est pas désagréable. »

Quand il fallut se remettre au travail, Johnny Depp ne manqua pas de propositions en dépit de sa retraite temporaire. Il était en compétition avec Andy Garcia pour le rôle-titre d'une biographie cinématographique sur Simon Bolivar, l'homme qui libéra le Venezuela et l'Équateur du joug espagnol au dix-neuvième siècle. Salma Hayek, partenaire de l'acteur dans *Il était une fois au Mexique,* était pressentie pour le rôle de la femme de Bolivar. Doté d'une enveloppe de 30 millions de livres sterling, le film était provisoirement intitulé *The Vision*. Le producteur Edgar Meinhardt-Iturbe, qui venait de passer dix ans à essayer de développer son projet, voulut confier le rôle de Bolivar à Depp. « C'est sans doute l'un des films les plus importants qui sortira jamais d'Amérique du Sud, donc la production est soumise à de nombreuses pressions », rapporta une source de l'équipe de production sur Ananova, un site Web d'information. « L'acteur auquel le rôle sera confié devra être "politiquement acceptable". »

Plus proche de l'expérience de Depp, le rôle du chroniqueur mondain A. J. Benza dans une adaptation de son livre *Fame : Ain't it a Bitch* offrait à l'acteur l'occasion de se venger de ceux qui l'accablaient depuis tant d'années.

Depp envisagea également la possibilité de réaliser un autre film. Bien qu'il eût gardé un souvenir mitigé de son expérience sur *The Brave*, sa tendance naturelle à vouloir conserver un certain contrôle sur ses projets (un besoin qui s'exprime généralement à travers ses performances) lui fit caresser l'idée de repasser derrière la caméra. Un projet avait plus particulièrement éveillé son intérêt. « Je prépare un film intitulé *It Only Rains at Night*, d'après un scénario de Neil Jimenez », confia-t-il. Il avait déjà évoqué ce projet en 1999 lors de la promotion de *Sleepy Hollow*, et selon toute vraisemblance, il l'avait encore à l'esprit. En 1992, le magazine *Movieline* avait intégré *It Only Rains at Night* dans son classement des dix meilleurs scénarios en quête de producteurs. Jimenez, qui avait écrit *Le Fleuve de la mort*, l'un des premiers films de Keanu Reeves, mais également signé et co-réalisé *The Waterdance*, avait rédigé un scénario ressemblant à « un étrange mélange entre Kafka, Jim Jarmusch et une version décalée à la Max Fleischer de *Qui veut la peau de Roger Rabbit ?* » Le scénario raconte l'histoire d'un célibataire doux et solitaire qui décapite les « ennemis de la société » pendant la journée et cuisine des plats gastronomiques le soir tout en se repassant les vieilles émissions de radio de Jack Benny. Il tombe amoureux de la tête décapitée (douée de parole) de l'une de ses victimes. Facile de comprendre ce qui séduisit cet acteur trois fois dirigé par Tim Burton...

« C'est le genre de scénario que les producteurs de films indépendants ou que les cadres des studios adorent, mais qui fait peur à leurs patrons car ils le trouvent trop bizarre », explique le producteur Midge Sanford, grand défenseur des projets excentriques. « C'est une histoire étrange, merveilleuse, et avec Johnny à l'écran et Neil derrière la caméra, ça deviendra un jour un film vraiment à part. » Ce jour n'est pas encore arrivé...

Les espoirs des fans qui rêvaient de voir Johnny Depp et Vanessa Paradis ensemble à l'écran après leur tentative avortée sur le film de Terry Gilliam furent anéantis quand, en dépit des rumeurs, Depp annonça qu'il ne jouerait pas dans le prochain film de sa compagne, une adaptation du roman de Serge Bramly, *Le Réseau Melchior*. L'acteur fut à nouveau sollicité pour le projet *Nailed Right In* du réalisateur Griffin Dunne, un drame se déroulant dans le milieu de la mafia. Le film avait trouvé un financement et la production courtisa Depp pour qu'il accepte le rôle secondaire mais néanmoins important d'un mafieux qui inculque les ficelles du métier à deux aspirants « affranchis », comme Al Pacino l'avait fait pour lui dans *Donnie Brasco*. On murmura que Depp s'était vu proposer deux millions de dollars pour seulement quinze jours de tournage. Comme celui-ci devait débuter à New York en septembre 2001, le projet fut à nouveau suspendu à la suite des attaques terroristes contre le World Trade Center.

Johnny Depp accepta le rôle principal de J. M. Barrie, l'auteur de *Peter Pan*, dans le film *Neverland*, une décision qui présageait un nouveau tournant dans sa carrière et le conduirait à son plus gros succès à ce jour : *Pirates des Caraïbes*. Lily-Rose étant désormais âgée de deux ans et à présent accompagnée de son petit frère Jack, Depp voulait tourner dans des films que ses enfants pourraient voir quelques années plus tard. En mars 2002, juste avant la naissance de Jack Depp, Depp Senior signa un contrat pour jouer dans le film réalisé par Marc Forster (*À l'ombre de la haine*) et basé sur *The Man Who Was Peter Pan*, la pièce de théâtre d'Allan Knee, un recueil de conversations imaginaires entre Barrie et ses quatre jeunes amis, les frères Llewelyn Davies, sa source d'inspiration pour l'écriture de *Peter Pan*. Quand Depp arriva à Londres pour le tournage en juin 2002, il venait aussi de s'engager pour *Pirates des Caraïbes*. Sa nouvelle stratégie de séduction familiale était désormais bien en place.

Après *À l'ombre de la haine*, le réalisateur Marc Forster était en quête d'un projet « magique » quand le producteur Richard Gladstein, plusieurs fois nommé aux Oscars, lui remit le scénario de *Neverland* écrit par David Magee. Forster fut séduit par cette histoire qui revisitait les circonstances et les émotions ayant présidé à l'évolution et la création de *Peter Pan*, un archétype de conte merveilleux encore très lu aujourd'hui.

Inspiré par la véritable amitié que noua Barrie avec la famille Llewelyn Davies, *Neverland* explore les thèmes qui firent la renommée de sa pièce si influente : le pouvoir de l'imagination, la nostalgie de l'innocence enfantine et le besoin de croire que quelque chose existe au-delà de la banalité du quotidien.

« J'envisageais ce film comme une histoire sur le pouvoir créatif d'un homme qui réussit à emmener les gens dans un autre univers, et sur le profond besoin de l'être humain en matière d'illusions, de rêves et de croyances qui nous inspirent, même en pleine tragédie, expliqua Forster. Pour moi, ce film parle de l'imagination et de son pouvoir de transformation : être capable de se transformer en quelque chose de mieux, même si personne ne croit en vous. »

Le scénario de Magee avait été adapté à partir de la pièce de théâtre d'Allan Knee, mais d'après le scénariste, ce n'était pas « un énième récit factuel de ce qui est arrivé à James Barrie quand il écrivait *Peter Pan*. Je voulais écrire une histoire sur le fait de mûrir et d'assumer ses responsabilités envers ceux qui nous entourent. J'espère que les gens considéreront le film comme un hommage respectueux au génie créatif de Barrie et qu'il leur donnera l'impression qu'en tant qu'êtres humains, nous pouvons grandir sans tout perdre de l'innocence et de l'émerveillement propres à l'enfance. »

Pour Magee, cette histoire devint de plus en plus personnelle au fil de son écriture. « Quand j'ai commencé à écrire ce scénario, j'allais devenir papa pour la première fois de ma vie, alors que mon propre père s'apprêtait à mourir après un long combat contre le cancer. Je réfléchissais donc très intensément à ce que cela signifie de grandir et de prendre conscience que le temps nous rattrapera tous un jour, expliqua-t-il. Pour moi, cette histoire est celle d'un homme qui commence à faire face à ces problèmes-là dans sa vie. »

Ces thèmes parlèrent également au père de famille qu'est Johnny Depp. Aux yeux de Marc Forster, l'acteur était le seul choix possible pour le rôle de J. M. Barrie, en dépit du fait que l'auteur de *Peter Pan* soit écossais. « Johnny est l'acteur idéal pour incarner cet homme qui refuse de grandir, car si l'on se penche sur ses choix de rôles, on constate que l'enfant qui se cache en lui est resté très accessible. Il a apporté une couleur très particulière au personnage en l'incarnant sans surenchère, d'une façon qui, d'après nous deux, rend vraiment justice à l'homme que Barrie voulait être. »

Depp trouva en *Neverland* un énième rôle d'anti-conformiste, bien que ce soit un film susceptible de plaire à ses enfants. « Le film ne va jamais vraiment dans la direction à laquelle on pourrait s'attendre », dit-il de la romance insolite et apparemment chaste entre Barrie et Sylvia du Maurier, la mère des quatre fils Llewelyn Davies, interprétée par Kate Winslet (*Titanic*, *Eternal Sunshine of the Spotless Mind*). « Ce n'est pas une histoire d'amour entre deux personnes destinées à finir ensemble ou ce genre de choses. Au contraire, il s'agit d'une relation beaucoup plus compliquée et fluctuante entre deux personnes qui ont besoin l'une de l'autre à un niveau qui va bien au-delà des mots ou de toute explication. »

Johnny Depp et Freddie Highmore dans le rôle d'enfant le plus important de Neverland. *Il noua des liens profonds avec Depp pendant le tournage, mais aussi en dehors des plateaux.*

Mais avant tout, Depp fut attiré par ce rôle en raison de l'éternelle magie de *Peter Pan*. « C'est vraiment l'œuvre d'un génie, dit-il. Un chef-d'œuvre d'imagination, et le résultat d'une inspiration absolument remarquable. C'est l'une de ces rares choses parfaites qui nous accompagneront toujours, et c'était merveilleux de remonter aux sources d'une histoire aussi puissante. »

Tourné en juin et juillet 2002 en décors réels dans et autour de Londres, *Neverland* attira une foule de personnes curieuses de voir Depp à l'œuvre, particulièrement lors du tournage à Richmond-upon-Thames, une banlieue située à trente minutes à l'ouest du centre de la capitale britannique. Un coin de Richmond Green avait été transformé en décor historique pour l'occasion, avec deux voitures d'époque. Le tournage se déroula à l'intérieur et à l'extérieur d'Oak House et de l'Old Palace Terrace. De nombreuses scènes furent également tournées au Richmond Theatre, reconstitution du théâtre Duke of York où avait eu lieu la première de *Peter Pan* en 1904.

De nombreux badauds s'amassèrent aussi lors du tournage à Hyde Park en plein cœur de Londres. Et de façon fort adéquate pour ce film tous publics, le tournage de *Neverland* se transforma en réunion de famille dans la mesure où l'acteur avait fait venir Vanessa, Lily-Rose et Jack avec lui, et où Kate Winslet était accompagnée de Mia, sa fille de deux ans.

Afin de briser la glace, Johnny Depp et Kate Winslet avaient dîné ensemble à Londres au mois de juin. « En fait, ils s'aimaient et étaient plus ou moins ensemble, dit l'actrice de leurs personnages. Mais le film parle surtout de la complicité de Barrie avec la jeune veuve, et donc avec ses quatre fils. C'est grâce à cette relation-là et au temps qu'ils ont passé ensemble qu'il a pu concevoir l'histoire de *Peter Pan*. »

« C'est une brillante décision de casting, dit-elle au sujet du choix surprenant de Depp dans le rôle de Barrie. Parce que grâce à Johnny, on sort tout de suite du film d'époque pour pénétrer dans un récit beaucoup plus décalé et intéressant. »

Quand elle avait quinze ans, Kate Winslet avait joué le rôle de Wendy dans une représentation théâtrale de *Peter Pan* et connaissait donc déjà bien l'histoire sur laquelle repose *Neverland*. Elle trouva une autre source d'inspiration en son partenaire à l'écran. « Johnny pouvait se comporter comme un vrai gamin sur le plateau, et j'avais parfois l'impression de travailler avec cinq enfants au lieu de quatre ! Il est si spirituel qu'il passait son temps à nous faire rire, les garçons et moi, et c'était exactement l'esprit dont cette histoire avait besoin. »

Kate Winslet était également fascinée par le personnage qu'elle incarnait. « Sylvia est très intéressante car c'est une mère très moderne qui vivait à une époque où l'on commençait juste à envisager les enfants autrement. La plupart des gens pensaient alors que les enfants n'avaient pas droit à la parole, et généralement, ils étaient tenus à l'écart de la vie des adultes dans la maison. Sylvia s'y prend différemment et reflète un changement dans le mode d'éducation des enfants. Elle est très impliquée dans leur éducation et les encourage à penser par eux-mêmes. J'adore le fait qu'elle soit si anti-conformiste. »

« Mais Sylvia est aussi veuve depuis peu, poursuivit Kate Winslet. Elle a donc refoulé beaucoup de chagrin et de colère, et je pense que c'est en partie pour ça que Barrie l'intrigue autant. C'est un personnage plus vrai que nature, on ne peut plus différent des hommes qu'elle est amenée à rencontrer dans son cercle social. Elle est attirée par Barrie comme par un aimant, non pas parce qu'il la séduit, mais parce qu'il l'accueille dans son univers totalement fantastique. En fin de compte, je suis convaincue que c'est une histoire d'amour, mais plutôt axée sur l'amour qui a uni Barrie à toute une famille. »

L'un des problèmes de Depp consistait à se forger le doux accent écossais qu'exigeait son rôle. Jamais intimidé à l'idée de s'habituer à un accent (irlandais dans *Le Chocolat*, d'Europe centrale dans *The Man Who Cried*, cubain dans *Avant la nuit*, cockney dans *From Hell*), il lutta seul pour se l'approprier, mais deux semaines avant le début du tournage, il sollicita l'aide d'un coach vocal. « C'est l'accent le plus difficile que j'aie jamais eu à prendre, raconta Depp dans *The Observer*, mais je commence à y arriver. » Le producteur Richard Gladstein eut l'impression que le nouvel accent de Depp l'avait aidé à aller directement au cœur de son rôle. « Johnny incarne Barrie en faisant ressortir son sens inné du mystère, en éveillant la curiosité des spectateurs quant à ce qui peut bien se passer dans la tête de l'écrivain », dit-il.

La distribution de *Neverland* incluait également Dustin Hoffman (le capitaine Crochet du *Peter Pan* tourné par Spielberg en 1991 sous le titre *Hook ou la Revanche du capitaine Crochet*) dans le rôle du producteur de théâtre Charles Frohman, et Julie Christie dans celui d'Emma du Maurier, la mère de Sylvia. Quant à Radha Mitchell (*Pitch Black*, *High Art*), elle incarnait Mary Ansell, épouse de Barrie qui vit un mariage malheureux.

Hoffman fut attiré par ce projet en raison de l'implication de Forster et de Depp. « Depuis que j'avais vu *À l'ombre de la haine*, je mourais d'envie de travailler avec Marc Forster, affirma-t-il. Je savais aussi que James Barrie serait interprété par Johnny Depp, qui selon moi est l'un de nos meilleurs jeunes acteurs. Il possède une qualité que j'admire par-dessus tout : il fait tout ce qui est en son pouvoir pour ne pas être une star. Bien qu'il soit extrêmement beau, il prend des risques à travers ses choix de rôles et échappe ainsi à l'étiquette de "petit minet". »

Dès le départ, le réalisateur, les producteurs et les directeurs de casting savaient que la réussite de *Neverland* dépendrait des jeunes acteurs choisis pour les rôles des quatre garçons qui inspirent Barrie, en particulier Peter Llewelyn Davies. Après de longues auditions, ils purent restreindre leurs recherches à une dizaine d'acteurs exceptionnels. Puis, au lieu d'organiser des lectures individuelles, la production testa les garçons en groupe afin de retrouver l'osmose qui unit de véritables frères, ce mélange entre rivalité et complicité. « Il était essentiel que les garçons s'entendent comme les membres d'une vraie famille, car j'ai toujours voulu que leurs performances paraissent très naturelles, se souvient Forster. Les garçons que nous avons sélectionnés sont tous très originaux et talentueux. Chacun d'eux s'est présenté à nous avec une rare profondeur et une grande sensibilité – sans oublier leur sens de l'humour – ce qui facilitait grandement la narration de cette histoire. »

Quant à Depp, il apporta sa pierre à l'édifice en faisant ressortir la malice qui se cachait derrière le comportement très professionnel des jeunes acteurs, misant sur l'une de ses vieilles blagues préférées pour briser la glace. « On croyait qu'ils allaient passer leur temps à escalader les décors, mais ils ont fait preuve d'une concentration incroyable. En fait, il fallait parfois les aider à se dérider, affirme-t-il. Pour la scène du dîner, par exemple, Marc et moi avions prévu que j'utilise ma machine péteuse à certains moments. On l'a cachée sous la table et on a attendu les gros plans sur les garçons, puis j'ai commencé à "donner la réplique" à la machine, et ça a fonctionné à merveille ! »

Freddie Highmore jouait le rôle de Peter, le plus important parmi les enfants, celui dont Depp dut le plus se rapprocher, sur le plateau comme en dehors du tournage. Malgré son jeune âge, Highmore avait parfaitement saisi son rôle. « Peter pense en permanence à son père et ne croit pas que Barrie devrait entrer dans leurs vies pour prendre sa place, déclara-t-il à propos de son personnage. Puis Barrie lui fait découvrir des choses qu'il ignorait, par exemple l'écriture. Peter ne ressemble pas vraiment à Peter Pan car il n'a pas peur de mûrir. En fait, je pense que l'enfant qui n'a jamais voulu grandir, c'est Barrie, parce qu'il voulait toujours s'amuser avec les garçons, jouer aux pirates et aux cow-boys, ce genre de trucs. Peu importe ce qu'il en a dit, Barrie était le vrai Peter Pan. »

Le tournage de *Neverland* s'acheva fin août 2002, ce qui permit à Depp et à sa petite famille de revenir en France. Il fut toutefois ravi de tourner en Grande-Bretagne. « C'est si bon de retravailler à Londres. Comme je vis à Paris, Londres est la ville la plus proche où je peux tourner sans avoir à mettre les pieds à Hollywood. Ma famille peut m'y rejoindre facilement et je suis très excité à l'idée d'aller en Écosse pour tourner quelques scènes. On va peut-être y rester quelque temps, car Paris est désert au mois d'août. »

Après que le distributeur Miramax ait plusieurs fois reporté sa date de sortie, le film débarqua enfin sur les écrans britanniques le 31 octobre 2004, soit deux ans après son tournage, puis sortit discrètement aux États-Unis le 14 novembre 2004. Uniquement distribué dans huit salles américaines, le film rapporta d'abord 240 956 dollars seulement, puis fut diffusé dans cinquante-sept cinémas quelques jours plus tard. Ce n'est que fin novembre que *Neverland* bénéficia d'une sortie américaine digne de ce nom, s'octroyant la huitième place du box-office avec 4,7 millions de dollars de recettes. En avril 2005, il avait accumulé plus de 51,5 millions de dollars aux États-Unis, et 3,3 millions au Royaume-Uni.

Dans certains cas, les libertés prises par rapport à la vérité historique de J. M. Barrie firent office de bâton tendu aux critiques pour démolir le film (par ailleurs très bien accueilli). Dans *The New York Times,* Manohla Dargis écrivit que « l'intrigue du film s'approche plus de Walt Disney que de J. M. Barrie. » Dans *The New York Daily News*, Jami Bernard ajouta : « Le film cherche tellement à vous arracher des rires et des larmes – et il y parvient, aucun doute là-dessus – que la vie de Barrie en devient aussi fictive que ses histoires d'enfants qui volent et de pirates dotés de crochets en guise de mains. »

Philip Wuntch du *Dallas Morning News* se montra plus enthousiaste : « Ce film aurait facilement pu dégouliner de bons sentiments mais n'est pas tombé dans ce piège. Il est émouvant mais pas larmoyant, fantasque sans être écœurant. » La plupart des critiques considérèrent la performance centrale de Depp comme un rôle à Oscars. Dans *The Chicago Tribune*, Michael Wilmington remarqua que peu d'autres acteurs « auraient été capables d'interpréter un homme-enfant [tel que Barrie] sans paraître efféminé ou précieux... La facilité absolue et la grande empathie avec lesquelles il

---

« Johnny pouvait se comporter comme un vrai gamin sur le plateau, et j'avais parfois l'impression de travailler avec cinq enfants au lieu de quatre ! Il passait son temps à nous faire rire, les garçons et moi », déclara Kate Winslet, *partenaire de l'acteur dans* Neverland.

incarne son rôle introduisent en douceur les moments les plus émouvants du film. » Quant au très fiable Roger Ebert, critique au *Chicago Sun-Times*, il estima que, dans ce film, « Depp livre encore l'une de ses prestations extraordinaires... Il est courant que les acteurs jouent des rôles très différents les uns des autres, mais Depp s'en tire toujours avec une grande facilité, comme si aucune note n'était hors de sa portée. »

Le film reçut une myriade de nominations, dont sept aux Oscars dans les catégories « meilleur décor », « meilleurs costumes », « meilleur montage », « meilleure musique », « meilleure adaptation », « meilleur film », et, bien sûr, « meilleur acteur » pour Johnny Depp, sa seconde nomination pour ce prix. En dépit des pressions exercées par Miramax, *Neverland* ne décrocha qu'une seule statuette, remise à Jan A. P. Kaczmarek pour la bande originale du film. Une fois de plus, Depp quitta la cérémonie des Oscars les mains vides.

En 2002, Johnny Depp choqua plus d'un de ses admirateurs en acceptant le rôle du capitaine Jack Sparrow dans le futur blockbuster *Pirates des Caraïbes, la malédiction du Black Pearl*. Ce personnage devait lui valoir un immense succès et un tout nouveau genre de fans, bien qu'il ne l'ait accepté que pour deux raisons : Lily-Rose et Jack.

« Ma fille de quatre ans m'a vu dans *Edward aux mains d'argent*, dans *Benny & Joon* et dans la bande-annonce de *Pirates des Caraïbes*, qu'elle a adorée, dit Depp. Elle m'a demandé de la lui repasser en boucle juste pour me voir déguisé en pirate [rires]. C'est marrant, mais on dirait qu'elle n'a toujours pas compris que maman et papa sont acteurs. Elle sait que sa mère est chanteuse, et maintenant, elle croit que je suis pirate. Elle en est absolument convaincue. Je n'ai pas réussi à lui avouer que je ne faisais qu'incarner un personnage dans un film. Dans ses yeux, je voyais bien qu'un pirate avec des dents en or était plus fascinant qu'un simple acteur, et je n'ai pas voulu lui gâcher son plaisir. »

Son désir de jouer dans un film que sa fille pourrait voir (et son fils aussi, quelques années plus tard) mena Depp vers le plus grand succès de sa carrière, ce qui en incita beaucoup à dire que l'acteur s'était « vendu ». « Johnny m'a assuré que c'était plutôt agréable de vendre son âme », affirma Terry Gilliam, qui espérait que le succès de *Pirates des Caraïbes* l'aiderait à relancer son projet *Don Quichotte*.

« Tous les petits garçons rêvent d'être un pirate et de faire tout ce qui leur passe par la tête sans en assumer les conséquences, non ? demanda Depp pour la forme. Qui n'aurait pas envie de jouer un pirate ? Quand on m'a proposé ce rôle, j'ai cru que c'était une blague. Comment les gens de Disney [le film s'inspirait d'une célèbre attraction des parcs Disney] pouvaient-ils avoir envie de me confier ce rôle ? J'étais encore plus choqué que les autres. Mais pendant le tournage, je n'ai jamais eu l'impression de jouer dans une superproduction au budget mirifique. En fait, je ne m'en suis rendu compte qu'en découvrant la bande-annonce, et je me suis dit : "Mon Dieu, mais qu'est-ce que c'est que ce truc ?" Je n'ai rien contre l'idée de tourner dans un film qui remporterait énormément de succès... surtout quand on a pris autant de plaisir à le faire. On ne m'en propose pas tous les jours non plus. »

Depp fut aussi attiré par la qualité du scénario, un critère dont avait dépendu la plupart de ses choix de carrière. L'idée de jouer un pirate lui plaisait beaucoup, mais ça ne lui suffisait pas : il voulait faire un film de pirates de qualité. Il accordait aussi une grande importance aux « patrons », en l'occurrence au producteur Jerry Bruckheimer et au réalisateur Gore Verbinski, tout comme aux scénaristes. « Dès que j'ai entendu les noms de Ted Elliot et de Terry Rossio, qui avaient écrit *Shrek* – que j'avais adoré –, j'ai tout de suite eu un bon feeling. L'idée du film de pirates me plaisait bien aussi, et ça faisait longtemps que personne n'avait revisité le genre. En plus, ils étaient partis de cette structure mais l'avaient enrichie. Tout ça était dans le scénario, et c'est pour ça que j'ai signé. Avec l'expérience de Jerry et la grande concentration de Gore, je savais que le film reposait sur des épaules solides. Quand j'ai lu le scénario de Ted et Terry, j'ai été heureusement surpris ; il me comblait au-delà de mes espérances. Ils ont intégré beaucoup d'humour à l'histoire et ont donné aux acteurs des éléments de base à partir desquels on a pu étoffer nos personnages. »

Pour Disney et le producteur Jerry Bruckheimer, s'embarquer dans cette aventure avec Johnny Depp relevait vraiment du pari. Après tout, *Pirates des Caraïbes* avait été

Aux côtés d'Orlando Bloom, Johnny Depp vit sa carrière et sa notoriété décoller vers les firmaments du succès commercial grâce à Pirates des Caraïbes.

conçu dès le départ comme un blockbuster, alors que Johnny Depp avait passé sa carrière à tout faire pour ne pas devenir un acteur commercial.

« Pour que les spectateurs soient vraiment séduits par un film, il faut savoir faire des choix de casting à contre-courant, trouver un acteur que le public ne se serait jamais attendu à voir dans une production Disney, expliqua Bruckheimer pour étayer sa stratégie. Je voulais Johnny Depp dans ce rôle. Johnny est un artiste réputé pour ses choix décalés. C'est un acteur brillant. Il ne cherche pas à être adulé, et ne sélectionne jamais ses films en fonction du cachet qu'on lui propose ; ses rôles doivent lui permettre de s'épanouir artistiquement. Je crois aussi qu'il voulait tourner un film spécialement pour ses enfants. »

Depp dut donc attendre la quarantaine pour s'attaquer en toute confiance à un rôle lui offrant autant de visibilité. Bien qu'il ait désiré jouer dans ce film pour ses enfants, on constate non sans ironie que son personnage n'a rien d'un modèle de bonne conduite. « Jack Sparrow est avant tout un escroc, et il est paresseux, dit Verbinski. C'est un grand pirate, mais il n'ira pas se battre si rien ne l'y oblige. Il sera toujours

Comme il avait déjà pris des cours d'escrime pour son rôle dans Don Juan De Marco, *Depp n'eut aucun mal à s'y remettre pour* Pirates des Caraïbes.

partisan du moindre effort. Mais Sparrow reste un personnage mythique. Il est sa meilleure publicité, et sait parfaitement se vendre. »

D'après Johnny, son personnage prit forme lors des essayages de costumes, de maquillage et de coiffure qui ont généralement lieu quelques semaines avant le tournage. « La première fois que j'ai vu mon personnage se refléter dans le miroir, entièrement déguisé et maquillé, ça m'a fait très plaisir parce que j'ai immédiatement reconnu le capitaine Jack, se souvient l'acteur. Quand Gore est arrivé, il m'a regardé et il a dit : "Ouais, c'est bien lui." Il s'en est rendu compte tout de suite ; il savait ce que j'allais faire de ce personnage. Il l'a approuvé et il a compris son humour. C'était le début d'une très belle relation. »

De son côté, Depp se fit poser quatre dents par son dentiste : trois en or — de quatorze, dix-huit et vingt-deux carats —, et une dernière dent en platine. « C'est la logique même : je joue un pirate et tout le monde s'attend à ce genre de dentition. J'aurais bien voulu plus de dents en or, mais Jerry n'était pas particulièrement enthousiasmé par cette idée », admet-il. Comme ce fut le cas avec *The Man Who Cried*, Depp

« Il a été du tonnerre », dit Keira Knightley de son partenaire plus expérimenté dans *Pirates des Caraïbes*.

conservera ses dents en or assez longtemps après la fin du tournage, toujours pour la même raison : sa phobie du dentiste.

L'étrange version de Sparrow que proposa Depp s'inspirait de Keith Richards et de Pépé le Putois, fameux personnage des dessins animés Warner Bros., avec un soupçon de culture rastafarienne. Il décida de donner à Sparrow une démarche peu assurée, même à terre. « Quand je prépare un rôle, je deviens la victime de ma propre imagination, dit-il. Je suis invariablement submergé par une marée de messages. Dès le départ, je me suis dit que le cerveau du capitaine Jack avait sans doute dû être un peu abîmé par la chaleur intense qui sévit dans les Caraïbes. J'ai donc passé beaucoup de temps dans mon sauna. Comme il vit en permanence sur un bateau, ses jambes de marin ne sont pas à l'aise de retour sur la terre ferme. C'est pour ça qu'il a parfois l'air sur le point de se casser la figure. Puis je me suis demandé qui les pirates du dix-huitième siècle pourraient être aujourd'hui. Et la réponse s'est imposée d'elle-même : des rock stars ! Ensuite, je me suis demandé : "Qui est la plus grande star du rock'n'roll ?", et pour moi, c'est Keith Richards des Rolling Stones. J'ai donc calqué mon personnage sur lui, ainsi que sur le personnage de dessin animé Pépé le Putois, qui réussit toujours à passer entre les mailles du filet. Toutes sortes de colifichets pendent aux cheveux de Jack, la culture rasta étant aussi l'une de mes sources d'inspiration pour ce rôle. J'aime bien l'idée que chacune de ces petites babioles soit un souvenir encore très vif et extrêmement important pour Sparrow. »

Si son épaisse couche de mascara et son approche un peu maniérée du rôle plurent à Verbinski et Bruckheimer, ce ne fut pas le cas avec tous les gens de Disney. « Il y avait deux gros bonnets de Disney qui appréciaient ce que je faisais, mais deux autres étaient très inquiets, du genre "Il va gâcher tout le film ! Pourquoi est-ce qu'il joue comme ça ? Et qu'est-ce qu'il fabrique avec sa main ? Ce personnage est-il vraiment homosexuel ?" Ils ont tergiversé ainsi pendant six bonnes semaines. Je comprends leurs inquiétudes, mais je me sentais en accord avec le personnage et j'avais tellement l'impression d'avoir pris la bonne direction que j'ai fini par leur dire : "Écoutez, je comprends vos appréhensions. Mais vous m'avez engagé pour faire mon boulot. Vous savez ce que j'ai fait avant, donc vous étiez conscients que j'allais développer mon personnage dans cette même veine. Alors, s'il vous plaît, faites-moi confiance. Si vous n'avez pas confiance en moi, vous auriez tout intérêt à chercher quelqu'un d'autre." »

Verbinski pense que Disney a échappé au pire dans la mesure où les premières idées de Depp étaient encore plus extrêmes. « Au début, il m'avait dit : "J'imagine que Jack a eu le nez coupé lors d'une ancienne bataille, et qu'il n'a donc plus de nez. Il évite de renifler car il a peur de voir tomber son faux nez...", et je lui ai répondu : "À mon avis, ça ne passera pas avec Disney." » Cette suggestion fut toutefois reprise pour le rôle du pirate sous-fifre joué par Mackenzie Crook, qui n'arrête pas de perdre son œil de verre aux moments les plus inopportuns.

Depp justifia son approche insolite de Jack Sparrow en ces termes : « Je suis d'accord pour jouer un personnage sérieusement si c'est ce que le scénario exige. On ne peut pas s'engager à la légère et se conduire en irresponsable. Il y a beaucoup d'argent en jeu et des gens misent leurs carrières sur ce film ; ça, je le comprends parfaitement. Mais ça m'a un peu donné l'impression qu'ils pensaient : "On est dans notre gentil petit univers et tu y es le bienvenu, mais si tu commences à tout foutre en l'air, alors dégage !" »

Depp réussit non seulement à délivrer une performance qui enchanta ses enfants, mais également à se faire plaisir tout en défiant les pontes de Disney. Finalement, le succès du film parle de lui-même, mais Depp était conscient des risques pris par les patrons du grand studio quand ils avaient décidé de lui confier le premier rôle. « C'était un rôle complètement nouveau pour moi, dit-il en reconnaissant ce que le film lui a apporté. J'ai adoré inventer de toutes pièces ce personnage de pirate, pour en proposer une version totalement inédite. »

Quant au producteur Jerry Bruckheimer, qui avait choisi Johnny Depp pour le rôle, il semblait savoir à quoi s'attendre. « Johnny est réputé pour créer lui-même ses personnages. Pour Jack Sparrow, il a inventé un pirate absolument unique. On lui a laissé carte blanche et il nous a présenté ce capitaine, très original mais néanmoins très perspicace. Il ne tient pas vraiment en équilibre sur ses pieds et il articule mal, mais on ne sait pas vraiment s'il a trop bu, s'il a le mal de mer ou s'il a passé trop de temps sur son bateau. Or tout cela a un sens. Aussi étrange que cela paraisse, ça fait aussi partie du charme de Jack Sparrow. »

Pour la première fois de sa vie, Depp tourna dans un film dont il était le doyen, du moins aux yeux de ses partenaires plus jeunes qui avaient grandi en regardant ses premiers films. Il donnait notamment la réplique à Keira Knightley et Orlando Bloom. « Je ne pourrai jamais dire tout le bien que je pense de Johnny, dit la comédienne qui jouait le rôle d'Elizabeth. C'était un rêve, un vrai plaisir. Il a été du tonnerre, vraiment très cool. » Orlando Bloom, l'un des rôles principaux dans *Le Seigneur des anneaux*, était d'accord avec elle : « Johnny est quelqu'un d'absolument merveilleux. Je lui ai demandé conseil sur toutes sortes de choses. Je me suis senti très privilégié de pouvoir travailler aussi étroitement avec un acteur que j'admire depuis ses débuts. »

Johnny Depp partageait aussi l'affiche du film avec l'acteur australien Geoffrey Rush dans le rôle du fantomatique capitaine Barbossa. Ils n'eurent que quelques scènes ensemble pendant les six mois de tournage, mais à les voir se donner la réplique, on comprenait tout de suite qu'il y avait une longue histoire entre Sparrow et Barbossa, ainsi qu'une admiration mutuelle entre les deux acteurs. « Geoffrey est un acteur très intéressant, un marginal, dit Depp, qui se sentait beaucoup d'affinités avec Rush. J'adore sa façon de travailler. Il sait prendre des risques différents à chaque fois. Il aime faire des suggestions et tester de nouvelles idées, et je fonctionne de la même

manière. Geoffrey a accordé la même importance à ce film qu'à ceux, plus dramatiques, dans lesquels il avait tourné avant ; il a donné tout ce qu'il avait. Il prend son métier très au sérieux, et c'est aussi pour ça que j'étais si excité de travailler avec lui. »

Quant à Rush, il fut assez étonné par les choix qu'opéra Depp pour donner vie à son personnage. « Jack est sûrement le pirate que tout le monde rêverait d'être ; c'est un esprit libre, il ne compte que sur lui-même, il est hilarant : en fait, il ressemble à Johnny, dit Rush. C'était extraordinaire de voir Johnny créer son personnage. Il s'en est vraiment bien sorti, avec une grande maîtrise. C'est un acteur brillant. »

Pour rendre le film encore plus crédible, tous les acteurs qui jouaient des pirates ou des officiers de la marine britannique suivirent une formation de plusieurs semaines avec l'équipe de cascadeurs de George Marshall Ruge et ses fines lames, Robert Anderson et Mark Ivie. Grâce à son expérience sur *Don Juan De Marco* quelques années plus tôt, Depp s'était déjà initié à l'art de l'escrime. « Je me souviens que ces cours d'escrime étaient épuisants. C'est un sport magnifique, très précis et chorégraphié. Mais ce film impliquait beaucoup plus de travail, notamment pour insuffler l'élan nécessaire aux combats à l'épée. Ça m'a demandé beaucoup plus d'entraînement car il

L'étrange version de Jack Sparrow que proposa Depp s'inspirait de Keith Richards et de Pépé le Putois, fameux personnage des dessins animés de Warner Bros., avec un soupçon de culture rastafarienne.

y avait davantage de gestes à apprendre. J'avais l'impression que certaines batailles duraient dix bonnes minutes. Dans ces scènes-là, tout reposait sur la chorégraphie, les mots sont venus après. »

Outre ces scènes de cape et d'épée, Depp fut également impliqué dans des cascades très complexes. Dans le film, Sparrow s'empare de l'*Interceptor*, vaisseau de la flotte britannique, une opération qui s'avéra beaucoup plus complexe quand Verbinski décida que le personnage de Depp devait tenir la barre pour diriger lui-même le bateau, tandis que Will (Orlando Bloom) hisserait et appareillerait les voiles. Malheureusement, les acteurs n'avaient strictement aucune expérience en la matière. Verbinski demanda à l'équipage du Lady Washington, qui dirigeait en fait l'*Interceptor*, de baisser la tête et de se cacher pour qu'on ne voie plus que les deux acteurs sur le pont lorsque les navires se croiseraient. « Les caméras tournaient, et l'instant d'après, le vrai capitaine avait disparu et il n'y avait plus que moi pour tenir la roue du gouvernail. Je n'avais donc plus le choix et j'ai sauté dessus, se souvient Depp. Personne ne m'avait prévenu que j'allais devoir tenir la barre. C'était l'épreuve du feu. Lors de la deuxième prise, j'ai cru qu'on allait rentrer dans la barge flottante du *Dauntless*, mais Gore m'a

---

« Johnny est réputé pour créer lui-même ses personnages, et pour Jack Sparrow, il a inventé un personnage absolument unique », dit Jerry Bruckheimer, producteur de Pirates des Caraïbes.

demandé : "Johnny, rapproche-toi, rapproche le bateau." Après, je me suis dit : "C'est pas vrai ! Je viens de faire virer un énorme bateau pour la toute première fois de ma vie, alors qu'on avançait à une vitesse qui me semblait vertigineuse ! Gore tenait-il vraiment à ce que je me rapproche ?" Mais on a survécu. »

L'acteur principal eut d'autres épreuves à surmonter lors de ce tournage au rythme infernal. « C'était beaucoup plus difficile que je ne l'aurais cru, de devoir nager dans mon costume de pirate avec les bottes qui me collaient aux cuisses, fit remarquer Depp. Sur ce film, les cascades étaient infiniment plus difficiles que celles que j'avais faites auparavant, et pourtant, je m'étais déjà fait traîner par des chevaux sur des centaines de mètres dans *Sleepy Hollow* ! Heureusement, j'avais une doublure géniale pour les cascades, Tony Angelotti, qui s'est occupé de moi et m'a fait paraître sous mon meilleur jour. Je me contentais d'intervenir pour les gros plans. Car comme les pirates, je suis avant tout intéressé par l'aventure et le plaisir, pas par l'argent ou les trésors. »

À la fin du tournage, Depp n'était pas au bout de ses surprises, comme il le découvrit en arrivant à Los Angeles pour l'avant-première du film. « Cette avant-première, c'était comme entrer dans un vaisseau spatial extraterrestre, dit-il pour commenter l'envergure de l'événement orchestré par Disney. Je n'avais encore rien vu de tel. J'étais également sous le choc de l'immense succès du film au box-office. Je ne suis pas habitué à ça et j'ai été très touché que les gens l'apprécient autant. Je me suis dit que j'avais tout intérêt à en profiter tant que ça durait. »

Pirates des Caraïbes, la malédiction du Black Pearl est à ce jour le plus gros succès commercial de Johnny Depp. Aux États-Unis, le film rapporta trois fois plus d'argent que *Sleepy Hollow*, précédent triomphe de l'acteur. Les 305,5 millions de dollars accumulés par le film sur le territoire américain assurèrent son statut d'authentique blockbuster (aux côtés du *Monde de Nemo*, autre production Disney plébiscitée par le public et sortie le même été) et les recettes à l'international, à hauteur de 349 millions de dollars, confirmèrent la popularité de Jack Sparrow, indépendamment de la langue dans laquelle il était doublé.

Lors de la sortie de *Pirates des Caraïbes, la malédiction du Black Pearl*, le 9 juillet 2003, les critiques tombèrent sous le charme de l'interprétation de Depp et l'approuvèrent sans réserve. « Ce film m'a fait rire, a su me faire savourer sa folle intrigue et apprécier le jeu intrépide de Depp, qui semble alimenté par d'insondables puits de démence », écrivit Roger Ebert dans *The Chicago Sun-Times*. De même, Lou Lumenick conclut son article dans *The New York Post* en ces termes : « Si au montage, ils avaient coupé une demi-heure sur les cent quarante-trois minutes de cette superproduction gonflée à bloc, cela aurait mis en valeur les trésors du film, en particulier la jubilatoire excentricité du jeu de Johnny Depp. » Dans *The New York Times*, Elvis Mitchell qualifia la performance comique de Depp « de panacée, d'antidote aux bagarres tapageuses et aux fanfaronnades », tandis que dans *The Toronto Star*, Geoff Pevere estima que « le fait que Depp soit le seul trésor insubmersible du film en dit long sur la pure perversité de ce tournant de carrière inattendu ». Ann Hornaday, critique pour *The Washington Post*, était d'accord avec lui : « Si vous avez passé l'âge de dix ans, Depp est la meilleure et la seule raison de voir *Pirates des Caraïbes*. »

Plusieurs semaines avant la sortie de *Pirates des Caraïbes*, Depp fêta ses quarante ans le 9 juin 2003 « dans le calme, avec deux bouteilles de vin. Vers la fin de la trentaine, on se sent prêt à ce genre de choses ».

Dans la campagne française où vit Depp, les gens le connaissent comme un papa poule, ce qui convient parfaitement à l'acteur. « Les enfants doivent grandir dans un environnement calme et sain, où tout ne tourne pas autour du prochain film qu'on va faire », confia-t-il à Elizabeth Vargas de la chaîne ABC.

Depp pouvait même se projeter dans dix ans et contempler, à l'aube de la cinquantaine, un mode de vie que personne n'aurait pu soupçonner de la part du post-ado rebelle qui détruisait des chambres d'hôtel. « À un moment donné, ça ne doit pas être désagréable de se retirer du monde pour écrire un livre ou pour peindre », dit-il en sous-entendant que son métier d'acteur ne serait peut-être plus qu'un passe-temps à l'avenir. « Je ne suis pas sûr d'être encore dans le métier d'ici dix ou quinze ans. Peut-être que je préférerai rester chez moi à jouer au père de famille, à faire de la peinture avec ma fille. Je ferai toujours tout pour rendre ma famille heureuse. Si tout s'arrête du jour au lendemain et que je me retrouve à pomper de l'essence dans une station-service, je le ferai. Je n'en mourrai pas. »

Mais Depp n'était pas près de travailler dans une station-service. Son interprétation exubérante de Jack Sparrow fut saluée par une longue liste de nominations. Depp remporta le prix du « meilleur acteur » aux Screen Actor's Guild Awards 2004, dont la nomination l'avait laissé pantois. Dans la catégorie meilleur acteur, il fut également nommé aux Oscars, aux BAFTA, aux Golden Globes, aux Golden Satellite Awards et aux Online Film Critics Society Awards.

En 2003, *People Magazine* intronisa Depp comme l'homme le plus sexy de l'année. « Johnny Depp était déjà l'homme idéal, écrivit Julie Jordan. Au fil de sa carrière, il a souvent choisi des rôles obscurs. Plus sexy que jamais, il a retrouvé le grand public grâce à *Pirates des Caraïbes*. »

Parmi cette pluie de récompenses et de nominations, Depp fut particulièrement touché d'être nommé pour l'Oscar du meilleur acteur. Voir son nom associé à cette remise de prix semblait improbable, surtout aux yeux de l'acteur lui-même. « Je ne crois pas faire partie des chouchous de l'Académie », avait-il déclaré lors des cinq nominations aux Oscars du film *Le Chocolat*, qui concourait notamment au titre de meilleur film. « Certaines choses peuvent vous garantir des nominations. Vous prenez

le poncif le plus tragique ou le plus mièvre que vous puissiez trouver, vous en faites un scénario, vous hurlez constamment à vous en arracher la gorge, encore quelques clichés, et c'est bon. Je ne cherche pas à dénigrer qui que ce soit. Il y a des gens qui font un super boulot, ils sont nommés et ils méritent les prix qu'ils gagnent. C'est génial de voir son travail reconnu. Mais l'idée des prix me semble très étrange. Quand j'ai fait *Donnie Brasco*, j'ai trouvé Pacino excellent, peut-être même encore plus qu'à son habitude. J'étais épaté par son jeu et sa subtilité, comme par sa carrière en général. Pourtant, il n'a pas été nommé aux Oscars. »

Quoi qu'il en soit, en février 2004, Johnny Depp fut bien nommé aux Oscars en tant que meilleur acteur pour le rôle de Jack Sparrow. Il avait déjà pris part une fois à la cérémonie et cela n'avait pas été une expérience très agréable. « Il y a deux ans, on m'a demandé de venir faire le présentateur et ça m'avait mis très mal à l'aise. Je ne suis pas très bon quand il s'agit de prendre la parole en public et je n'avais aucune envie de me ridiculiser. Mais j'ai tout de même accepté, car je devais présenter Neil

Johnny Depp et Vanessa Paradis à la soixante-seizième cérémonie des Oscars, où Depp fut nommé en tant que meilleur acteur pour le rôle de Jack Sparrow dans Pirates des Caraïbes.

Young. » Pourtant, Depp ne s'était pas préparé au grand cirque des Oscars. « Des tas de gens méga célèbres n'arrêtaient pas de venir me voir en disant : "Salut, Johnny, quoi de neuf ? Comment ça va ?" Ces gens-là, je ne les avais jamais rencontrés avant. C'était trop bizarre. Après, ils ont voulu que je lise cet interminable discours sur l'importance de la musique au cinéma, mais je me suis dit que les spectateurs n'avaient aucune envie de m'entendre dire ça. Tout ce qu'ils voulaient, c'était que Neil Young chante sa chanson. Je me suis donc contenté de sortir deux phrases, puis j'ai dit : "Mesdames et messieurs, merci d'accueillir Neil Young", et je suis parti juste après. En fin de compte, c'était une expérience atroce. »

Quelques années plus tard, Depp était de retour aux Oscars, en compétition pour en décrocher un lui-même. Aux Golden Globes, il avait battu son ami et rival Sean Penn (son associé dans le *Man Ray*), ainsi que Peter Dinklage (*The Station Agent*), Ben Kingsley (*House of Sand and Fog*) et Bill Murray (*Lost in Translation*). La liste des nommés aux Oscars était assez similaire, Depp se retrouvant à nouveau en compétition avec Sean Penn (toujours pour *Mystic River*), Ben Kingsley (*House of Sand and Fog*), Jude Law (*Retour à Cold Mountain*) et Bill Murray (*Lost in Translation*). Cette fois-ci, ce fut Penn qui repartit avec le prix, mais Depp était aussi heureux d'avoir été sélectionné et reconnu par les Oscars que s'il avait reçu la statuette en or.

À l'issue de toutes ces mondanités, Depp rendit hommage à ceux qui lui avaient permis d'exceller dans le personnage de Jack Sparrow : ses enfants, sa première source d'inspiration quand il avait accepté ce rôle. « Je n'aurais jamais trouvé mon personnage si je n'avais pas eu moi-même des enfants, dit-il à propos de Lily-Rose, quatre ans, et de Jack, bientôt âgé de deux ans à l'époque. Pendant quatre bonnes années, ma fille et moi avons regardé tous les dessins animés de Walt Disney, et au bout de dix, vingt, cinquante visionnages, l'acteur qui est en moi s'est dit : "C'est fou, ces personnages-là sont vraiment libres !" On n'y pense jamais, simplement parce que ce sont des personnages de dessins animés. Et quand j'ai commencé *Pirates des Caraïbes*, je me suis dit : "Et pourquoi pas ?" Je voulais avant tout créer un personnage qui parlerait aux enfants de cinq ans comme aux intellectuels les plus blasés et les plus pointus. En restant dans l'esprit d'un dessin animé, mais en rendant le personnage crédible au cinéma. » Vu la réaction des critiques et des spectateurs qui firent grossir les recettes du box-office, il est évident que Depp a admirablement atteint son objectif.

9

Affaire à suivre...

Le film suivant de Johnny Depp, le discret *Fenêtre secrète*, fut inspiré par une nouvelle de Stephen King intitulée *Vue imprenable sur jardin secret*, extraite de *Minuit 2, Minuit 4*, un recueil de quatre nouvelles à suspense. Le scénariste et réalisateur David Koepp (qui avait écrit le blockbuster *Spider-Man* et le *Panic Room* de David Fincher) avait précédemment réalisé le thriller surnaturel *Hypnose* et retrouva des éléments de cette histoire obsédante dans l'œuvre de King. « J'adore les huis clos dont le personnage devient fou, admit Koepp. J'aime le défi qui consiste à développer une histoire dans un espace confiné. Bien qu'il y ait quelques scènes en extérieur, le film parle surtout du lieu de vie de Mort Rainey [Johnny Depp], un homme qui traverse l'une des phases les plus difficiles de sa vie et passe beaucoup trop de temps seul chez lui. J'avais envie d'explorer les thèmes de la paranoïa et du confinement. L'isolement peut être effrayant, et le fait de voir votre maison se transformer en théâtre de cauchemars peut s'avérer très déroutant. »

Il fallait bien un projet aussi particulier pour arracher Depp à son idyllique vie de famille en France. « Je me souviens surtout de ce que j'ai ressenti en lisant le scénario, raconta Depp à propos de sa première rencontre avec *Fenêtre secrète*. Au bout de dix ou quinze pages, j'étais vraiment rentré dedans et je me suis dit : "C'est incroyable, c'est vraiment bien écrit ! Les dialogues sont réalistes, ils sonnent vrai et les idées s'enchaînent bien." Les situations me paraissaient crédibles. Au fil de ma lecture, j'en suis arrivé à un point où je me suis retrouvé totalement investi émotionnellement dans le personnage de Mort et dans son dilemme. Puis, quand j'ai découvert la chute, je suis resté sous le choc. C'était ingénieux et je ne l'avais vraiment pas vue venir, ce qui est très satisfaisant pour un lecteur, et je savais que ça le serait aussi pour les spectateurs. »

Koepp tenait absolument à voir Depp dans le rôle de Mort Rainey, cet auteur à succès qui a du mal à faire face à son divorce et souffre d'une panne d'inspiration. Il se retrouve accusé de plagiat par John Shooter : c'est le pire cauchemar de tous les écrivains, et King l'a aussi vécu plusieurs fois, notamment avec *Misery*. Koepp écrivit le personnage de Rainey pour Depp, sans la moindre garantie que l'acteur serait intéressé par le rôle : « Alors que je venais d'écrire la moitié de la première version du scénario, d'un seul coup, Johnny Depp m'est venu à l'esprit et ne m'a plus quitté ensuite. Mais plus je pensais à lui, plus je trouvais ça logique. »

Pour s'attirer les faveurs de Depp, Koepp lui envoya une lettre et fit même le déplacement jusque sur le tournage de *Pirates des Caraïbes* afin de rallier l'acteur à sa cause. « Dans ma lettre, je lui ai dit que j'espérais qu'il accepterait de jouer dans *Fenêtre secrète*, car il était celui auquel j'avais pensé en développant mon personnage. C'est l'un des meilleurs acteurs qui soient, il est tellement inventif et différent dans chacun de ses films ! »

Quant à Depp, il fut impressionné de voir Koepp faire tout ce voyage juste pour le rencontrer. « Il est très méticuleux et il nous attire en offrant des petits moments de vérité et de crédibilité comportementale en lesquels les gens se reconnaissent, dit le réalisateur de Johnny Depp. Les spectateurs finissent donc toujours par s'identifier à son personnage. Johnny fait des choix spontanés et souvent anticonformistes, mais ça lui réussit à chaque fois. Cet acteur-là n'a peur de rien. Quant à son personnage, il est rare de tomber sur un acteur aussi peu intimidé à l'idée de devoir exprimer la peur. Inutile de préciser que j'étais fou de joie quand il m'a annoncé qu'il acceptait le rôle... »

Depp était bien préparé à ce rôle d'écrivain torturé dans la mesure où il avait déjà travaillé avec Hunter S. Thompson et fait des recherches sur J. M. Barrie pour son rôle dans *Neverland*. Au contact de Thompson, il avait aussi découvert quelques rouages du processus créatif qu'implique l'écriture. « Pour tous les artistes, en particulier pour les écrivains, l'imagination est toujours votre meilleure alliée, dit Depp. Mais elle peut aussi devenir votre pire ennemie si vous vous retrouvez submergé par trop de pensées, par une overdose d'informations dans votre tête. C'est exactement le problème de Mort. Il vit en reclus. Il ne se sent pas à son aise en compagnie des autres et veut juste qu'on le laisse tranquille. Malheureusement, il n'arrive pas à se laisser tranquille lui-même. » Depp insista pour que dans le chalet où Rainey se retire, on puisse voir un livre de Hunter S. Thompson trôner en bonne place dans la bibliothèque.

« J'adore monter sur le ring avec des acteurs que je respecte, dit Depp qui redoutait d'apparaître seul à l'écran pendant la majorité de *Fenêtre secrète*. Car quand on se retrouve tout seul, c'est assez difficile. Il n'y a plus de réaction en face de vous, alors que ça constitue une grande part du jeu d'acteur. À la place, il faut juste "être." Il y a des scènes où pendant deux minutes, mon personnage se contente de griffer la nappe. Je trouve ça passionnant. »

Comme pour *Pirates des Caraïbes*, Depp s'inspira d'une rock star pour illustrer le personnage de Mort Rainey. « Je me rappelle avoir entendu des histoires fameuses, ou peut-être des légendes, sur Brian Wilson à l'époque où il vivait en reclus et ne quittait plus sa maison. C'était le niveau d'isolement dont j'avais besoin pour étoffer mon rôle. »

John Turturro, qui avait déjà donné la réplique à Johnny Depp dans *The Man Who Cried*, signa pour le rôle du menaçant John Shooter. Son fils de treize ans, grand fan de Stephen King, l'avait persuadé d'accepter cette offre. De plus, Turturro était emballé à l'idée de retravailler avec Depp. « C'est très facile de travailler avec Johnny car il est très généreux, dit-il de la star du film. On dirait que jouer ne lui demande aucun effort. David Koepp nous a laissé une grande marge de manœuvre, et toutes les balles qu'on lance à Johnny, il sait les saisir au bond et vous les renvoyer. Il est très inventif et très intuitif. En tant qu'acteur, c'est un sacré avantage d'être sur la même longueur d'ondes que son partenaire, et c'était vraiment le cas entre nous. Johnny a un grand sens de l'humour. On partage des centres d'intérêt communs et on a travaillé avec des réalisateurs doués d'une sensibilité similaire. J'ai toujours apprécié son jeu et j'étais ravi d'avoir la chance de travailler à nouveau avec lui. »

Maria Bello de la série *Urgences* jouait le rôle d'Amy, l'étrange femme de Mort. Elle était aux anges de donner la réplique à un acteur qu'elle admirait depuis si longtemps. « J'ai toujours adoré les choix qu'a faits Johnny en tant que comédien. J'étais fascinée et inspirée par la façon dont il a étoffé le personnage de Mort, et par le niveau d'interprétation qu'il a atteint. » Le casting incluait également Timothy Hutton (Oscar du meilleur second rôle masculin en 1980) dans le rôle de Ted, le nouvel amour d'Amy, et Charles S. Dutton sous les traits de Ken Karsh, l'infortuné enquêteur new-yorkais.

Comme à son habitude, Depp était armé d'une liste de suggestions pour son personnage. Certaines furent bienvenues, d'autres mises de côté assez rapidement. Même s'il n'utilisa pas toutes les idées de l'acteur, c'était une approche que Koepp appréciait. « Il débarque toujours sur le plateau avec des idées géniales, et pas forcément celles auxquelles on pourrait s'attendre, dit-il de son acteur principal. Au début, on croit souvent qu'il plaisante, mais je finis toujours par lui dire : "D'accord, laisse-moi y réfléchir." C'est ce qui rend ses personnages si accessibles. » Sur *Fenêtre secrète*, Depp proposa que Mort porte un appareil dentaire tout au long du film. Koepp trouva que c'était peut-être un peu trop, mais retint cette idée pour les scènes finales du film, quand on comprend que Mort a réussi à échapper aux conséquences de ses actes.

« Je vais vous parler de la suggestion de Depp que j'ai préférée, dit Koepp. Dans le scénario, il y a en tout quatorze pages de dialogues au téléphone, ce qui est assez ennuyeux. Il fallait donc trouver d'autres ressorts pour les mettre en scène. Pour un appel téléphonique avec Charles Dutton [l'enquêteur], j'étais à court d'idées. Depp m'a dit : "Mon personnage vient de rentrer de New York. Comme il a passé un long moment en voiture, il a forcément envie de pisser." » Dans cette scène, Depp décroche le téléphone, l'emmène dans la salle de bains et fait sa petite affaire tandis qu'à l'écran, on bascule entre des plans de lui et de Dutton, en train de se reposer à moitié nu dans sa chambre d'hôtel.

Pendant le tournage du film, Koepp tenait absolument à ce que ses acteurs jouent leurs rôles et réagissent aux événements de façon aussi « vraie » que possible, et ce jusqu'au point d'isoler Maria Bello et Timothy Hutton sur le décor d'une chambre de motel et d'y faire entrer Johnny Depp en trombe au son d'une musique hors contexte poussée à plein volume. L'actrice se souvient très bien du tournage de la séquence d'ouverture, qui revient en flashback tout au long du film : « On ne savait pas quand exactement Johnny allait franchir le seuil de la porte. Donc, quand la porte s'est ouverte d'un seul coup avec cette musique infernale à fond, on a réellement eu peur ! C'était tellement vrai qu'on n'a rien pu faire d'autre que d'y réagir. David nous a énormément aidés. Il nous a vraiment laissé carte blanche. Avec Johnny, ils ont su créer une ambiance géniale sur le plateau. »

Depp avait travaillé sur des tournages assez chaotiques et sur plusieurs films si mal organisés qu'ils avaient dû être abandonnés. En David Koepp, il trouva un réalisateur doué d'une grande méticulosité dans la préparation de son travail. Il détaillait chaque scène à travers un story-board et, à l'instar de Stanley Kubrick, faisait épingler les story-boards correspondant à chaque journée de travail sur un grand panneau du studio afin que chacun puisse se faire une idée claire des plans en cours de tournage. Dès qu'un plan était en boîte, Koepp barrait le story-board au marqueur. Le réalisateur et Fred Murphy, son directeur de la photographie, s'étaient préparés en revoyant des classiques du cinéma à suspense, notamment *Rosemary's Baby* et *Le Locataire* de Roman Polanski, ainsi que *Délivrance* de John Boorman, dont Murphy s'inspira quand il décida de tourner *Fenêtre secrète* au format plein cadre Super 35, un choix intéressant pour un film qui parle surtout d'espaces confinés et des rouages mystérieux de l'esprit. « Le film se déroule principalement en intérieur, mais Fred a créé des ouvertures en incluant de multiples reflets, explique Koepp. C'est vraiment un "film miroir". Fred m'a dit qu'il n'avait jamais vu autant de miroirs dans un film. Parce qu'il parle du reflet – se regarder bien en face et découvrir sur soi certaines choses qui vous déplaisent – les miroirs y jouent un rôle important, en particulier la grande glace au-dessus de la cheminée de Mort. Les miroirs créent aussi l'illusion d'un plateau plus vaste et nous permettaient de tourner des plans très intéressants. » Une autre approche consista à baigner les souvenirs heureux de Mort avec sa femme dans une lumière ensoleillée dont les couleurs plus vives et plus réconfortantes contrastaient avec les nuances ternes qui envahissent sa vie après leur rupture.

En incarnant Mort Rainey dans Fenêtre Secrète, *Depp s'attaqua au rôle d'un écrivain en panne d'inspiration qui affronte ses démons intérieurs.*

La costumière Odette Gadoury apprécia beaucoup sa collaboration avec Depp, qui l'aida à faire ressortir la personnalité de Mort Rainey. « On voulait des couleurs intermédiaires pour Mort, comme si elles avaient été très vives à une époque, puis délavées par leur exposition au soleil. On a choisi des vêtements bordeaux, marron et bleus, puis on les a vieillis pour faire passer leurs couleurs. À mes yeux, Mort est perdu, il n'est plus que l'ombre de lui-même. Comme il évolue dans une sorte de quatrième dimension, on tenait à ce que cela se reflète dans ses costumes. Il ne porte donc que des vêtements amples, froissés et délavés, ni trop voyants, ni trop sombres. Par comparaison, dans les flashbacks, le personnage arbore des couleurs vives et beaucoup plus gaies. Le but était de lui donner l'air encore plus vulnérable dans le présent narratif. » Au fil de ses conversations avec Depp, elle trouva le costume emblématique de Mort : un peignoir rayé en lambeaux. « C'était l'idée de Johnny. J'en ai longuement discuté avec lui et David. Lors des premiers essayages à New York, Johnny est tombé amoureux du peignoir que je lui avais dégoté dans une boutique de déguisements. »

Le tournage de *Fenêtre secrète* dura de juillet à novembre 2003. Les acteurs et l'équipe technique passèrent trois semaines à tourner des scènes d'intérieur et d'extérieur dans un complexe hôtelier tranquille et rustique du Québec au bord du lac Sacacomie, où fut construit le chalet de Mort, censé se trouver sur les rives de l'imaginaire lac Tashmore. Niché au cœur d'une épaisse forêt de sapins et d'érables débouchant sur le majestueux lac Sacacomie, cet endroit offrait une topographie idéale à la retraite volontaire de Mort, ainsi qu'une sorte de grand gîte rural où furent installés l'équipe et un bureau de fortune pour la production. Mais Sacacomie manquait d'un élément crucial : un chalet pour Mort, qui dut être conçu et construit de toutes pièces par le chef décorateur Howard Cummings et ses assistants. Le film fut également tourné dans d'autres sites québécois, notamment dans la ville de North Hatley, qui offrait une belle vue sur le lac Massawippi depuis le décor du petit poste de police que Cummings avait réussi à caser entre le restaurant rustique, la boutique de souvenirs et l'épicerie tout en bois de la ville. La production amalgama des images du lac Massawippi, du lac Sacacomie et du lac Gale (un lagon vert fourmillant de grenouilles près du village de Bromont) pour représenter le lac Tashmore inventé par Stephen King.

Depp jouant à la fois Mort et « le Mort intérieur », il dut tourner ces deux rôles séparément, se donnant la réplique à lui-même, une grande première pour l'acteur. Le plateau et la caméra, qui faisait office de voix intérieure de Mort, étaient cernés d'un haut écran vert au milieu duquel Depp pouvait parler avec « lui-même ». Ensuite, l'acteur prit la place de la caméra pour le rôle du moi secret de Mort. « Au début, on le voit parler à son chien, expliqua Koepp. Ensuite, on se met à entendre ses pensées, puis on le voit se parler à lui-même. Il me semble que c'est lorsqu'il commence à se répondre [dans la voiture] qu'on comprend que quelque chose ne tourne pas rond chez lui. »

La voix intérieure de Mort le tourmente depuis différents endroits du chalet. Ceux-ci étaient désignés par des cercles de couleur orange installés sur des perches à hauteur du regard de Depp, qui leur conféra plus de personnalité en dessinant des yeux et des sourires dessus. « Dans ce genre de situations, le niveau d'absurdité est tel que ça en devient un vrai challenge : un adulte debout au milieu d'un cercle en train de hurler sur un visage orange. On peut difficilement faire plus absurde que ça. C'est bizarre, mais c'est aussi assez amusant. Il faut simplement se mettre à la place du personnage et foncer. L'idée, c'est que cette voix pousse Mort vers des lieux où la lumière ne l'éclaire qu'à moitié, laissant son autre moitié entièrement dans le noir, résume Depp. Et quand il disparaît complètement dans le noir, une autre lumière apparaît ailleurs. »

Koepp poussa la dissociation de Mort à l'extrême dans ce qui est désormais connu sous le nom du « plan Magritte », inspiré par un tableau du célèbre peintre surréaliste. Dans ce tableau, un homme se regarde dans un miroir, mais, au lieu de son reflet, il voit le dos de sa tête dans la glace. La réalisation de ce plan avec Depp nécessita un minutage très élaboré pour les deux caméras qui le filmaient devant le miroir, dont la glace avait été remplacée par un écran vert. La première caméra était consacrée à Depp et l'autre servait de « caméra reflet ». Elle devait être plus grosse et plus rapide afin de compenser les effets du mouvement et de la perspective.

Fenêtre secrète rappelle des films tels *Un homme d'exception* et *Fight Club*, surtout en raison des révélations sur la véritable nature de John Shooter et de Mort Rainey, le vrai méchant du film. Se nourrissant exclusivement de chips et de soda, avec une coiffure ébouriffée à la Tim Burton, le Mort Rainey de Johnny Depp est un personnage sympathique et affable qui fait écho à ses performances loufoques dans *Edward aux mains d'argent* et *Benny & Joon*. La chute du film parut évidente à tous les fans du genre et *Fenêtre secrète* n'apporte pas vraiment sa contribution aux « films à tiroirs », mais reste pourtant un film agréable qui doit sa réussite principalement au jeu de Depp.

Face au succès de *Pirates des Caraïbes* et à la nomination de Depp aux Oscars, la sortie de *Fenêtre secrète*, initialement prévue pour le 23 avril 2004, fut avancée au 12 mars afin de tirer le meilleur parti de la nouvelle vague de popularité dont bénéficiait l'acteur. Les critiques encensèrent Depp, poursuivant le plébiscite dont il semblait désormais profiter indépendamment des films dans lesquels il jouait. « Johnny Depp est devenu l'acteur le plus cool du monde », écrivit John Anderson dans *Newsday*. « Il apporte une excentricité rêveuse à ce rôle autrement un peu simpliste... » estima Roger Ebert dans *The Chicago Sun-Times*. Dans *The New York Post*, Megan Lehmann qualifia sa performance de « spirituelle et inventive » et fit remarquer que « *Fenêtre secrète* repose principalement sur le charme excentrique de Depp dans la mesure où l'acteur est seul à l'écran pendant la majeure partie du film. » Mais le film en soi reçut des critiques mitigées. Dans *The New York Times*, Elvis Mitchell expliqua que l'interprétation de Depp était « le point fort du soporifique *Fenêtre secrète*... un thriller dont le seul suspense vient des interrogations du public, qui se demande si le film va vraiment durer les quatre-vingt-dix-sept minutes annoncées. »

En dépit de cet accueil plutôt tiède, *Fenêtre secrète* rapporta 18,2 millions de dollars dès la première semaine, se hissant seulement à la deuxième place du box-office hebdomadaire en raison du phénomène que constituait *La Passion du Christ,* film de Mel Gibson qui, lors de sa troisième semaine d'exploitation, atteignit le chiffre impressionnant des 32 millions de dollars de recettes.

Au moment de la sortie américaine de *Fenêtre secrète*, les habitués d'un pub gallois furent très surpris d'y voir débarquer Johnny Depp. Bien qu'il ait essayé de se fondre à la foule des noctambules fréquentant le bar du Bear Hotel dans le village de Crickhowell, Pays de Galles, l'acteur fut tout de suite reconnu et paya sa tournée générale au plus grand étonnement des clients.

Il était en Grande-Bretagne depuis février 2004 pour le tournage de *Rochester, le dernier des libertins,* avec John Malkovich et Samantha Morton (*Minority Report*). Se déroulant au dix-septième siècle, ce film s'inspire de la véritable histoire de John Wilmot, comte de Rochester, poète, courtisan et débauché notoire. Évidemment, Depp signa pour le rôle-titre. Adapté par Stephen Jeffreys à partir de sa propre pièce de théâtre, *Rochester, le dernier des libertins* marqua les débuts cinématographiques du Britannique Laurence Dunmore, jusqu'alors réalisateur de spots publicitaires. Après deux films à gros budget ayant fait l'objet d'un grand battage médiatique, Depp revenait donc à ses premières amours : le cinéma indépendant. Les vingt millions de dollars de budget du film approchaient le cachet que Depp exigeait désormais pour une superproduction hollywoodienne telle que la suite de *Pirates des Caraïbes,* qu'il s'était engagé à tourner.

Samuel Johnson décrivit le comte de Rochester comme un homme éprouvant « du mépris pour l'ordre et la décence, une totale indifférence envers la morale et un déni résolu de toute règle religieuse. Il vivait en parasite, comme un vaurien, et a brûlé sa jeunesse par les deux bouts, se ruinant la santé à grands renforts de volupté ». Confident du roi Charles II d'Angleterre (John Malkovich), le comte connaît la ruine et une mort précoce à l'âge de trente-trois ans après être tombé amoureux d'une comédienne ratée, Elizabeth Barry (Samantha Morton). Malkovich avait déjà interprété le rôle du comte quand sa compagnie de théâtre de Chicago, la Steppenwolf Theater Co., avait monté la pièce en 1996. Quand ses partenaires producteurs Russel Smith et Lianne Halfon avaient pressenti le succès que pourrait remporter cette pièce une fois adaptée à l'écran, Malkovich avait élu Depp comme le Rochester idéal. D'après le magazine *Variety*, Depp mourait d'envie de jouer ce rôle, mais le projet devait encore rester en développement pendant huit ans, dans l'attente d'un financement solide.

« C'était l'une de ces rares fois où j'ai lu un scénario en me disant "C'est génial !", raconta l'acteur dans le magazine *Empire*. Dès les trois premières phrases du monologue d'ouverture, j'étais dedans. Je savais qu'une telle qualité de scénario ne se retrouve quasiment jamais. *Edward aux mains d'argent* m'avait fait le même effet. » *Rochester, le dernier des libertins* est non seulement un film d'époque, donc très cher à produire, mais en plus, la première version de son scénario ne mettait pas la pédale douce sur le prodigieux appétit sexuel du comte. Si l'histoire était tournée dans son intégralité, le film s'exposait aux États-Unis à une interdiction en salle aux moins de dix-sept ans. « Ça risque très probablement de nous poser un problème, dit le producteur Russel Smith dans *Daily Variety*. Ça ne fait aucun doute. »

Depp aborda ce rôle avec confiance. « Ça serait trop facile d'incarner Rochester comme un porc, un ivrogne, un obsédé sexuel et un psychotique. Il y avait aussi beaucoup de choses aimables en lui, et c'est ce qui fait toute la beauté du personnage. Vous savez, je suis très étonné de constater que la majorité [des gens] ne savent pas qui il est. Et même quand ils en ont entendu parler, tout ce qu'ils en disent, c'est "Ah

Depp considéra le vieux peignoir de Mort Rainey dans Fenêtre secrète *comme un accessoire fondamental qui lui permit d'être en prise avec son personnage.*

oui ! Il a écrit des textes avec les mots 'chatte' et 'bite'", ou "Il ridiculisait le roi à travers ses petites satires pleines d'esprit." En fait, c'était un homme très profond, c'est incroyable. Je ne comprends pas pourquoi le marquis de Sade est plus connu que lui. Ce type est resté dans l'ombre trop longtemps. En fait, Rochester était le tout premier punk ! »

Évidemment, Depp avait lui-même goûté au mode de vie qu'on prête à Rochester. Sans doute pas en ce qui concerne la débauche sexuelle, mais la boisson et la drogue avaient occupé une place importante dans le passé de l'acteur, ce qui l'aida à incarner son rôle dans *Rochester, le dernier des libertins*. « Avant, quand j'assistais à des cérémonies, je devais être complètement ivre pour être en mesure de parler et d'aller au bout de mon discours, admit Depp avec franchise dans le magazine *Empire*. Je suppose que j'essayais de taire toute émotion en moi. À cette époque, la drogue que je préférais par-dessus tout était l'alcool. Les alcools forts. Et oui, je savais pertinemment que ce n'était pas bon pour moi. Mais quand on se soûle jusqu'à plus soif, on est pris dans une spirale et on n'a même plus la gueule de bois le matin. Au réveil, je me resservais un verre... »

Le financement du projet fut remis en question quand, dans son budget national 2004, le gouvernement de Grande-Bretagne décida sans préavis de supprimer les avantages fiscaux dont la production comptait bien tirer parti. Au mois d'avril, l'équipe dut se délocaliser sur l'île de Man, qui offrait 25 % de réductions d'impôts pour les tournages ayant lieu sur place, ce qui compensa la perte générée par la décision du gouvernement britannique. Dans le film, les décors de l'île firent office de Hampton Court. « Avec un peu de fumée tout autour de nous, j'espère que les spectateurs n'y verront que du feu, dit Depp. Tout est plongé dans la fumée et les reflets des miroirs. »

« On a eu peur pendant une dizaine de jours, se souvient Malkovich. On tentait le tout pour le tout. À un moment, un responsable du fisc nous a dit que les choses étaient en cours de discussion. C'était un coup dur, parce qu'on travaillait sur ce film depuis sept ans. Et il faut du temps pour avoir quelqu'un comme Johnny Depp. De plus, ce projet n'était pas facile à financer car – regardons les choses en face – il s'agit d'un film intelligent. »

L'unique problème des stars du film quand elles débarquèrent sur l'île de Man pour poursuivre le tournage consista à trouver un hébergement digne de ce nom, les hôtels de luxe n'y étant pas monnaie courante. L'île ne possédait aucun hôtel cinq étoiles, et la meilleure chambre quatre étoiles était déjà réservée par Malkovich. Il se trouvait alors à Douglas, la capitale, pour le tournage de la comédie *Appelez-moi Kubrick*. En arrivant, Depp retrouva Malkovich dans la suite royale du Hilton.

L'apparition surprise de Depp dans le pub gallois pendant qu'il tournait *Rochester, le dernier des libertins* ne fut pas sa seule rencontre avec le public lors de son dernier séjour en Grande-Bretagne. En effet, pour certaines scènes tournées à l'Oceana Nightclub de Kinston-Upon-Thames, l'acteur avait déjà attiré l'attention de deux fans particulièrement déterminées qui avaient tenté de s'immiscer sur le plateau. Selon le tabloïd anglais *Daily Star*, une « source » de la production aurait déclaré : « Ces deux filles étaient très insistantes et tenaient absolument à approcher Johnny. Nous leur avons dit qu'il n'était pas là, mais elles n'ont rien voulu entendre. On a dû les évacuer deux fois du plateau, et on a même été contraints de les virer de la loge de maquillage. Les gens de la sécurité ont fini par réussir à les coincer dans la salle de bal vénitienne du club et les ont traînées dehors. On ne peut pas se permettre de laisser une star telle que Johnny se faire harceler par des folles qui courent partout sur le plateau. »

Pendant qu'il tournait au Pays de Galles, Johnny Depp s'était installé avec Vanessa Paradis au Llangoed Hall Hotel près de Brecon. Bernard Ashley, veuf de Laura, feue la créatrice de mode, affirma que Depp, sa compagne, leurs gardes du corps et John Malkovich, l'autre star du film, séjournèrent tous au Llangoed Hall. Il les trouva tous « charmants » et ajouta même qu'ils travaillaient « dur », rentrant souvent tard après des journées de tournage harassantes. « Parfois, on ne les voyait pas revenir avant vingt-deux heures, donc on demandait à notre chef de rester en cuisine juste pour eux, dit Ian Miles, le directeur général. Monsieur Depp et sa famille ont passé environ huit jours à l'hôtel. Ils ont été des clients modèles et se sont très bien comportés avec les membres du personnel : ce sont de très bons communicants. »

Cela n'empêcha pas les fans plus insistants de suivre la piste de Depp, même au plus profond du Pays de Galles. Emily Hinshelwood, trente-sept ans, fit le voyage depuis Ammanford pour voir jouer Depp à Tretower, près de Crickhowell dans le comté de Powys. « Je suis arrivée à dix heures et demie, raconta cette mère de deux enfants au journal *The Western Mail*. Les gens du coin nous ont dit que Johnny allait signer des autographes pour les remercier de leur hospitalité. On a attendu qu'il enlève son costume, et vers vingt heures, on l'a vu sortir de sa loge. Certaines femmes se sont mises à hurler. » Miss Hinshelwood, qui se présente comme une poétesse, ajouta : « Je lui donné un poème que j'avais écrit et il m'a fait la bise. Il m'a dit "bonjour" et m'a signé un autographe. Il avait l'air très gentil, calme et plutôt détendu. Il faisait un froid de canard dehors, mais on avait tous très envie de voir Johnny. » *Pirates des Caraïbes* joua sans doute pour beaucoup dans cette agitation...

Outre le fait qu'il retrouva Jack Davenport de *Pirates des Caraïbes*, Depp rencontra aussi l'un de ses partenaires les plus improbables à ce jour en la dodue personne du comédien britannique Johnny Vegas. Connu pour son image de rustaud alcoolique, il est facile de comprendre comment celui-ci put se retrouver à jouer dans *Rochester, le dernier des libertins*. Mais Johnny Vegas, originaire de St Helens dans le Lancashire, se déclara déçu quand il rencontra le plus célèbre Johnny du Kentucky : « J'avais espéré qu'il soit affublé d'un zézaiement ou d'un bégaiement, plaisanta Vegas. C'est trop frustrant : il est aussi cool et authentique que dans ses films. »

Malgré les problèmes rencontrés par la production de *Rochester, le dernier des libertins* et le fait que ce film à petit budget risquait de ne pas rencontrer le grand public, son producteur et acteur John Malkovich restait enthousiaste, quoique réaliste quant aux chances de succès du film lors de sa sortie fin 2004 : « Le scénario est absolument excellent, et on a travaillé avec des gens très talentueux. Est-ce que le film aura du succès ? On ne peut jamais savoir. On ne peut qu'espérer. »

À l'issue de sa projection canadienne en septembre 2004 lors du Festival du Film de Toronto, *Rochester, le dernier des libertins* sortit sur les écrans britanniques le 17 novembre 2005, misant sur la récente publicité offerte par les autres films de Johnny Depp, *Charlie et la chocolaterie* et *Les Noces funèbres de Tim Burton*. Rochester engrangea 278 482 livres sterling de recettes lors de son premier week-end d'exploitation, alors que le film ne sortit que dans deux cent trois salles à travers le pays. Trois semaines plus tard, il avait rapporté plus de 400 000 livres, un score bien inférieur aux autres films dont Johnny Depp occupe le haut de l'affiche, mais plutôt satisfaisant pour une œuvre d'art et d'essai à petit budget. Après quelques sorties sporadiques à New York et Los Angeles dès le 25 novembre (dans l'espoir d'attirer l'attention de l'Académie des Oscars sur le film et sa star), *Rochester* débarqua finalement sur les écrans américains en janvier 2006.

Dans *Sight & Sound*, Kevin Maher considéra *Rochester, le dernier des libertins* comme « une intrigue de la Restauration... où Depp joue un rôle qui annonce avec audace dès le départ : "Je ne veux pas que vous m'aimiez." Il lui est difficile de satisfaire cette drôle d'ambition, et à la place, il aborde les drames disparates de Rochester avec l'esbroufe d'une rock star. (...) La légende qui entoure la vie de l'acteur s'accorde à merveille au personnage. (...) Le réalisateur Laurence Dunmore possède un sens admirable du style. » D'autres critiques anglais se montrèrent moins gentils. Dans *The Guardian*, Peter Bradshaw vit dans le film « une étude trop mûrie et trop longue de Rochester et sa sinistre parade », et qualifia le personnage illustré par Depp de « profondément dénué d'humour. Tous les clichés – cabarets et caquets des prostituées qui transpirent dans leurs bourrelets illuminés à la bougie – sont bien là et fidèles à eux-mêmes. »

Aux États-Unis, les critiques furent également variées, ce qui démontre qu'on ne pouvait qu'adorer ou détester *Rochester, le dernier des libertins*, sans vraiment trouver de juste milieu. Dans le magazine *Rolling Stone*, Peter Travers écrivit : « On ne peut qu'admirer un acteur qui trouve le temps de caser le rôle du follement débauché John Wilmot entre deux films familiaux comme *Charlie et la chocolaterie* et *Pirates des Caraïbes*. Réalisé par le novice Laurence Dunmore, ce film spectaculaire et unique en son genre n'a pas froid aux yeux. Depp fait merveille dans son rôle de pervers, particulièrement dans le monologue d'ouverture, digne de passer à la postérité. » Michael Atkinson, dans le *Village Voice*, décrivit le film comme « la vie et les aventures mélodramatiques du second comte de Rochester... Depp n'a vraiment pas l'air motivé [et] en dépit d'une conclusion larmoyante, la fin tragique de Rochester n'a rien d'émouvant ». *Variety*, la « bible » du showbiz, estima que *Rochester* « démarre de façon séduisante mais se termine dans l'ennui. Il incombe à Depp de rallier les spectateurs à la cause de son personnage. La solution qu'il a trouvée consiste à camper Rochester de façon royale, incarnant son rôle avec un éclair satanique dans les yeux et une démarche crâneuse, tel une rock star de la Restauration. En comparaison du personnage à la Keith Richards qu'il incarne dans *Pirates des Caraïbes,* [sa] performance ressemble presque à un "plat d'accompagnement" inspiré de Mick Jagger. Comme d'habitude, Depp s'est forgé un parfait accent anglais et fait de son mieux en bonne star qui se respecte, mais son personnage reste une énigme jusqu'à son agonie sordide qui traîne vraiment en longueur. »

Avant de renfiler son costume de Jack Sparrow pour la suite de *Pirates des Caraïbes*, Depp trouva le temps de tourner son quatrième film avec Tim Burton : *Charlie et la chocolaterie*. Cette adaptation non musicale du classique de la littérature enfantine de Roald Dahl devait être le tout premier projet produit par Plan B, la société fondée par Brad Pitt et Jennifer Aniston. En 1971, la première adaptation du roman avait vu exceller Gene Wilder dans le rôle du flamboyant Willy Wonka, dont Depp s'apprêtait à revêtir le déguisement multicolore. « On n'oubliera jamais Gene Wilder en Willy Wonka, ce souvenir reste gravé dans nos mémoires, admet Depp. J'adorais le regarder quand j'étais petit, et je prends toujours autant de plaisir à le revoir avec mes enfants. Donc je me suis dit : "D'accord, mais je fais quoi maintenant ?" Gene Wilder a donné une très belle performance, mais le temps est venu d'emmener ce personnage dans une autre direction. »

John August, scénariste du *Big Fish* de Tim Burton, rédigea une nouvelle version de *Charlie et la chocolaterie*. Si Burton choisit Depp parmi tous les acteurs avec lesquels il avait déjà travaillés plusieurs fois, au détriment de Michael Keaton (*Beetlejuice, Batman, Batman, le défi*), ce fut parce que « Johnny est toujours surprenant et drôle, et qu'en ce moment, c'est une immense star. » Le réalisateur savait également que tourner le remake d'un film si apprécié impliquait de grands risques, indépendamment de l'acteur principal. « Je n'ai pas envie de détruire les rêves d'enfance des gens, mais le film original est mièvre, dit-il dans *The Chicago Sun-Times*. Il dégouline d'émotions aux plus mauvais moments, et c'est bizarre. Disons juste qu'il ne fait pas partie de mes films favoris. Je lui préfère largement la comédie musicale *Chitty Chitty Bang Bang*. J'ai aimé le livre car il respecte le fait que les enfants peuvent aussi être des grandes personnes, et je crois que les adultes ont tendance à l'oublier. Le monde de l'enfance peut être sombre et effrayant. Les enfants sont souvent confrontés à des choses totalement sinistres. J'aime l'idée de mêler l'émotion à ce genre d'humour-là. »

Depp savait parfaitement où il allait avec ce rôle. « Ça ne va pas être facile de passer derrière Gene Wilder, dit-il sur MTV, car il était époustouflant dans la première version du film, sortie au début des années 70. Pour moi, il est infiniment plus difficile de reprendre le personnage de Willy Wonka pour en faire quelque chose de complètement différent. »

Burton comptait sur sa star pour apporter une sensibilité unique à sa version de *Charlie et la chocolaterie*. « D'après moi, le simple fait d'avoir Johnny dans le film apporte quelque chose de différent, mais j'ai encore d'autres cartes dans mon jeu. J'adore travailler avec lui. On a déjà tourné trois fois ensemble. Il me surprend toujours. J'aime les acteurs qui se fichent de leur image à l'écran. Ils font simplement preuve de bonne volonté, et cela m'apporte une liberté et un enthousiasme que j'apprécie beaucoup. D'autres acteurs me diraient : "Attends, je ne suis pas bien éclairé" ou "Je ne quitterai pas ma loge tant que ci ou ça ne sera pas fait." Les gens comme Depp sont toujours prêts. »

Pourtant, bien que Depp fût tout à fait partant pour *Charlie et la chocolaterie*, il exigea qu'on transforme entièrement sa loge. L'acteur possédait déjà la plus grosse

---

Le rôle de Willy Wonka dans Charlie et la Chocolaterie *marqua la quatrième collaboration de Johnny Depp avec le réalisateur Tim Burton.*

roulotte de la distribution, mais il la trouvait trop impersonnelle. D'après un article paru dans *The Sun*, il fit donc remplacer toute la décoration par des draps de soie et de satin. Les décorateurs des studios de Pinewood furent recrutés pour transformer la loge de la star en « tente de bédouin à 450 000 dollars », avec de profonds coussins, d'immenses tapis multicolores et des brûleurs d'encens (selon une « source » de la production, Depp serait un « hippie de cœur »). À en croire le magazine *Empire*, le bouquet final fut le Jolly Roger – le fameux pavillon noir des pirates – qui flottait au sommet de sa loge.

Le roman original de Roald Dahl raconte l'histoire de Charlie Bucket (joué par Freddie Highmore dans le film de Burton), qui, aux côtés de quatre enfants gâtés (interprétés par Annasophia Robb, Julia Winter, Philip Wiegratz et Jordan Fry), découvre le ticket d'or qui lui offre l'accès à la mystérieuse chocolaterie de Willy Wonka. Ce que tout le monde ignore, c'est que Wonka (Johnny Depp) cherche un successeur digne de ce nom pour reprendre son usine. Par un simple processus d'élimination, chacun des enfants qui s'est mal comporté est exclu de la compétition après avoir appris une leçon de vie importante (et presque fatale) grâce aux ouvriers de l'usine, les Oompa Loompas (tous interprétés par Deep Roy, un acteur d'un mètre trente-deux dont les scènes furent manipulées en numérique). En fin de compte, il ne reste plus que Charlie pour remplacer Wonka.

Le scénariste John August évita délibérément de regarder le film de 1971, qu'il ne visionna que deux semaines après avoir livré la première mouture de son scénario, fraîchement adapté du roman de Dahl. Pour lui, Charlie et Wonka étaient deux personnages qui avaient besoin l'un de l'autre pour vivre : « Il manque à Wonka ce que Charlie a la chance d'avoir, c'est-à-dire une famille. Il a beau posséder des montagnes de chocolat, personne ne l'aime. Charlie est la seule personne qui le pousse assez loin pour le faire réellement évoluer... »

Tim Burton et John August décidèrent donc de développer le passé de Willy Wonka, absent du roman comme du premier film. Le rôle du père dominant de Wonka, un dentiste qui déteste les sucreries, convenait idéalement à Christopher Lee, doyen des méchants au cinéma, qu'on avait déjà pu voir dans le *Sleepy Hollow* de Burton. Pour le réalisateur, cette nouveauté « permettait de comprendre pourquoi Wonka est ce qu'il est, sans trop approfondir le sujet non plus : pourquoi il se comporte ainsi, et ce que cela cache. »

Le tournage débuta en juin 2004 au Royaume-Uni, requérant entre cinq et sept plateaux de tournage à la fois, notamment l'immense salle James Bond des studios Pinewood. Dès le départ, l'équipe de production était bien déterminée à recourir le moins possible aux images de synthèse, technique couramment utilisée dans le cinéma actuel. Autrement dit, le chef décorateur Alex McDowell dut construire des décors géants à l'ancienne au lieu de travailler avec d'immenses écrans bleus. McDowell utilisa même de vieilles astuces du cinéma, notamment des accessoires surdimensionnés pour certaines scènes des Oompa Loompas. Pour Depp, qui n'avait jamais aimé les trucages numériques, cette nouvelle fut un vrai soulagement. « Le fait de jouer dans un vrai décor vous offre des objets à partir desquels vous pouvez étoffer votre interprétation, déclara-t-il. D'une certaine façon, on a l'occasion de faire la même chose qu'il y a des dizaines d'années sur *Le Magicien d'Oz*, d'être réellement intégré à cet univers. »

Il en résulta une rivière de chocolat surplombant le plus grand plateau des studios Pinewood, avec ses huit cent mille litres de faux chocolat composé d'un agent épaississant utilisé dans les dentifrices et de haricots cuits mélangés avec du colorant alimentaire. Cette rivière, qui mesurait quatre-vingts mètres de long pour près de deux mètres de profondeur, débouchait sur une cascade nécessitant encore cent vingt mille litres de faux chocolat. « On avait une rivière de chocolat qui coulait à flots et une cascade de vingt-cinq mètres de haut : toutes vraies », dit le producteur exécutif Richard Zanuck. D'après McDowell, le reste de l'esthétique du film relevait « d'une collision visuelle entre le psychédélisme du pop art et la bataille de l'espace qui opposait les Russes et les Américains dans les années 60. » Parmi les autres décors figuraient la fausse jungle dans laquelle Wonka découvre les Oompa Loompas (en flashback), et la ville natale de la famille Bucket, y compris leur maison délabrée. « Ce film est très versé dans le surnaturel », reconnut McDowell.

Cette esthétique visuelle unique s'étendait aussi au Willy Wonka de Depp. Il tenait absolument à ce que son Wonka soit très différent de celui de Gene Wilder et admit que sa propre interprétation du personnage « faisait froid dans le dos ». Annasophia Robb, onze ans, qui joue Violet dans le film, fut impressionnée par la gentillesse de Depp sur le tournage : « Johnny a tout d'un type normal, il traite tout le monde avec le même respect. Il nous invite dans sa loge pour qu'on soit plus à l'aise avec lui. » Mais elle reconnut que sa performance, inspirée de Marilyn Manson, la terrifiait dès que les caméras se mettaient à tourner.

Le Wonka de Depp, avec ses grosses lunettes qui lui donnent l'air d'un insecte, ses gants violets en caoutchouc et sa cane transparente remplie de bonbons, n'est que le dernier en date d'une longue série de personnages excentriques. « On a toujours envisagé Willy Wonka comme le Citizen Kane ou le Howard Hughes de la confiserie, affirma Burton à propos de leur approche du personnage. [C'est] quelqu'un qui a du mal à communiquer. [Il est] triste, un peu sinistre, mais ce n'est pas un méchant... »

Dans le développement de son personnage, Depp fit également allusion au multimillionaire paranoïaque Howard Hughes : « Je pense que Wonka se montre espiègle devant les autres, mais qu'au fond de lui, il est angoissé par le contact et le fait de se rapprocher de quelqu'un. Je le vois comme un maniaque de l'hygiène, et c'est pour ça qu'il porte des gants, et en plus des gants, on a l'impression qu'il porte un masque. » En tant qu'acteur qui aime se cacher derrière le masque de ses personnages, ce portrait

de Wonka comme un homme triste et apeuré cherchant à sauver les apparences séduisit beaucoup Depp. « À certains moments pendant la visite [de la chocolaterie], on surprend Wonka en train de jouer la comédie, assez mal, comme s'il lisait son texte sur un prompteur. Il lutte pour paraître ce qu'il n'est pas et pour garder le sourire... »

En concevant le look de Wonka, Depp avait à l'esprit des idées bien précises. « Dès le départ, j'ai su quel genre de coiffure il devait avoir, explique-t-il. L'idée du chapeau haut de forme n'a rien d'originale puisqu'elle vient directement des dessins de Quentin Blake, mais pour ses cheveux, j'ai pensé à une sorte de coiffure à la Prince Valiant : une frange courte et une coupe au bol, extrême et pas flatteuse du tout, que Wonka considère probablement comme très cool puisqu'il s'est retiré du monde depuis trop longtemps et qu'il n'y connaît plus rien en matière de style, à l'image de l'argot démodé qu'il emploie. »

Pour son rôle de Willy Wonka, Depp déclara s'être inspiré des présentateurs d'émissions pour enfants de la télévision américaine qui le fascinaient quand il était petit : Captain Kangaroo, Mr. Rogers et Uncle Al.

« Dans la peau de Willy, Johnny est à la fois bizarre et génial, dit le producteur exécutif Richard Zanuck. Il incarne son personnage avec autant d'énergie que dans *Pirates des Caraïbes*, mais de façon entièrement différente. Sa performance paraît bizarre, mais c'est justement le jeu dont on avait besoin. »

Mais Gene Wilder, le premier Wonka, n'était pas emballé à l'idée qu'on tourne un remake du film qui lui avait offert ce que d'aucuns considèrent comme son plus grand rôle. « C'est avant tout une question d'argent », affirma Wilder à propos de la tendance d'Hollywood à tourner de nouvelles versions des grands classiques. « Simplement, il y a des gens qui se demandent : "comment faire pour gagner encore plus d'argent". Sinon, pour quelle autre raison tourner un remake de *Charlie et la chocolaterie* ? Je ne vois pas l'intérêt de tout recommencer. J'aime bien Johnny Depp – et j'apprécie le fait qu'il ait admis publiquement que passer derrière moi ne serait pas chose facile – mais je ne sais pas ce que tout ça va donner. »

Bien que le nouveau film soit une adaptation fidèle du livre plutôt qu'un simple remake du film avec Wilder, les réserves émises par l'acteur émérite furent largement relayées par la presse. À la sortie du film, il retira toutes ses critiques et alla même jusqu'à saluer l'interprétation de Depp dans la peau de Wonka, déclarant que l'acteur était le choix idéal pour ce rôle. « Si je m'étais occupé du casting du film, déclara un Gene Wilder magnanime, j'aurais choisi Johnny Depp pour Willy Wonka car il est merveilleux. Toujours mystérieux, et magique. »

Les réserves initiales de Wilder n'étaient pas le seul élément de controverse susceptible de nuire au film. Depp se sentit obligé de démentir les allégations selon lesquelles il se serait inspiré, pour créer son Wonka, du maniérisme et de l'élocution de Michael Jackson, récemment acquitté dans un procès pour pédophilie.

« Ça ne m'est jamais venu à l'esprit, revendiquait Depp. Michael Jackson adore les enfants, ce qui n'est pas du tout le cas de Willy Wonka. » En fait, il déclara s'être inspiré des présentateurs d'émissions pour enfants de la télévision américaine qui le fascinaient quand il était petit : Captain Kangaroo, Mr. Rogers et Uncle Al. « J'ai gardé en mémoire les émissions pour enfants que je regardais, et les personnages qui les présentaient. Je me souviens très bien que je trouvais leur manière de parler très étrange. »

Depp affirma aussi s'être inspiré de ses propres enfants pour inventer la voix insolite de Wonka, dont il eut l'idée en jouant avec sa fille Lily-Rose Melody. Il insista sur le fait qu'il testait toujours ce type de personnages auprès de ses propres enfants.

« Bien souvent, j'ai des idées mais je n'ai pas la possibilité d'en vérifier l'efficacité avant les répétitions, expliqua-t-il. Je joue souvent aux Barbie avec Lily-Rose. Il m'arrive parfois de prendre un accent, et elle me dit : "Papa, ne parle pas comme ça." Un jour, nous étions en train de jouer, j'ai commencé à parler avec la voix de Wonka et j'ai vu une petite lueur dans son regard, comme si elle pensait "D'où vient cette voix-là ?" Je me suis dit "D'accord, je dois être sur la bonne voie." Les enfants sont toujours le public le plus honnête qu'on puisse trouver. »

Cependant, il ne tenait pas non plus à trop en entendre sur Wonka de la part de ses enfants. « Dès que Lily-Rose et Jack regardaient le DVD du film avec Gene Wilder, je quittais la pièce immédiatement car je ne voulais pas être influencé par sa prestation, de quelque manière que ce soit. »

Sorti aux États-Unis le 15 juillet 2005 au moment où le dernier Harry Potter, autre favori des enfants, débarquait dans les librairies américaines, *Charlie et la chocolaterie* rapporta 56 millions de dollars dès son premier week-end d'exploitation. À l'instar de nombreux remakes, ou de grands classiques « revisités », le film fut accueilli par des critiques mitigées.

Dans le *Wall Street Journal*, Joe Morgenstern fut l'un des nombreux journalistes à conclure que le charme incontestable du film de Burton « cède progressivement la place à un récit bizarre que le spectateur suit, mais sans réel plaisir ». De même, Ann Hornaday du *Washington Post* écrivit : « Les efforts acharnés du film pour s'imposer comme un classique déjanté finissent par lasser. » Néanmoins, Jami Bernard du *New York Daily News* prédit avec confiance que le film allait « ravir les enfants, énerver les fans de la version de 1971... et laisser tous les autres perplexes ».

A. O. Scott du *New York Times* qualifia cette seconde adaptation du roman de Roald Dahl d'à la fois « merveilleuse et défectueuse ». Dans le *Los Angeles Times*, le vétéran de la critique Kenneth Turan ouvrit son article avec la remarque suivante : « En matière de confiserie, Tim Burton a avoué que ses préférences allaient au "chocolat noir et amer". Ce qui n'est pas vraiment une surprise. La version futuriste et fantasmagorique du réalisateur de *Charlie et la chocolaterie* est tout aussi noire et, sans être exactement amère, ouvertement et implacablement étrange. Étant donné le talent de Burton, vous n'arriverez pas à décoller vos yeux de l'écran, mais cela ne signifie pas nécessairement que vous serez séduit par ce que vous verrez. »

Avec *Charlie et la chocolaterie*, Warner Bros n'avait encore jamais remporté autant de succès en sortant un film au mois de juillet, surpassant les 44 millions de dollars engrangés par *Terminator 3, le soulèvement des machines* en 2003. Ce fut aussi le meilleur démarrage jamais enregistré par un film avec Johnny Depp, *Charlie et la chocolaterie* dépassant les 46,6 millions de dollars de recettes qu'avait rapportés *Pirates des Caraïbes, la malédiction du Black Pearl* au moment de sa sortie en 2003.

Le film contribua également à faire augmenter les recettes du box-office de 7 % par rapport à l'année précédente, pour le plus grand bonheur des patrons de Warner dont les productions avaient déploré des échecs en salle tout au long de l'année. À la fin de l'été 2005, le film avait déjà rapporté plus de 192 millions de dollars sur le territoire américain et s'apprêtait à franchir la barre des 200 millions, et ce avant même de prendre en compte les recettes à l'international et les ventes de DVD.

À l'automne 2005, Johnny Depp joua le narrateur pour un documentaire de BBC Radio 2 sur la vie de James Dean, l'une des idoles de l'acteur, réalisé en l'honneur du cinquantième anniversaire de la mort précoce de Dean dans un accident de voiture en Californie.

Plus d'un an auparavant, pendant le tournage de *Charlie et la chocolaterie*, Johnny Depp avait failli connaître le même sort que James Dean lorsqu'il avait percuté le portail de sa villa française avec sa Mercedes flambant neuve. D'après les journaux, Depp était à bord de sa voiture de sport à 28 000 dollars quand il fonça sur le portail électrique de son havre de paix au Plan-de-la-Tour sur la Côte d'Azur. Un témoin oculaire confirma : « On a vu sortir Johnny de chez lui en roulant à toute vitesse. Il a fait une marche arrière, mais il n'a pas dû faire attention car il a tout de suite percuté la barrière à côté. Le choc a fait tomber le moteur électrique du portail, qui a laissé une énorme bosse sur l'arrière de sa voiture. À voir la tête qu'il faisait, je dirais qu'il a eu très peur. » L'acteur dut s'acquitter d'une facture de 18 000 dollars pour faire réparer sa voiture et le portail électrique endommagé.

Au cours des premières années du vingt et unième siècle, Johnny Depp était en train de dresser le bilan de sa vie. Depuis le décès de River Phoenix en 1993 dans son club de Los Angeles, le Viper Room, il était de moins en moins impliqué dans la gérance du lieu. Son partenaire dans cette affaire, Anthony Fox, l'avait poursuivi en justice en 2001, l'accusant de manipuler les comptes du Viper Room et d'encaisser les bénéfices : une étrange accusation portée à l'encontre d'un acteur touchant jusqu'à vingt millions de dollars par film.

« Anthony Fox affirme que Johnny Depp s'est servi de lui et qu'il lui a volé ses parts dans l'affaire », déclara David Eskevius, l'avocat qui représenta Fox dans ce procès. Vers Noël 2001, Fox disparut mystérieusement mais ne retira pas sa plainte contre Depp. D'après la rubrique « Celebrity Justice » du site web de Warner Bros., le juge finit par rendre la décision suivante dans cette affaire : « Le défendeur Depp... n'a pas respecté son obligation de loyauté envers l'entreprise et envers Anthony Fox en tant qu'actionnaire minoritaire. Les faits ont établi une gestion frauduleuse et fautive, durable et étendue, ainsi qu'un abus de pouvoir. »

Curieusement, le verdict ne fit pas grand bruit dans les médias. Pendant ce temps, le procès et la disparition de Fox ne firent qu'inquiéter davantage Depp, qui craignait que sa boîte de nuit – appelée le Melody Room dans les années 40, un repaire de la drogue et du jeu contrôlé par Bugsy Siegel et ses associés – soit maudite. Après tout, c'était là que River Phoenix avait connu une fin tragique...

Un autre avocat de Fox, Jay Stein, se demandait si l'on n'avait pas assassiné ou kidnappé son client, ou encore s'il ne s'était pas suicidé. On disait même que la mafia était impliquée dans sa disparition. « On ne trouve aucune trace de lui, ni aucun mouvement sur son compte en banque prouvant qu'il soit encore vivant », expliqua Stein.

Fin 2004, soit deux ans après la mystérieuse disparition de Fox, Depp renonça sans regret à ses parts dans le club, qu'il céda à la fille de son ancien associé, Amanda Fox, dix-neuf ans, qui comptait revendre le Viper Room.

À l'issue de ces événements, le suicide inattendu de Hunter S. Thompson en février 2005 fut un choc de plus pour Depp, qui avait incarné Raoul Duke, alter ego de l'écrivain controversé dans *Las Vegas Parano*. Après tout le temps qu'il avait passé avec Thompson dans sa maison isolée de Woody Creek près d'Aspen, dans le Colorado, ils étaient devenus très proches.

C'est Juan, le fils de Thompson, qui découvrit le corps de son père. L'écrivain de soixante-sept ans s'était suicidé avec un fusil de chasse. Depp compta parmi les nombreux amis de l'auteur qui assistèrent à ce qu'on décrivit comme une « soirée privée du souvenir » quelques mois après sa mort, aux côtés de John Cusack, qu'on avait vu en 2003 avec Depp et Hunter dans un documentaire sur l'écrivain intitulé *Breakfast with Hunter*.

L'idée de tourner la suite de *Las Vegas Parano* était déjà dans l'air depuis un moment, et après le décès soudain de Thompson, Depp devint obsédé par ce projet. Benicio Del Toro, son partenaire dans *Las Vegas Parano,* était en lice pour réaliser *The Rum Diary*, film dans lequel il comptait aussi jouer. Il s'agit d'une adaptation d'un autre roman semi-autobiographique de Thompson écrit en 1959. Il racontait comment l'auteur, alors âgé de vingt-deux ans, s'était fait virer de la rédaction du quotidien d'une petite ville pour avoir donné des coups de pied dans un distributeur de bonbons, avant de s'envoler pour Porto Rico et d'adopter une vie de journaliste nomade. Nick Nolte et Josh Hartnett étaient pressentis pour partager l'affiche du film avec Johnny Depp et Benicio Del Toro.

Pendant son séjour à Porto Rico, Thompson avait couvert des combats de coqs, figuré dans des publicités pour le rhum Bacardi et rédigé des piges. Il vivait dans une bicoque en bois sur la plage de Loiza, petite communauté principalement composée de descendants d'esclaves Yoruba, à vingt-cinq minutes de route de la capitale. Depp devait jouer le rôle de Paul Kemp, personnage qui symbolise Thompson dans le roman, en route pour Porto Rico. Sur cette île embrasée par la rébellion politique, il rejoint *The San Juan Daily News*, un quotidien croulant sous les problèmes financiers. Publié seulement en 1998, *The Rum Diary* relate une période de la vie de Thompson précédant l'infamie provoquée par la sortie de son roman *Las Vegas Parano*. L'auteur prévoyait de revenir pour la première fois à Porto Rico avec les acteurs et l'équipe du film en tant que consultant pour la production. « On va s'emparer de cette île », promettait-il. Désormais, si le film devait se faire, ce serait sans lui.

L'amitié de Depp pour Hunter S. Thompson lui fit sortir 2,5 millions de dollars de sa propre poche pour offrir à l'auteur des adieux dignes de sa flamboyance. Il exauça le vœu de Thompson, qui voulait que ses cendres soient dispersées au-dessus de sa maison de Woody Creek. « On avait parlé une ou deux fois de ses dernières volontés : il tenait à ce que ses cendres soient lancées par un canon de sa propre création, expliqua Depp à l'Associated Press. Tout ce que j'essaye de faire, c'est de respecter ses vœux. Je veux juste que mon pote fasse ses adieux comme il l'avait désiré. »

Depp recruta un spécialiste de l'événementiel à Hollywood pour organiser cette cérémonie à la mémoire de Thompson, mais il prit en charge le financement de la construction du canon. « On n'a pas intérêt à manquer notre coup, c'est le cas de le dire, déclara-t-il à l'époque. La dernière volonté de Hunter était que ses restes soient dispersés par le tir d'un canon de quarante-cinq mètres de haut. Mais encore faut-il construire ce canon. En fait, on doit le dessiner, le concevoir et le construire pour lui. »

Selon *The New York Post*, ce canon du souvenir dévoilé le 21 août, six mois après le suicide de l'écrivain, était enchâssé dans un monument reproduisant le logo Gonzo de Thompson : un poing serré, rendu symétrique par l'ajout d'un second pouce perché au-dessus d'un poignard. Une soirée — courue par les célébrités — fut organisée à la place d'une veillée mortuaire, conformément aux désirs de l'auteur. Environ deux cent cinquante invités y assistèrent, notamment Johnny Depp, Sean Penn, Bill Murray (qui avait incarné Thompson dans le film *Where the Buffalo Roam*), le chanteur country Lyle Lovett et le groupe Nitty Gritty Dirt Band.

Anita, la veuve de Thompson, insista sur le fait que cette joyeuse cérémonie correspondait exactement aux attentes de feu son mari. « Ni pleurs ni larmes : juste la fête. Il voulait que les gens s'amusent. Il avait imaginé ça comme une très belle soirée, avec les gens les plus incroyables qui soient, pour que ses amis célèbrent sa vie. Et il avait même précisé qu'il voulait entendre le bruit des glaçons s'entrechoquer dans les verres de whisky. »

Au moment où les cendres de Thompson furent dispersées par le tir du canon, Depp s'adressa brièvement à la foule : « Je suis heureux de pouvoir enfin te renvoyer l'ascenseur. Hunter, c'est pour toi. » Plus tard, il joua de la guitare et chanta « My Old Kentucky Home » avec Lyle Lovett et Jimmy Ibbotson du Nitty Gritty Dirt Band. « Il adorait les explosions », déclara Anita Thompson en regardant les cendres de son mari rejoindre les feux d'artifice dans le ciel.

Face au succès phénoménal de *Pirates des Caraïbes*, le tournage d'une suite semblait inévitable. Pourtant, l'acteur fut surpris d'apprendre qu'il avait trouvé un filon aussi juteux quand le producteur Jerry Bruckheimer commença à parler de réaliser non pas un, mais deux autres épisodes de *Pirates des Caraïbes* dont les tournages s'enchaîneraient en 2005, sans doute pour suivre l'exemple probant des trilogies *Matrix* et *Le*

Seigneur des anneaux. Le producteur Jerry Bruckheimer, le réalisateur Gore Verbinski, les scénaristes Terry Rossio et Ted Eliott, ainsi que Johnny Depp, Orlando Bloom et Keira Knightley signèrent tous pour les deux nouveaux épisodes des aventures de Jack Sparrow, provisoirement intitulés *Le Secret du coffre maudit* et *World's End*.

« Après le premier film, je suis passé par une sorte de sas de décompression. Quand on investit vraiment un personnage, il finit par vous manquer, déclara Depp. Ce qui vous manque, c'est d'être ce personnage. Tout ce que j'espérais, c'était qu'on tourne une suite pour que je puisse retrouver Jack Sparrow. »

Bien qu'il reste prudent face à un tel succès populaire, Depp en vint à apprécier l'effet qu'avait eu Jack Sparrow sur le public. « Je suis très reconnaissant, dit-il à propos de ces réactions si positives. Je remercie le public pour tout ce qui s'est passé l'année dernière, je ne m'y attendais pas du tout. En tout cas, je ne pensais pas recevoir la moindre nomination. Je suis donc très touché, et très ému. »

Cette fois-ci, l'acteur britannique Bill Nighy fut choisi pour le rôle de Davy Jones, le méchant du deuxième épisode, dont le personnage, travaillé en images de synthèse, fut affublé d'une tête de pieuvre, d'une pince de homard et de tentacules, tandis que le troisième opus de la saga, *World's End*, verra Chow Yun Fat, la star des films d'action de Hong Kong, incarner le célèbre capitaine pirate Sao Feng.

Pourtant, le tournage de *Pirates des Caraïbes, le secret du coffre maudit* ne se déroula pas sans heurts. En avril 2005, le *Los Angeles Times* annonça que le film avait déclenché une polémique sur l'île dominicaine de Bataka qui donnait du fil à retordre à la production. Les membres de cette tribu caribéenne forte de trois mille cinq cents indigènes appelèrent leurs semblables à boycotter la production en raison d'une scène où le capitaine Sparrow est capturé puis embroché avec des fruits et des légumes « comme un chiche-kebab ». Charles Williams, le chef de la tribu, expliqua au *L.A. Times* que ce film perpétuait le mythe selon lequel les habitants de l'île seraient cannibales. « Aujourd'hui, cette légende est encore vivante... Disney veut à nouveau populariser ce mythe, cette fois-ci à travers un film, et le cinéma est un puissant outil de propagande. »

Disney avait embauché environ quatre cents Dominicains pour travailler sur le deuxième épisode, la plupart en tant que figurants payés 95 dollars par jour. « Honte sur nous : pour quelques dollars, certains sont prêts à trahir leur chair et leur sang », déclara Williams au *L.A. Times*. Les cadres de Disney essayèrent de dédramatiser la situation en insistant sur le fait que cette scène serait tournée au second degré et qu'elle ne reflèterait en rien la réalité historique de Bataka.

Quoi qu'il en soit, *Pirates des Caraïbes 2* et *3* étaient destinés à devenir les blockbusters des étés 2006 et 2007, faisant de Johnny Depp une star plus célèbre encore. « En apprenant ça, certains vont se dire "Eh bien, Depp s'est vendu !" dit la star à propos de son engagement dans ce filon commercial. Je ne pense pas m'être vendu. Je voulais

rejouer le capitaine Jack car il m'amuse énormément et m'offre d'innombrables pistes à explorer. Je n'ai aucune envie de renoncer. Si Disney veut faire *Pirates des Caraïbes 6* et *7*, je suis partant ! »

En 2005, Johnny Depp fut très occupé. Il avait prêté sa voix au personnage de Victor dans *Les Noces funèbres*, film d'animation tourné image par image qui faisait suite à *L'Étrange Noël de Monsieur Jack*. Le visage de la marionnette de Victor était délibérément calqué sur les traits caractéristiques de l'acteur. Caroline Thompson, la scénariste d'*Edward aux mains d'argent*, avait écrit *Les Noces funèbres* pour Tim Burton. Parmi les autres comédiens qui doublèrent les personnages d'animation, on retrouve Helena Bonham-Carter et Christopher Lee, partenaires de Depp dans *Charlie et la chocolaterie*, ainsi qu'Albert Finney et Emily Watson.

Les Noces funèbres fut coréalisé avec Mike Johnson. Pour Tim Burton, la technique d'animation à l'ancienne, c'est-à-dire tournée image par image, était le support idéal pour ce nouveau récit gothique. « Il y a quelques jours, Jeffrey Katzenberg [PDG du département Animation de Dreamworks] a déclaré que l'animation par images

---

Dans Les Noces funèbres, *le visage de la marionnette de Victor Van Dort, à laquelle Depp prête sa voix, était clairement calqué sur les traits caractéristiques de l'acteur.*

séquentielles était morte, confia-t-il au magazine *Dreamwatch*. C'est triste d'entendre des gens affirmer qu'une forme d'art est morte... Quand on travaille image par image, il y a ce côté "artisanal" qu'on ressent inconsciemment et de façon viscérale grâce à ceux qui ont fait bouger des objets inanimés et leur ont donné vie. C'est un sentiment absolument unique. »

D'après Burton, Depp possédait aussi quelque chose d'absolument unique. « Johnny et moi, on communique de façon plutôt abstraite tout en réussissant à se comprendre, expliqua le réalisateur. Mais on ne se contente jamais d'une seule référence. Par exemple, je ne dis jamais à Johnny "Joue-le comme ça..." On aime le même genre de choses. C'est un comédien de genre caché dans le corps d'un acteur principal. Il n'a peur de rien. Il ressemble sans doute plus à Lon Chaney [« l'homme aux mille visages » du cinéma muet, qui jouait des personnages grotesques] qu'à un premier rôle. Il aime se transformer. Il aime incarner des personnages différents dans des films différents. Vous savez, c'est forcément un acteur auquel on pense, peut-être même pour des rôles de femme. Il peut tout jouer. Il est doué d'une grande polyvalence. »

Sorti le 23 septembre 2005 aux États-Unis et le 21 octobre 2005 en Grande-Bretagne, *Les Noces funèbres* accumulait déjà plus de 52,5 millions de dollars de recettes au box-office américain en novembre 2005 (plus que *L'Étrange Noël de Monsieur Jack*), ainsi que 4,1 millions de livres sterling en Angleterre.

Ce film d'animation fit quasiment l'unanimité auprès des critiques. Wesley Morris du *Boston Globe* écrivit que Burton « avait rarement été aussi vif et fringant. Ce film dure soixante-dix-sept minutes, et bien qu'elles ne passent pas toutes à toute vitesse, on ne s'ennuie pas non plus... L'expressionnisme artisanal du film suffit à vous faire oublier l'heure. »

Dans le *Houston Chronicle,* Bruce Westbrook considéra *Les Noces funèbres* comme « le plus beau film d'animation image par image jamais réalisé ». Et les éloges continuaient de pleuvoir. Roger Ebert du *Chicago Sun-Times* remarqua que *Les Noces funèbres* « n'ont rien du macabre que le titre suggère, c'est au contraire une belle histoire d'amour perdu au charme visuel indéniable ». Dans l'*Atlanta Journal-Constitution,* Eleanor Ringel Gillespie s'enthousiasma : « Le film est une sorte d'entre-deux, à la fois baroque et surnaturel, drôle et mélancolique. Autrement dit, *Les Noces funèbres* ne ressemblent à rien de ce que vous pouvez voir actuellement au cinéma. »

Octobre 2005 vit aussi la sortie en DVD du film français *Ils se marièrent et eurent beaucoup d'enfants* (rebaptisé *Happy Ever After* à l'international). Dans ce long-métrage d'Yvan Attal, Depp fait une apparition surprise dans le rôle du fantasme suprême de Charlotte Gainsbourg. On y retrouve également Emmanuelle Seigner, sa partenaire dans *La Neuvième Porte.*

Universal fit aussi appel aux services très sollicités de Johnny Depp pour un rôle vraiment différent et difficile dans une adaptation de l'autobiographie de Jean-Dominique Bauby, *Le Scaphandre et le Papillon*, réalisée par Julian Schnabel (*Avant la nuit*). À l'âge de quarante-trois ans, Bauby, rédacteur en chef de l'édition française du magazine *Elle*, s'était retrouvé entièrement paralysé à la suite d'une attaque cardio-vasculaire en 1995, mais son cerveau n'avait pas été affecté (le fameux « locked-in syndrom »). Il ne pouvait plus rien bouger à l'exception de son œil gauche. Malgré son état, Bauby put communiquer avec son entourage grâce aux battements de sa paupière gauche, et c'est ainsi qu'il rédigea ses mémoires, une lettre après l'autre. Il mourut tragiquement deux jours après leur publication. Son livre décrit la vie qu'il menait avant son attaque, le sentiment d'être prisonnier d'un corps désormais inutile, ainsi que les voyages imaginaires qu'il faisait dans des pays exotiques où il n'avait jamais mis les pieds.

Depp fut également approché pour *Shantaram,* un projet adapté de l'autobiographie de Gregory David Roberts. Il raconte l'histoire de Lindsay, un toxicomane incarcéré pour vol à main armée qui s'évade d'une prison australienne et travaille comme médecin dans les bidonvilles de Bombay. Ses relations avec la pègre le conduisent finalement à se battre contre les Russes aux côtés des rebelles Moudjahidin d'Afghanistan. « En Australie, il est surnommé le "Bandit gentleman" car il n'a jamais tué personne, en tout cas pas lors de ses braquages de banques, déclara Depp au sujet de Roberts dans l'hebdomadaire australien *Sunday Herald Sun*. Il a écrit ce gros pavé de mille pages absolument magnifique, poétique et allégorique qui m'a littéralement bouleversé quand je l'ai lu. Je n'arrivais pas à m'en détacher, je n'en revenais pas. On vient juste d'obtenir la première version du scénario et elle est vraiment fantastique. Ça va être un film génial. »

Depp était aussi pressenti pour un autre rôle, celui du rockeur excentrique et provocateur Ozzy Osbourne, rendu célèbre grâce à la série de télé-réalité *Les Osbourne*. On comprend facilement comment l'interprétation d'Ozzy par Depp pourrait ressembler à une redite de son Jack Sparrow, mais ce sont les enfants Osbourne, Jack et Kelly, qui eurent l'idée de le voir jouer ce rôle. « On parle de Johnny, mais ce n'est pas encore sûr à 100 %... », admit Ozzy en personne, bien que Depp ait publiquement déclaré qu'il considérait Ozzy Osbourne comme « un être humain profondément fascinant », et qu'il « mourait d'envie » de jouer dans une biographie cinématographique. Ce projet de film était développé par Sharon Osbourne, la femme de l'ancien chanteur des Black Sabbath.

Dans la série des perspectives improbables, Terry Gilliam n'avait pas renoncé à tourner *L'homme qui tua Don Quichotte*. Le réalisateur espérait que son film fantastique *Les Frères Grimm* lui vaudrait suffisamment de succès à Hollywood pour ressusciter son projet. « Je n'ai pas renoncé à tourner mon Don Quichotte, admit un Gilliam néanmoins conscient des obstacles qui l'attendaient. Je n'arrive pas à récupérer mon scénario, se lamenta-t-il. Les investisseurs allemands du premier film sont en procès contre les financiers français qui détiennent la rançon du scénario ! »

Face à la notoriété croissante de Depp, Gilliam eut l'idée d'utiliser le nom de l'acteur pour remettre son film sur les rails. « J'ai envoyé un e-mail à Johnny pour lui dire que je n'allais pas tarder à mentir au monde entier en annonçant qu'il était à nouveau partant pour mon film. Du jour au lendemain, les gens vont avoir envie d'investir dans un film avec Johnny Depp. » Il insista sur le fait que Depp avait « envie de jouer Sancho Pança », le compère ahuri du rêveur Don Quichotte. « J'ai écrit ce rôle pour lui. Johnny est un grand fan des *Monty Python*. Il m'a dit qu'il avait toujours rêvé d'être un *Python* et c'est comme ça qu'il avait prévu d'incarner son Sancho. »

Gilliam avait un autre projet en développement avec Depp. Des financiers internationaux étaient prêts à investir 45 millions de dollars dans son adaptation du bestseller de Neil Gaiman et Terry Pratchett, *De bons présages*, où Depp jouerait le rôle d'un démon et Robin Williams celui d'un ange. Malheureusement, Gilliam n'obtint jamais les quinze millions de dollars qu'il espérait trouver aux États-Unis. « Malgré la présence de Johnny et de Robin, personne n'était prêt à mettre quinze millions de dollars dans mon projet... Ces deux acteurs, qui auraient été brillants, ne valaient pas quinze millions de dollars en Amérique, raconta Gilliam au magazine *US*. C'est à partir de là que je me suis dit "Je ne comprends pas cette ville [Hollywood]. Je ne comprends rien aux règles du jeu. Tout ce que je sais, c'est que je n'aime pas ça." »

Malgré tout, le rythme de travail de Johnny Depp augmenta ces dernières années, la timide star devant désormais assumer une visibilité inévitablement plus importante. Tim Burton alla jusqu'à dire que *Pirates des Caraïbes* avait « sauvé » sa carrière aux rôles décalés. « Depp a toujours été considéré comme un bon acteur, mais vous savez, les gens d'Hollywood n'aiment pas prendre de risques », raconta Burton dans le magazine *Empire*, se souvenant à quel point il avait dû se battre contre les patrons frileux du studio pour faire jouer Depp dans *Edward aux mains d'argent*. « Et ils se comportent de la même façon avec moi. Ils savent que c'est un bon acteur, mais ils sont aussi un peu inquiets parce que Johnny aime se transformer. J'espère et je pense qu'ils sont conscients de son intégrité et, à part dans mes films, ils apprécient son physique. Évidemment, comme *Pirates des Caraïbes* a rapporté gros, les choses sont différentes maintenant, parce que c'est quelque chose qui parle aux gens des studios. »

En fait, Johnny Depp devint si célèbre que le magazine *Forbes* le classa dans son Top Dix des cents célébrités qui firent 2005, dont la première place revint à Oprah Winfrey, incontournable présentatrice de talk-show à la télévision américaine. Depp occupe la septième place du classement, juste après le réalisateur Steven Spielberg, et avant Madonna, reine de la pop. Les autres acteurs du Top Dix étaient Mel Gibson, en troisième position grâce au succès inattendu de son film *La Passion du Christ*, et Tom Cruise à la dixième place.

Grâce à *Pirates des Caraïbes*, Johnny Depp fit son entrée dans la cour des grands du cinéma. Même après avoir franchi le cap de la quarantaine, c'est encore une chose à laquelle l'acteur a du mal à se faire, n'ayant pas oublié comment la pression imposée par sa notoriété précoce l'avait fait plonger dans l'alcool. Toutefois, Depp était désormais plus susceptible de se tourner vers sa famille pour trouver du soutien plutôt que de chercher celui-ci dans la boisson ou la drogue.

Face à une charge de travail sans cesse croissante, Johnny Depp s'inquiétait surtout de préserver sa vie de famille. « Je suis beaucoup plus serein depuis que j'ai rencontré Vanessa, avoue-t-il. J'ai pris du recul et grâce à ça, j'ai une meilleure vision des choses. Avant, je ne savais pas vraiment où était ma place. Quand on vit à Hollywood, on est constamment dans le bain et on est susceptible de céder aux pressions du succès et du box-office. Mais je ne pouvais pas le supporter, car ça ne m'intéressait pas le moins du monde. »

Par le passé, Johnny Depp avait été étiqueté comme un acteur qui se fichait du succès commercial de ses films. Ce n'était pas tout à fait vrai, car quand cela l'arrangeait, il n'avait pas du tout peur de jouer le jeu du blockbuster hollywoodien. « Je ne rejetais pas Hollywood ; ce que je rejetais, c'était l'idée de devenir un produit. Il y avait toujours ce gros point d'interrogation dans ma tête : "Qu'est-ce que c'est que tout ce cirque ? À quoi ça sert au final ?" Et on commence à se demander "Suis-je juste un acteur ? Une marionnette ? Fais-je partie de ces crétins ambitieux qui ne cherchent que récompenses, applaudissements et reconnaissance ?" Je suis heureux de vous dire que j'ai découvert que je n'en faisais pas partie. »

« J'ai toujours voulu que mes films marchent bien, mais pas au prix de la créativité, affirme-t-il. Je crois que mes enfants m'ont remis les pieds sur terre, à tel point qu'aujourd'hui j'arrive à prendre du recul et à regarder les choses de loin. C'est très agréable. »

Mais ce qu'il ne pourra jamais accepter, c'est l'intérêt des paparazzi pour sa famille. Il avait déjà prévenu les photographes par le passé : il était prêt à jouer leur jeu, mais pas question de toucher à ses enfants. Depp ressent toutefois le besoin de réaffirmer ses avertissements avec son inimitable verve : « Je préviens les paparazzi : si vous voulez me prendre en photo, prenez soin d'utiliser un téléobjectif et tenez-vous à très grande distance, parce que si je vous tombe dessus, ça risque de faire très mal. Je me fiche qu'ils me prennent en photo, même si je ne comprends pas pourquoi les gens auraient besoin d'une énième photo de moi. Idem pour Vanessa. Mais je ne peux pas supporter qu'ils volent des photos de mes enfants. Si je les prends la main dans le sac, je leur arrache le cœur et je le mange tout cru. »

Sans mariage en vue, Johnny Depp et Vanessa Paradis sont pourtant ravis d'être les heureux parents de Lily-Rose et de Jack, et de poursuivre leurs carrières respectives.

Depp s'en prit une nouvelle fois à la presse en novembre 2005, après que Kate Moss ait été abandonnée par de grands noms de la mode comme Chanel, Burberry et H&M à la suite du tapage médiatique suscité par son addiction à la cocaïne. « Ils l'ont traitée de façon incroyablement injuste, dit Depp au sujet de la croisade lancée par la presse à l'encontre du mannequin. Ils l'ont traînée dans la boue. Elle ne cherche pas à se faire élire présidente et ne veut pas non plus devenir une Sainte Vierge. Je pense que Kate devrait pouvoir vivre sa vie comme elle l'entend. Vous savez, elle est loin d'être stupide. » Depp admit même qu'il éprouvait encore beaucoup d'affection pour son ex-petite amie. « C'est une fille géniale et je tiens énormément à elle. »

L'éventuel mariage de Vanessa Paradis et Johnny Depp suscita souvent de nombreuses spéculations, mais comme l'acteur se considère déjà comme marié, une cérémonie et de la paperasse à signer ne semblaient pas être sa priorité. « À mes yeux, Vanessa et moi sommes déjà mariés. On n'a rien signé, mais on se considère comme mari et femme. En fait, Vanessa a un très beau nom de famille et je ne voudrais pas gâcher ça. Paradis-Depp ? Ça ne sonne pas terrible. Mais quand les enfants seront assez grands, on s'offrira un vrai mariage tsigane qui durera trois jours. »

Johnny Depp fut souvent le principal atout de films médiocres (*Meurtre en suspens, Intrusion, Fenêtre secrète*), la star hollywoodienne de petits films indépendants (*The Man Who Cried, Avant la nuit, Rochester, le dernier des libertins*), la vedette de films cultes et décalés (*Sleepy Hollow : la Légende du Cavalier Sans Tête, From Hell, Il était une fois au Mexique : Desperado 2*) ou le porte-étendard plébiscité de blockbusters tous publics (*Pirates des Caraïbes, Charlie et la chocolaterie*). Indépendamment des films dans lesquels il joue, il s'est toujours secrètement débrouillé pour faire les choses à sa façon.

« J'ai adopté une approche à long terme », dit Johnny Depp de la stratégie qui fit de lui non seulement l'un des meilleurs acteurs de sa génération, mais également l'un des plus grands talents de l'histoire du cinéma. « À mes débuts, j'ai décidé d'être patient et d'attendre les rôles intéressants, pas ceux qui feraient avancer ma carrière. Je n'ai jamais souhaité qu'on se souvienne de moi comme d'une star. »

Filmographie

Les Griffes de la nuit (1984)
A Nightmare on Elm Street
   États-Unis, 1984, 91 minutes.
   Réalisateur : Wes Craven.
   Scénario : Wes Craven.
   Production : New Line Cinema/Media Home Entertainment/Smart Egg Picture for the Elm Street Venture.
   Distribution : John Saxon (le lieutenant Thompson), Ronee Blakley (Marge Thompson), Heather Langenkamp (Nancy Thompson), Amanda Wyss (Tina Gray), Nick Corri (Rod Lane), Johnny Depp (Glen Lantz), Robert Englund (Freddy Krüger).

Private Resort (1985)
   États-Unis, 1985, 79 minutes.
   Réalisateur : George Bowers.
   Scénario : Gordon Mitchell, d'après une idée de Ken Segull, Alan Wenkus et Gordon Mitchell.
   Production : Tri Star Pictures.
   Distribution : Rob Morrow (Ben), Johnny Depp (Jack), Emily Longstreth (Patti), Karyn O'Bryan (Dana), Hector Elizondon (le Maestro), Dody Goodman (Mrs. Rawlings), Tony Azito (Reeves), Hilary Shapiro (Shirley), Leslie Easterbrook (Bobbie Sue).

Morts en eau trouble (téléfilm, 1986)
Slow Burn
   États-Unis, 1986, 94 minutes.
   Réalisateur : Matthew Chapman.

Scénario : Matthew Chapman.

Production : Castles Burning Productions, en association avec MCA Pay TV Programming, Inc.

Distribution : Eric Roberts (Jacob Asch), Beverly D'Angelo (Laine Fleischer), Dennis Lipscomb (Ron McDonald), Raymond J. Barry (Gerald McMurtry), Ann Schedeen (Mona), Emily Longstreth (Pam Draper), Johnny Depp (Donnie Fleischer), Henry Gibson (Robert).

Platoon (1986)
États-Unis, 1986, 120 minutes.
  Réalisateur : Oliver Stone.
  Scénario : Oliver Stone.
  Production : Hemdale Film Corporation.
  Distribution : Tom Berenger (le sergent Barnes), Willem Dafoe (le sergent Elias), Charlie Sheen (Chris Taylor), Forest Whitaker (Big Harold), Francesco Quinn (Rhah), John C. McGinley (le sergent O'Neill), Richard Edson (Sal), Kevin Dillon (Bunny), Reggie Johnson (Junior), Keith David (King), Johnny Depp (Lerner).

21 Jump Street (série télévisée, 4 saisons, 1987-1990)
  Pilote : « 21 Jump Street »
  États-Unis, 1987, 120 minutes.
  Réalisateur : Kim Manners.
  Scénario : Patrick Hasburgh.
  Série créée par Patrick Hasburgh et Stephen J. Cannell.
  Production : Stephen J. Cannell Productions Inc.
  Distribution : Johnny Depp (Tom Hanson), Frederic Forrest (le capitaine Jenko), Holly Robinson (Judy Hoffs), Peter DeLuise (Doug Penhall), Dustin Nguyen (H. T. Hoki).
  Série : « 21 Jump Street », 1987-1991, 103 épisodes de 50 minutes, 5 saisons.
  Acteurs récurrents : Johnny Depp (l'officier Tom Hanson [saisons 1 à 4]), Holly Robinson (le détective Judy Hoffs), Peter DeLuise (l'officier Doug Penhall).

Cry Baby (1990)
  États-Unis, 1990, 85 minutes.
  Réalisateur : John Waters.
  Scénario : John Waters.
  Production : Imagine Entertainment.

Distribution : Johnny Depp (Cry Baby), Amy Locane (Allison), Susan Tyrrell (Ramona), Polly Bergen (Mrs. Vernon-Williams), Iggy Pop (Belvedere), Ricki Lake (Pepper), Traci Lords (Wanda), Troy Donahue (père de Hatchet), Mink Stole (mère de Hatchet), Joe Dallesandro (père de Milton), Patricia Hearst (mère de Wanda), Willem Dafoe (le flic haineux).

Edward aux mains d'argent (1990)
Edward Scissorhands
   États-Unis, 1990, 90 minutes.
   Réalisateur : Tim Burton.
   Scénario : Caroline Thompson, d'après une idée de Caroline Thompson et Tim Burton.
   Production : Twentieth Century Fox.
   Distribution : Johnny Depp (Edward), Winona Ryder (Kim Boggs), Dianne Wiest (Peg Boggs), Anthony Michael Hall (Jim), Kathy Baker (Joyce Monroe), Robert Oliveri (Kevin Boggs), Vincent Price (l'inventeur).

La Fin de Freddy, l'ultime cauchemar (1991, apparition)
Freddy's Dead : The Final Nightmare
   États-Unis, 1991, 89 minutes. Séquence en 3D.
   Réalisatrice : Rachel Talalay.
   Scénario : Michael DeLuca, d'après une idée de Rachel Talalay.
   Production : New Line Cinema.
   Distribution : Robert Englund (Freddy Krüger), Lisa Zane (Maggie Burroughs), Shon Greenblatt (John), Yaphet Kotto (Doc), Tom Arnold (l'homme sans enfant), Mrs. Tom Arnold [alias Roseanne Barr] (la femme sans enfant), Oprah Noodlemantra [alias Johnny Depp] (l'adolescent à la télé).

Arizona Dream (1991)
   États-Unis/France, 1991, 141 minutes.
   Réalisateur : Emir Kusturica.
   Scénario : David Atkins, sur une idée de David Atkins et d'Emir Kusturica.
   Production : Constellation/UGC/Hachette Première, avec la participation du ministère de la Culture et de la Communication (Centre National de la Cinématographie).
   Distribution : Johnny Depp (Axel Blackmar), Jerry Lewis (Leo Sweetie), Faye Dunaway (Elaine), Lili Taylor (Grace), Vincent Gallo (Paul Blackmar), Michael J. Pollard (Fabian), Sal Jenco (l'homme au téléphone), Iggy Pop (l'homme à la citrouille).

Benny & Joon (1993)
   États-Unis, 1993, 99 minutes.
   Réalisateur : Jeremiah Chechik.
   Scénario : Barry Newman, sur une idée de Barry Newman et Leslie McNeil.
   Production : MGM.
   Distribution : Johnny Depp (Sam), Mary Stuart Masterson (Joon Pearl), Aidan Quinn (Benny Pearl), Julianne Moore (Ruthie), Oliver Platt (Eric), Dan Hedaya (Thomas), William H. Macy (Randy Burch).

Gilbert Grape (1993)
What's Eating Gilbert Grape ?
   États-Unis, 1993, 118 minutes.
   Réalisateur : Lasse Hallström.
   Scénario : Peter Hedges, adapté de son propre roman.
   Production : Paramount.
   Distribution : Johnny Depp (Gilbert Grape), Juliette Lewis (Becky), Mary Steenburgen (Betty Carver), Leonardo Di Caprio (Arnie Grape), John C. Reilly (Tucker Van Dyke), Darlene Cates (Bonnie Grape), Laura Harrington (Amy Grape), Mary Kate Schellhardt (Ellen Grape).

Ed Wood (1994)
   États-Unis, 1994, 127 minutes. Noir et blanc.
   Réalisateur : Tim Burton.
   Scénario : Scott Alexander et Larry Karaszewski, adapté du livre *Nightmare of Ecstasy* de Rudolph Grey.
   Production : Buena Vista.
   Distribution : Johnny Depp (Ed Wood), Martin Landau (Bela Lugosi), Sarah Jessica Parker (Dolores Fuller), Patricia Arquette (Kathy O'Hara), Jeffrey Jones (Criswell), G. D. Spradlin (le révérend Lemon), Vincent D'Onofrio (Orson Welles), Bill Murray (Bunny Breckinridge), Lisa Marie (Vampira), George « The Animal » Steel (Tor Johnson), Juliet Landau (Loretta King).

Don Juan De Marco (1994)
   États-Unis, 1994, 97 minutes.
   Réalisateur : Jeremy Leven.
   Scénario : Jeremy Leven.

Production : New Line Productions pour American Zoetrope.
Distribution : Johnny Depp (Don Juan De Marco), Marlon Brando (Jack Mickler), Faye Dunaway (Marilyn Mickler), Bob Dishy (le docteur Paul Showalter), Géraldine Pailhas (Donna Ana), Talisa Soto (Donna Julia).

Divine Rapture (1994, inachevé)
États-Unis, 1994, 20 minutes de film tournées.
Réalisateur : Thom Eberhardt.
Scénario : Thom Eberhardt.
Production : Cinefin.
Distribution : Johnny Depp, Marlon Brando, Debra Winger, John Hurt.

Meurtre en suspens (1995)
Nick of Time
États-Unis, 1995, 95 minutes.
Réalisateur : John Badham.
Scénario : Patrick Sheane et Ebbe Roe Smith.
Production : Paramount Pictures.
Distribution : Johnny Depp (Gene Watson), Christopher Walken (Mr. Smith), Roma Maffia (Miss Jones), Charles Dutton (Huey), Marsha Mason (Eleanor Grant), Peter Strauss (Mr. Grant), Gloria Reuben (Krista Brooks), Courtney Chase (Lynn Watson).

Dead Man (1996)
États-Unis.1996, 134 minutes, Noir et blanc.
Réalisateur : Jim Jarmusch.
Scénario : Jim Jarmusch.
Production : A 12 Gauge Production avec Pandora Film, JVC, Newmarket Capital Group et LP.
Distribution : Johnny Depp (William Blake), Crispin Glover (le pompier), John Hurt (John Scholfield), Robert Mitchum (John Dickson), Gabriel Byrne (Charlie Dickson), Iggy Pop (Salvatore « Sally » Jenko).

Donnie Brasco (1997)
États-Unis, 1997, 127 minutes.
Réalisateur : Mike Newell.

Scénario : Paul Attanasio, d'après le livre *Donnie Brasco : My Undercover Life in the Mafia* de Joseph D. Pistone et Richard Woodley.

Production : Baltimore Pictures, Mandalay Entertainment, Mark Johnson Productions, TriStar Pictures.

Distribution : Al Pacino (Lefty), Johnny Depp (Donnie), Michael Madsen (Sonny), Bruno Kirby (Nicky), James Russo (Paulie), Anne Heche (Maggie).

The Brave (1997)
États-Unis, 1997, 120 minutes.
Réalisateur : Johnny Depp.
Scénario : Paul McCudden, Johnny Depp et D.P. Depp, d'après le roman *Rafael, derniers jours* de Gregory MacDonald.
Production : Majestic Films International, Jeremy Thomas Productions, Acappella Pictures, Brave Pictures Inc.
Distribution : Johnny Depp (Rafaël), Marlon Brando (McCarthy), Marshall Bell (Larry), Elpidia Carrillo (Rita).

Las Vegas Parano (1998)
Fear and Loathing in Las Vegas
États-Unis, 1998, 118 minutes.
Réalisateur : Terry Gilliam.
Scénario : Terry Gilliam et Tony Grisoni, Tod Davies et Alex Cox, d'après le roman de Hunter S. Thompson.
Production : Rhino Films, Fear and Loathing LLC, Shark Productions, Summit Entertainment, Universal Pictures.
Distribution : Johnny Depp (Raoul Duke), Benicio Del Toro (le docteur Gonzo), Tobey Maguire (l'auto-stoppeur), Ellen Barkin (la serveuse du North Star Café), Christina Ricci (Lucy), Cameron Diaz (la reporter télé blonde).

La Neuvième Porte (1999)
The Ninth Gate
France/Espagne/États-Unis, 1999, 133 minutes.
Réalisateur : Roman Polanski.
Scénario : John Brownjohn, Enrique Urbizu et Roman Polanski, d'après le roman *Le Club Dumas* d'Arturo Pérez-Reverte.
Production : Araba Films, Bac Films, Canal+, Kino Vision, Live Entertainment, origen Producciones Cinematográficas S.A., Orly Films, R.P. Productions, TF1 Films Productions, Via Digital.

Distribution : Johnny Depp (Dean Corso), Frank Langella (Boris Balkan), Lena Olin (Liana Telfer), Emmanuelle Seigner (la fille).

Intrusion (1999)
The Astronaut's Wife
    États-Unis, 1999, 109 minutes.
    Réalisateur : Rand Ravich.
    Scénario : Rand Ravitch.
    Production : Mad Chance, New Line Cinema.
    Distribution : Johnny Depp (le commandant Spencer Armacost), Charlize Theron (Jillian Armacost), Joe Morton (Sherman Reese, représentant de la NASA).

Sleepy Hollow, la légende du cavalier sans tête (1999)
Sleepy Hollow
    États-Unis, 1999, 105 minutes.
    Réalisateur : Tim Burton.
    Scénario : Andrew Kevin Walker et Kevin Yagher, d'après la nouvelle de Washington Irving.
    Production : American Zoetrope, Mandalay Pictures, Paramount Pictures.
    Distribution : Johnny Depp (le constable Ichabod Crane), Christina Ricci (Katrina Anne Van Tassel), Miranda Richardson (Lady Mary Van Tassel), Michael Gambon (Baltus Van Tassel), Christopher Lee (le magistrat).

The Man Who Cried (2000)
    France/Grande-Bretagne, 2000, 100 minutes.
    Réalisatrice : Sally Potter.
    Scénario : Sally Potter.
    Production : Le Studio Canal+, Working Title Films, Adventure Pictures.
    Distribution : Christina Ricci (Suzie), Cate Blanchett (Lola), John Turturro (Dante Dominio), Johnny Depp (Cesar), Harry Dean Stanton (Felix Perlman).

Avant la nuit (2000)
Before Night Falls
    États-Unis, 2000, 133 minutes.
    Réalisateur : Julian Schnabel.
    Scénario : Cunningham O'Keefe, Lazaro Gomez Carriles et Julian Schnabel, d'après les mémoires de Reinaldo Arenas.

Production : grandview Pictures, El Mar Pictures.

Distribution : Javier Bardem (Reinaldo Arenas), Olivier Martinez (Lazaro Gomez Carriles), Andrea Di Stefano (Pepe Malas), Johnny Depp (Bon Bon/le lieutenant Victor), Michael Wincott (Herberto Zorrilla Ochoa).

Le Chocolat (2000)
Chocolat

États-Unis/Grande-Bretagne, 2000, 121 minutes.

Réalisateur : Lasse Hallström.

Scénario : Robert Nelson Jacobs, d'après le roman de Joanne Harris.

Production : Miramax Films, David Brown Productions, Fat Free Limited, Nina Saxon Film Design.

Distribution : Juliette Binoche (Vianne Rocher), Alfred Molina (le comte de Reynaud), Carrie-Anne Moss (Caroline Clairmont), John Wood (Guillaume Blérot), Lena Olin (Joséphine Muscat), Peter Stormare (Serge Muscat), Leslie Caron (Madame Audel), Victoire Thivisol (Anouk), Judi Dench (Armande Voizin), Johnny Depp (Roux).

Blow (2001)

États-Unis, 2001. 124 minutes.

Réalisateur : Ted Demme.

Scénario : David McKenna et Nick Cassavetes, d'après le livre de Bruce Porter.

Production : Apostle, Avery Pix, New Line Cinema, Spanky Pictures.

Distribution : Johnny Depp (George Jung), Penelope Cruz (Mirtha Jung), Franka Potente (Barbara Buckley), Rachel Griffiths (Ermine Jung), Paul Reubens (Derek Foreal), Ray Liotta (Fred Jung).

From Hell

États-Unis, 2001, 122 minutes.

Réalisateur : Albert Hughes et Allen Hughes.

Scénario : Terry Hayes et Rafael Yglesias, d'après la bande dessinée d'Alan Moore (texte) et Eddie Campbell (dessin).

Production : 20th Century Fox, Underworld Pictures.

Distribution : Johnny Depp (l'inspecteur Fred Abberline), Heather Graham (Mary Kelly), Ian Holm (Sir William Gull), Robbie Coltrane (le sergent Peter Godley), Ian Richardson (Sir Charles Warren).

Pirates des Caraïbes, la malédiction du Black Pearl (2003)
Pirates of the Caribbean : Curse of the Black Pearl
   États-Unis, 2003, 143 minutes.
   Réalisateur : Gore Verbinski.
   Scénario : Ted Elliott et Terry Rossio, d'après une idée de Ted Elliott, Terry Rossio, Stuart Beattie et Jay Wolpert.
   Production : Walt Disney Pictures, Bruckheimer Films, Touchstone Pictures.
   Distribution : Johnny Depp (Jack Sparrow), Geoffrey Rush (Barbossa), Orlando Bloom (Will Turner), Keira Knightley (Elizabeth Swann), Jack Davenport (Norrington), Jonathan Pryce (le gouverneur Weatherby Swann).

Il était une fois au Mexique : Desperado 2 (2003)
Once Upon A Time In Mexico
   États-Unis, 2003, 101 minutes.
   Réalisateur : Robert Rodriguez.
   Scénario : Robert Rodriguez.
   Production : Sony Pictures, Columbia Pictures Corporation, Dimension Film, Troublemaker Studios.
   Distribution : Antonio Banderas (El Mariachi), Salma Hayek (Carolina), Johnny Depp (Sands), Mickey Rourke (Billy), Eva Mendes (Ajedrez), Danny Trejo (Cucuy), Enrique Iglesias (Lorenzo), Cheech Marin (Belini), Ruben Blades (Jorge, agent du FBI), Willem Dafoe (Barillo).

Fenêtre secrète (2004)
Secret Window
   États-Unis, 2004, 96 minutes.
   Réalisateur : David Koepp.
   Scénario : David Koepp, d'après la nouvelle *Vue imprenable sur jardin secret* de Stephen King.
   Production : Columbia Pictures, Pariah Entertainment Group, Grand Slam Productions.
   Distribution : Johnny Depp (Mort Rainey), John Turturro (John Shooter), Maria Bello (Amy Rainey), Timothy Hutton (Ted), Charles S. Dutton (Ken Karsch).

Neverland (2004)
Finding Neverland
   États-Unis/Grande-Bretagne, 2004, 101 minutes.
   Réalisateur : Marc Forster.

Scénario : David Magee, d'après la pièce d'Allan Knee.
Production : FilmColony.
Distribution : Johnny Depp (J. M. Barrie), Kate Winslet (Sylvia Llewelyn Davies), Julie Christie (Mrs. du Maurier), Nick Roud (George Llewelyn Davies), Radha Mitchell (Mary Barrie), Joe Prospero (Jack Llewelyn Davies), Freddie Highmore (Peter Llewelyn Davies), Dustin Hoffman (Charles Frohman), Kate Maberly (Wendy Darling), Kelly Macdonald (Peter Pan), Ian Hart (Sir Arthur Conan Doyle).

Ils se marièrent et eurent beaucoup d'enfants (2004)
France, 2004, 100 minutes.
Réalisateur : Yvan Attal.
Scénario : Yvan Attal.
Production : Pathé Renn Productions, Hirsch, TF1 Films Productions.
Distribution : Charlotte Gainsbourg (Gabrielle), Yvan Attal (Vincent), Alain Chabat (Georges), Emmanuelle Seigner (Nathalie), Anouk Aimée, Claude Berri, Jérôme Bertin, Alain Cohen, Johnny Depp.

Rochester, le dernier des libertins (2004)
The Libertine
Grande-Bretagne, 2004.
Réalisateur : Laurence Dunmore.
Scénario : Stephen Jeffreys, d'après sa pièce de théâtre.
Production : Isle of Man Film Commission, Mr. Mudd, First Choice Films 2004, Odyssey Entertainment Ltd.
Distribution : Johnny Depp (Rochester), Tom Hollander (George Etherege), Shane MacGowan (le barde du XVIe siècle), John Malkovich (le roi Charles II), Samantha Morton (Elizabeth Barry).

Charlie et la chocolaterie (2005)
Charlie and the Chocolate Factory
États-Unis, 2005.
Réalisateur : Tim Burton.
Production : Warner Bros, The Zanuck Company, Village Roadshow Pictures, Plan B Entertainment.
Scénario : John August, d'après le livre de Roald Dahl.
Distribution : Johnny Depp (Willy Wonka), Freddie Highmore (Charlie Bucket).

The Rum Diary (2006)
    États-Unis, 2006.
    Réalisateur : Bruce Robinson.
    Scénario : Michael Thomas, d'après le livre de Hunter S. Thompson.
    Production : FilmEngine.
    Distribution : Johnny Depp (Paul Kemp), Josh Hartnett (Addison Fritz Yeamon), Benicio Del Toro (Bob Sala), Nick Nolte (Lotterman).

Pirates des Caraïbes, le secret du coffre maudit (2006)
Pirates of the Caribbean 2 : Dead Man's Chest
    États-Unis, 2006.
    Réalisateur : Gore Verbinski.
    Scénario : Ted Elliott et Terry Rossio.
    Production : Walt Disney Pictures, Bruckheimer Films.
    Distribution : Johnny Depp (le capitaine Jack Sparrow), Orlando Bloom (Will Turner), Keira Knightley (Elizabeth Swann).

Remerciements

Je n'aurais jamais pu écrire ce livre – surtout dans les délais impartis – sans l'aide, la patience et le soutien d'un grand nombre de personnes.

Je remercie ma femme Brigid et mon fils Cameron pour la patience et le soutien constant dont ils ont fait preuve pendant mes heures de travail.

Je suis particulièrement reconnaissant envers mes zélés documentalistes américains, George Fergus et John Lavaille (notamment pour la documentation et les bandes de *21 Jump Street*), John Riley de BFI Information and Library Services, Mike Wingate chez C&A Video à Edinburgh pour l'accès aux films de Johnny Depp, et *The Searchers* pour avoir mis la main sur des documents plus obscurs datant des débuts de Depp.

Je remercie également Holly Millea du magazine *Premiere*, dont les interviews avec Depp m'ont été très précieuses, Tracey Jacobs, agent de Depp chez ICM, ainsi que Simon Chambers de l'agence de mannequins Storm pour l'aide qu'ils m'ont apportée.

Un grand merci aussi aux autres personnes ou entreprises qui m'ont aidé au cours de l'écriture de ce livre (de façons si variées qu'il est impossible de toutes les préciser ici) : la Directors Guild of America, l'American Film Institute, Michelle Sewell, Buena Vista (à Cannes), Simone Bendicaine (à Cannes), Tracey Mosh et Pat Kingsley chez PMK, Kim Langley chez Disney, le Festival du Film de Berlin, le Festival du Film de Cannes, le Festival du Film d'Edinburgh, le National Film Theatre (pour les fiches d'information de Terry Staples), Kirsty Stuart, Chris Mann, Iain Agnew et Fiona Reid (*Scotland on Sunday*) de Scot-FM, Lara Williamson (*Sky Magazine*), Paul Cockburn, Wes Craven, Bob Carmichael, tous les gens de *The Central Times*, ainsi que tous ceux que j'ai rencontrés dans les différents bureaux de production, de distribution et de relations publiques.

Je tiens également à remercier les administrateurs des sites Web suivants pour leurs efforts de recherche (souvent ignorés) : Phil's Winona Ryder Page (Phil Anglin), Pathfinder (Time/Warner), Yahoo Internet Search, Cardiff Movie Database et Demon Internet Services.

Je remercie aussi les magazines et journaux suivants pour leurs articles et dossiers sur Johnny Depp : *Film Review, The List, Vox, GQ, Sky Magazine, Esquire, Attitude, Entertainment Weekly, Sight and Sound, Empire, Premiere (éditions américaine, britannique et française), Village Voice, Film Threat, Fangoria, Cinefantastique, Starlog, Interview, Vogue, American Film, Time Out, What's On in London, The Face, Rolling Stone, Hello !, Monthly Film Bulletin, Time, TOTP Magazine, Movieline, Variety, New Yorker, TV Guide, New Statesman and Society, Film Monthly, Fear, Film Comment, Scotland on Sunday, The Guardian, The Daily Record, The Mail on Sunday, The Daily Mail, Sunday Telegraph, The Scotsman, The Herald, Today, The Sunday Times, The Independent, The Evening Standard, The Daily Telegraph, The Edinburgh Evening News, The Sunday Express, The Spectator, The Hampstead and Highgate Express, The New York Times, The Observer* et *The Daily Express*.

J'exprime également toute ma gratitude à : All Action Pictures, Robin Kennedy/All Action Pictures, Dean Cummings/All Action Pictures, Alpha Photographic Press Agency, Richard Chumbury/Alpha Photographic Press Agency, British Film Institute Stills Library, Brad Feirce/Katz Pictures/Eyes, Karen Hardy/Katz Pictures/Outline Press, People in Pictures, E. J. Comp/Retna, Philip Saltonstall/Retna, Ronald Grant Archive, Range Everett, Andrew Murray/Sygma, Sunset Boulevard/Sygma, Eric Robert/Sygma, Alan Lewis/Sygma, Frank Trapper/Corbis Sygma, Eric Gaillard/Reuters/Corbis, Lucy Nicholson/Reuters/Corbis, et Lisa O'Connor/ZUMA/Corbis.

Les photos de films ont été obtenues grâce à l'aimable permission de Twentieth Century Fox, Paramount Pictures, Touchstone/Buena Vista International/Disney, MGM, TriStar Pictures, Castles Burning en association avec MCA Pay TV programming Inc., Hemdale Film Corporation, Stephen J. Cannell Productions Inc., Imagine Entertainment, New Line Cinema, Constellation/UGC/Hachette Premiere, New Line Productions pour American Zoetrope, Cinefilm, Majestic Films International, United International Pictures, Pathé Distribution Ltd., Working Title, El Mar Pictures, Miramax, Walt Disney Pictures et Columbia Pictures Corporation.

Enfin, je tiens à remercier mes éditeurs Sandra Wake et Terry Porter, ma relectrice Nicky Adamson, et tout particulièrement Phil Smee pour sa patience et sa créativité dans la conception graphique de ce livre.

Composition et mise en page

NORD COMPO
multimédia

N° d'édition : FF9000
Dépôt légal : juin 2006